Otto Flügel

Idealismus und Materialismus der Geschichte

Otto Flügel

Idealismus und Materialismus der Geschichte

ISBN/EAN: 9783742813183

Hergestellt in Europa, USA, Kanada, Australien, Japan

Cover: Foto ©ninafisch / pixelio.de

Otto Flügel

Idealismus und Materialismus der Geschichte

Idealismus und Materialismus

der

Geschichte.

Von

Otto Flügel.

Sonder-Abdruck aus der „Zeitschrift für Philosophie und Pädagogik"

Langensalza.
Verlag von Hermann Beyer & Söhne,
Herzogl. Sächs. Hofbuchhändler.
1898.

Inhalt.

Ideen und Interessen 1.

Der Idealismus nach Plato.

Platos Ideen sind realgedachte Allgemeinbegriffe 2. Die Ideen als Muster für die Wirklichkeit 2. Die Ideen als Gedanken Gottes 3. Als Kräfte. Logischer Realismus 4. Der soziale Materialismus leugnet die Realität der Ideen 5. und die Uneigennützigkeit des menschlichen Handelns 6.

Der soziale Materialismus.

Er stellt in den Mittelpunkt der Betrachtung die soziale Wirtschaft 6. Diese bestimmt das Recht, die Sitte, die Politik, die Religion 9. Dies alles aber nur in letzter Instanz 10. Die Hegelsche Philosophie als Wurzel des Idealismus und des Materialismus der Geschichte 11.

Die philosophischen Grundlagen des Idealismus und des Materialismus der Geschichte.

A. Die theoretischen Grundlagen.

Im Mittelpunkt der Hegelschen Philosophie steht das absolute Werden 11. — Der Widerspruch im Begriffe des absoluten Werdens. Absolutes Werden und allgemeine Verursachung 12. Die Naturforschung verwirft das absolute Werden 14. Widersprechendes kann nicht sein noch geschehen 15. Wenn das absolute Werden nicht grundsätzlich verworfen wird, so lassen sich die Fragen nach der Realität der Aufsenwelt und nach Monismus oder Pluralismus nicht entscheiden 18. Engels über absolutes Werden 19. Absolutes Werden ist unverträglich mit kausaler Forschung, mit der Atomistik 21. — Dialektik. Fichtes Idealismus und Dialektik 24. Identität des Seins und des Denkens bei Schelling und Hegel 26. Intellektuale Anschauung 27. Hegels Dialektik 28. Anwendung auf Politik 31. Aufhebung der Logik 32. — Die idealistische oder proletarische Logik. Die sozialen Materialisten nehmen Hegels Logik als die proletarische an 33. Hegels Logik beruht auf Trugschlüssen 34. Deren Verwendung von den Geschichtsmaterialisten 36. Einmischung des Willens in die Wissenschaft 39. — Die aprioristischen Konstruktionen. Diese bestehen in der Ableitung des Besondern aus dem Allgemeinen 40. Werden verworfen von den sozialen Materialisten 43. Apriorische Konstruktionen in der Naturphilosophie 44. in der Religionsphilosophie 47. in der Geschichte der Philosophie bei Erdmann 51. bei E. Zeller 57. in der Weltgeschichte 59. Die Geschichtsideen bei Ranke 61. dessen Universalismus 63. Neigung zum Pantheismus 64. Lambrecht über Zweck und Ursache in der Geschichte 67. Das Rationelle, das Irrationelle, der Zufall, die Persönlichkeit in der Geschichte 68. Einflufs der Ökonomie auf die Politik 70. Geschichtliche Notwendigkeit und persönliche Freiheit 74. Sittliche Beurteilung, in der Geschichte wird von Hegel verworfen 75. Ziel der Geschichte nach Ranke 76. K. Hase und die Weltgeschichte 78. Urstand der Menschheit 80. und letztes Ziel der Menschheit apriorisch konstruiert 82. — Über die Ideen in der Geschichte. Unterschied zwischen den Ideen, welche das Wirkliche abbilden und, welche als Muster das Wirkliche vorbilden 85. Die Ideen des Abbildens und die Wirklichkeit 87. Die Ideen und der Volksgeist 88. Die Ideen als menschliche Zwecke 90. Die Ideen und die menschliche Kausalität 91. Personifizierung der Ideen 93. Die Ideen und das Sittliche 94.

Die philosophischen Grundlagen des Idealismus und des Materialismus der Geschichte.

B. Die praktischen Grundlagen.

Unterschied der theoretischen und der praktischen Philosophie 97. — Die Ethik Hegels. Kein fester Unterschied zwischen gut und böse 99. Geschichtsanschauung Schellings und Hegels 100. Macht ist Recht 101. Hegels persönliches Verhalten und Politik 102. Anwendung bei den sozialen Materialisten 103. — Ethik des Evolutionismus. Das Soziale als das Sittliche, das Antisoziale als das Unsittliche 106. — Individuales und soziales Geistesleben. In der Psychologie 107. In der Ethik 109. — Der Darwinismus in der Ethik. Variabilität 112. Kampf ums Dasein 114. Anpassung und Vererbung 115. Der Darwinismus pafst besser auf den sozialen als auf den individualen Organismus 117. — Moralprinzip des Darwinismus. Versuche, das Sittliche aus dem Eigennutz abzuleiten bei Jhering 120. Steinthal dagegen 121. — Der sittliche Fortschritt durch Anpassung. Das Überlebende und das Sittliche 126. — Aristokratische und demokratische Folgerung aus dem Darwinismus. Haeckel u. a. folgern aus dem Darwinismus eine Art von Aristokratie 128. Der Übermensch bei den alten Sophisten 130. Ferri u. a. leiten aus dem Darwinismus demokratische Folgerungen ab 132. Der Evolutionismus kennt keine absolute Moral 136. Spencer und Lazarus über absolute Moral 139. — Die Ziele der Sozialisten. Der ideale Sozialismus sieht die Gerechtigkeit als das Ziel der Gesellschaft an 145. Der eudämonistische Sozialismus erstrebt die Wohlfahrt der gröfsten Anzahl 146. Das Streben für das Glück anderer ist nicht Eudämonismus, sondern Wohlwollen 147. Dazu gehört oft auch die Selbsterhaltung eines Staates 149. Wohlverstandenes Interesse ist Egoismus 150. Der Staat als Selbstzweck 155. Der soziale Materialismus kennt kein anderes Ziel der Gesellschaft als Förderung der Produktion 156. Alle Zielsetzung oder alle Ideen sind ihm der Reflex der Wirtschaft 158. — Wirtschaft und Idee. Wirtschaft und Idee oder Sein und Denken stehen bei Hegel im Verhältnis der Identität 163. bei den sozialen Materialisten im Verhältnis der Kausalität 164. Die Faktoren der Wirtschaft, Rasse, Klima u. s. w. 165. Einflufs der Wirtschaft auf die Ideen der Philosophie 168. auf Handel und Militär 170. — Der empirische Unterbau. Alles Geistige geht in letzter Instanz auf Sinnliches zurück 174. in der Sprache 175. in der Kunst 175. in der Religion 176. in der Moral 177. Diese Erkenntnis thut der Absolutheit des Ästhetischen keinen Abbruch 178. Der logische Realismus Hegels wird von den sozialen Materialisten aufgegeben 180. — Der ideologische Überbau. Eine Entwicklung, die in letzter Instanz auf wirtschaftliche Bedingungen zurückgeht, kann in ihrem Fortgang selbständig werden 182. So die Wissenschaft 184. deren Rückwirkung auf die Wirtschaft 187. Selbständigwerden der Kunst 190. der Moral 192. Rückblick auf die Behauptungen des sozialen Materialismus 195. — Die beiden Ansichten vom Staate, die reale und die ideale. Der Staat als Naturprodukt 197. nach seiner Entstehung. nach seinen Kräften und Bewegungen 198. Darin ist begründet — die gesellschaftliche Apperzeption. Wie das Neue durch das Alte angeeignet wird 202. Enge des gesellschaftlichen Bewußtseins 203. Unterdrückte und wieder auflebende gesellschaftliche Ideen 205. Die gesellschaftliche Apperzeption ist nicht immer einheitlich, wie z. B. die Mode zeigt 209. Die Ansicht vom Staate als einem Naturprodukt genügt nicht 212. Die sittliche oder ideale Seite des Staats 214. Schranken des Einzelnen und der Gesellschaft 217. Möglichkeit der Fortbildung durch Schule und Kirche 219. Vergleichung der Ansichten über das Verhältnis der Ideen zur Wirklichkeit 220.

G. LINDNER schließt sein Buch: Ideen zur Psychologie der Gesellschaft als Grundlage der Sozialwissenschaft mit folgenden Worten des spanischen Redners CASTELLAR: »Die Geschichte der Menschheit ist ein stetiger Kampf zwischen den Ideen und Interessen; für den Augenblick siegen immer die Interessen, für die Dauer nur die Ideen.« Unter Interessen hat man hier zunächst nichts anderes zu verstehen, als alle Bestrebungen zum eigenen Vorteil, unter Ideen die Bestrebungen ohne eigenen Vorteil. In diesem Sinne hat nun der Satz überaus viele Gegner. Diese bestreiten nicht nur, daß die Ideen zuletzt stets siegreich sind, sondern daß es überhaupt Ideen oder Bestrebungen ohne eigenen Vorteil giebt, vielmehr sind ihnen die sogenannten Ideen nichts als Verfeinerungen der Interessen. Die Antwort auf die Frage, ob nur Interessen oder neben den Interessen auch Ideen in der Geschichte wirksam sind, scheidet den Materialismus von dem Idealismus der Geschichte.

Der Idealismus nach Plato.

Wie schon das Wort andeutet, geht der Idealismus auf die Lehre PLATOS zurück. Bekanntlich suchte PLATO das Seiende, das Unvergängliche, fand dies aber nicht in der uns gegebenen Welt, denn hier ist alles dem Werden, der Vergänglichkeit unterworfen; indem man sagen will, dieses ist, da ist es schon nicht mehr; sagt man: dies ist so, da ist es nicht mehr so, sondern ist anders geworden. Etwas

Seiendes aber mufs es geben, denn wäre nichts, so könnte auch nichts erscheinen. Als das Seiende, Bleibende gelten ihm die Ideen, das sind kurz gesprochen die realgedachten Allgemeinbegriffe. Zunächst fafste er die Eigenschaften der uns gegebenen Dinge ins Auge. Das Eisen ist fest, aber es kann geschmolzen werden und ist dann nicht fest, so auch das Eis etc. Was also bleibt ist nicht das, was die Sprache als Subjekt und Substantiv bezeichnet: Eisen, Eis etc., sondern bleibend ist die Eigenschaft (Idee) fest, wenn ich sie als Allgemeinbegriff denke. Die Festigkeit oder das Feste an sich bleibt fest, mag ich es auf Eisen, Eis, Holz etc. beziehen. Das Flüssige bleibt, was es ist, mag man nun Blut, Wein oder Wasser flüssig nennen, mögen auch die Körper selbst das Flüssige oder Feste nicht festhalten. Diese Eigenschaften nannte Plato Ideen oder Qualitäten. Aber er dachte auch die Verbindungen solcher Eigenschaften als Ideen z. B. sollte es eine Idee des Pferdes, des Bechers etc. geben. Diese Ideen haben nun vor den wirklichen Dingen den Vorteil, dafs sie bleiben, was sie sind, während die Dinge sich verwandeln.

Hier bemerke man nun sofort, dafs dieser Idealismus im Grunde Empirismus ist (man könnte auch sagen Realismus oder Materialismus). Denn was als Seiend gesetzt wird, ist doch der Sinnenwelt entnommen. Wie Dante zur Beschreibung seiner Hölle und seines Paradieses nichts anderes hatte, als was ihm die wirkliche Welt hier und da vereinzelt bot, so waren Platos Ideen nichts, als die Verallgemeinerungen der Erscheinungen in der Wirklichkeit. Diese und diese allein lieferte den Stoff für die Ideen.

Zum andern ergiebt sich ohne weiteres, dafs Idee und Sache sich nie vollständig decken, es mufs immer auf seiten der Wirklichkeit ein Mangel, eine Unvollkommenheit sein, wenn sie mit der Idee verglichen wird. Man denke den Begriff des Kreises, hier sieht man von jedem Halbmesser ab, jeder wirkliche Kreis hingegen hat einen bestimmten Halbmesser, der Begriff des Kreises jedoch darf keinen bestimmten, kann vielmehr alle Halbmesser haben, mufs also ohne einen bestimmten gedacht werden. Anders ausgedrückt: Der wirkliche Kreis ist nur eine Darstellung der Idee, es giebt unzählig viele Darstellungen der Idee, aber keine stellt die Idee vollkommen und rein d. h. ohne einen bestimmten Halbmesser dar. Die Wirklichkeit ist nur eine Nachahmung, eine beschränkte Nachahmung der Idee. Es besteht beständig eine Inkongruenz, ein Widerspruch zwischen Idee und Wirklichkeit. Die letztere vermag die Idee nie vollständig zu fassen. Das, was die Wirklichkeit ist und wie sie erscheint, das hat sie nur, indem sie teil hat an den Ideen, so drückte sich Plato aus.

So wird die Idee zum Ideal oder Muster, aber nicht in dem Sinne, wie etwa im Schaufenster eines Bäckers eine hölzerne Bretzel als ein Muster aufgestellt ist, dem die wirklichen Bretzeln an Gröfse nie gleichkommen. Man darf nicht die Idee oder das Muster als etwas Wirkliches neben dem andern Wirklichen denken; freilich, nach PLATO, auch nicht blofs als ein Gedankending, sondern vielmehr als etwas Seiendes und zwar als das absolut Seiende, bestehend ganz unabhängig von uns den Denkenden und unabhängig von den wirklichen Dingen, in denen sich die Ideen abspiegeln. PLATO unterscheidet sehr mit Recht das Seiende und das Wirkliche. Das Wirkliche ist das sinnfällig Gegebene. Zu dem gehören die Ideen nicht. Es giebt nach ihm eine reine Idealwelt, wo jedes irdische Ding, auch das geringste wie z. B. der Mist, jede Eigenschaft z. B. auch die Gleichheit, das Schöne, Gute, Gerechte aber auch das Ungerechte etc. sein Vorbild oder seine Idee hat.

So gedacht, nämlich rein ohne Mangel, ohne Bedürfnis, ohne Kraft und Wirksamkeit stehen die Ideen müfsig da, ohne jede reale Beziehung zur Wirklichkeit. Sie scheinen völlig unnütz und überflüssig. Hier wurden zweierlei Verbesserungen angebracht. Die Neuplatoniker nach dem Vorgang von PLUTARCH und anderen betrachteten im ausdrücklichen Gegensatz zu PLATO selbst die Ideen als Gedanken Gottes. Wie ein Baumeister die Idee oder den Plan zu einem Gebäude hat und darnach die Wirklichkeit gestaltet, so sollte Gott die in seinem Geist liegenden Ideen in der Welt verwirklichen. Dies ist eine bis heute sehr verbreitete und bequem zurecht gemachte Ausdeutung PLATOS, während PLATO selbst ausdrücklich sagt, die Ideen sind **nicht** die Gedanken irgend eines Menschen oder Gottes, sondern sind unabhängig und selbständig für sich.

Anders ARISTOTELES. Er fafste die Idee auf als wirksame Prinzipien, die den Trieb und die Kraft haben, sich in der Wirklichkeit darzustellen und die Materie nach sich zu bestimmen.

Dadurch ging verloren, was PLATOS Scharfsinn in der Verwerfung des Werdens, des in-sich Widersprechenden geleistet hatte, denn die Ideen werden nun selbst mit dem Wirken, also mit dem Werden, der Veränderung, dem Bedürfnis nach andern nämlich nach der Materie behaftet. Sie hören auf, das absolut Seiende zu sein. Aufserdem aber tritt hier der verhängnisvolle Irrtum auf, der uns noch öfter beschäftigen wird, dafs nämlich die Möglichkeit zur Ursache der Wirklichkeit gemacht wird. Die Ideen gelten als blofse Möglichkeiten, die aber die Kraft haben, ihren Inhalt auch wirklich hervorzubringen.

Um einigermafsen zu begreifen, wie man auf diesen Irrtum kommt, besinne man sich auf die psychologische Entstehung der allgemeinen Begriffe. In Wirklichkeit werden mancherlei Kreise, grofse und kleine, hier und da wahrgenommen, das ihnen Allgemeine, die gleichmäfsige in sich zurücklaufende Krümmung kommt ihnen allen zu. Es ist der allgemeine Begriff. Allein kann man ihn wirklich vorstellen? Kann man einen Kreis vorstellen, der keinen bestimmten Halbmesser hat, aber alle möglichen haben kann? Wirklich vorgestellt werden kann dies nicht, man sagt: die allgemeinen Begriffe sind Forderungen an das Denken, oder logische Ideale. Was dabei wirklich vorgestellt wird, ist entweder ein bestimmter Kreis, als Stellvertreter aller andern oder es ist ein schneller Wechsel vieler einzelnen vorgestellten Kreise. Unablässig drängen sich beim Bemühen den Kreis als solchen vorzustellen, bestimmte Kreise ins Bewufstsein. So drängen sich bei jedem Versuche, einen allgemeinen Begriff vorzustellen, stets die Besonderheiten der einzelnen ihm untergeordneten Begriffe ins Bewufstsein. Trotz ihrer abstrakten Einfachheit behalten so die Allgemeinbegriffe stets eine Beziehung zu dem Besondern und scheinen eine innere Fülle zu haben. Nun folgt die grofse Übereilung, dafs nämlich die psychologisch-logischen Verhältnisse der Begriffe oder Gedanken angesehen werden für reale Verhältnisse unter den Dingen selbst. Wie sich also für den, welcher den Begriff Baum vorstellt, immer die Bilder der einzelnen Bäume ins Bewufstsein drängen, so, sagt man, ist der Begriff oder die Idee Baum, das, was die einzelnen realen Bäume hervorruft. Die Idee ist zunächst die Möglichkeit, dann das Vermögen, dann die Kraft und Ursache der einzelnen Bäume.

Der Denkfehler, der hier vorliegt, ist zwar sehr leicht zu durchschauen, wenn er klar dargelegt wird. Allein es ist doch zu bemerken, wie er seit ARISTOTELES bis heute den allergröfsten Teil der Philosophen beherrscht hat, bald unter den Namen des logischen Realismus bald als Idealismus.

Das Eigentümliche ist dabei einmal, dafs das Allgemeine nicht als blofs Gedachtes, sondern als das Reale angesehen wird und ferner, dafs dieses Reale nichts Ruhendes, Totes, sondern die schaffende Kraft sein soll, das zu verwirklichen, was der Inhalt des Begriffes ist. Der real gedachte Begriff Mensch stellt sich dar oder verwirklicht sich als Mann und Weib in den verschiedenen Rassen und Völkern.

Es wird später noch auf die neuen Wandlungen des Idealismus eingegangen werden, aber schon jetzt wird man sich ein Bild machen können, wie man dazu kam, anzunehmen, dafs die Ideen oder das Ideale also Sprache, Sitte, Sittlichkeit, Recht, Kunst, Religion etc. nicht etwa als blofse Wirkungen Gottes, sondern als selbständige Realitäten gleichsam aus einer höhern Welt in die nüchterne Welt der Wirklichkeit herabkommen und hier als waltende Mächte auftreten. Zunächst hat man es mit einer dualistischen Meinung zu thun, für welche die Ideen nicht Gedanken sind, die irgend eine Person in sich hat, denkt und ausführt, sondern die Ideen oder Allgemeinbegriffe sind nicht weiter zu definierende, geheimnisvolle Mächte, die sich einen Leib, eine Wirklichkeit zu verschaffen suchen, sich aber nie rein und vollkommen darstellen können.[1]) Zu Grunde liegt hier überall das überaus einfache logische Verhältnis der Allgemeinbegriffe zu den besondern. Wer dies durchschaut, für den hören die Ideen auf, ein besonderes Dasein und Regiment zu führen. Sie werden erkannt als das, was sie sind, nämlich als Abstraktionen der thatsächlichen oder gehofften Wirklichkeit, also als Gedanken oder Wünsche einzelner Denker oder auch ganzer Klassen und Völker.

Diese Erkenntnis von der Nichtigkeit einer selbständigen Realität der Ideen kennzeichnet zunächst die dem Idealismus entgegenstehende Ansicht, welche nach dem Vorgang von MARX und ENGELS jetzt gewöhnlich die materialistische Geschichtsauffassung oder sozialer Materialismus genannt wird.«[2])

Derselbe leugnet erstens den sogenannten logischen Realismus oder die Realität für sich bestehender oder wirkender Ideen.

Bisher war fast immer die Rede von den Ideen als selbständigen Mächten, man hat sie aber auch, wie bereits angedeutet, als Ideen, als Gedanken und Absichten Gottes angesehen. Darauf kann der soziale Materialismus als Atheismus nicht eingehen. Und allerdings mufs auch jede philosophische Betrachtung, die von aller Offenbarungsreligion absieht, diese Frage ganz dahin gestellt sein lassen, ohne sie

---

[1]) So sagt man wohl: Die Idee des geeinigten Deutschlands oder des geeinigten Italiens hat seit 1871 ihre Verwirklichung oder ihren Leib gefunden. Die Idee des Panslavismus oder Panhellenismus geht noch als Gespenst umher und sucht einen Leib.

[2]) Hinsichtlich des Namens bemerkt P. BARTH: sie sollte eigentlich die ökonomische heifsen, denn materialistisch ist auch jede Theorie, die etwa wie BUCKLE für die Asiaten die Natur als alleinherrschend, dem menschlichen Geist ihr gegenüber als ohnmächtig annimmt. Und mit gleichem Rechte kann man eine Geschichtstheorie materialistisch nennen, die, ohne sich um wirtschaftliche Ordnung oder Unordnung zu kümmern, nur Fortschritte der Technik als historische Ereignisse anerkannt, wie etwa die Du BOIS REYMONDS, der den Untergang der antiken Gesellschaft aus dem mangelhaften Stande ihrer Technik erklärt. (Jahrbücher der Nationalökonomie und Statistik, Dritte Folge, XI. Bd. 1896, S. 9.)

zu leugnen oder sie zu behaupten. Denn in der Wirklichkeit läfst sich dergleichen nicht nachweisen.

Endlich kann man die Ideen ansehen als die Gedanken der Menschen. Jeder Mensch sucht seine Absichten zu verwirklichen und teilweis gelingt dies auch, dem einen mehr, dem andern weniger, dem einen in einem kleinen, dem andern in einem sehr grofsen Kreise. Natürlich leugnet diese Thatsache niemand. Die Frage ist hierbei die: ist der Mensch eines idealen Handeln fähig oder handelt er immer nur aus Interesse. Es ist die alte immer von neuem verhandelte Frage: ob der Mensch uneigennützig nach den idealen Motiven der Schönheit, des Guten, des Rechts handeln könne, oder ob alles Wollen und Handeln lediglich in Interessen also im Egoismus wurzele.

Der soziale Materialismus behauptet im allgemeinen das letztere.

Der Geschichtsmaterialismus ist also gerichtet einmal gegen den Dualismus, der Ideen als unpersönliche reale Mächte in der Natur und Geschichte anerkennt. Dann aber zugleich gegen die Ansicht, dafs aufser den Interessen auch Ideen als uneigennütziges unmittelbares Wohlgefallen am Schönen, Guten, Wahren des Menschen zum Wollen und Handeln treiben könne. Vielmehr soll alles, was man Ideen nennt nur Reflex gewisser wirtschaftlicher Verhältnisse sein.

Es soll nun im folgenden eine Darstellung der treibenden Gedanken des sozialen Materialismus gegeben werden, und zwar wähle ich von den mancherlei Darstellungen, die von Freunden und Gegnern der materialistischen Geschichtsauffassung vorhanden sind, die, welche STAMMLER giebt[1]) und die sich durch Klarheit und Genauigkeit auszeichnet.

Der soziale Materialismus.

Die materialistische Geschichtsauffassung stellt in den Mittelpunkt des Gesellschaftslebens die soziale Wirtschaft. Wie der Glaube der alten Welt die Erde als Centrum des Weltalls ansah, das kopernikanische System dagegen sie mit den andern Planeten um die Sonne kreisen liefs und den Beweis hierfür dadurch erbrachte, dafs nur in diesem Gedanken Einheit in den mannigfaltigen astronomischen Erscheinungen bestehen könne: so wendet sich der soziale Materialist von der Meinung ab, dafs als Centralkraft des sozialen Lebens ideale Faktoren als eigenartige und selbständig wirkende Ursachen der

---

[1]) STAMMLER: Wirtschaft und Recht nach der materialistischen Geschichtsauffassung. Leipzig 1896. S. 20 ff.

Formen dieses sozialen Daseins angenommen werden dürfen: er dreht das Verhältnis um und läfst als letzte wirkende Ursache, von der alle soziale Ordnung abhängig seien, nur die gesellschaftliche Wirtschaft zu. Je nach der empirisch wechselnden Gestaltung dieser bestimmen sich die menschlichen Ideale und die Formen ihres Gemeinwesens. Der Mensch ist ein mit sozialen Instinkten ausgerüstetes Lebewesen; mit Trieben versehen, die ihn zu einer andauernden Geselligkeit mit seinesgleichen bewegen, welchen sozialen Antrieben er folgt, um den Kampf ums Dasein und den Streit gegen verderbliche Naturgewalten besser führen zu können. Die bestimmende Grundlage alles gesellschaftlichen Daseins von Menschen ist die gemeinsame Produktion ihres Lebens, die vereinte Beschaffung der zur Existenz nötigen Mittel und die zusammenstimmende Hervorbringung nützlicher und den Menschen erhebender Güter.

Das Recht eines Volkes, als regelnde Form des Zusammenlebens und Zusammenwirkens ist nichts als ein Instrument im Kampfe ums Dasein, der zusammenstimmend und verbunden geführt werden soll. Darum kann es gar nicht anders sein, als dafs das Recht der sozialen Wirtschaft gegenüber in die zweite Linie tritt. Es ist abhängig, gehorchend, dienend. Die gesellschaftliche Wirtschaft ist das Bestimmende, Befehlende; sie ist als Materie des sozialen Lebens das wahrhaft Reale, die wirkliche Substanz desselben. Und von der Besonderheit wirtschaftlicher Verhältnisse ist diejenige der rechtlichen Ordnung in bedingter Abhängigkeit befangen.

Wenn daher in der sozialen Wirtschaft eines Menschenkreises bedeutsame Veränderungen vor sich gehen, so machen diese eine entsprechende Umänderung der seitherigen Rechtsordnung nötig; wesentlich geänderte wirtschaftliche Verhältnisse bedingen notwendig eine parallel gehende Reform des geltenden Rechts. Und wo eine Veränderung in der rechtlichen Organisation vor sich gegangen ist, ist sie nur erklärlich als Folge von Veränderungen der sozialen Wirtschaft... Das gesamte geistige Leben eines Volkes ist weiter nichts, als ein von der sozialen Wirtschaft derselben hervorgebrachter und abhängiger Widerschein, nur der »Überbau« der betreffenden gesellschaftlichen Wirtschaft. Ist die letztere in ihren gesetzmäfsigen Bewegungen erkannt, so sind damit zugleich die psychischen Abbilder der entsprechenden sozialen Ideen wissenschaftlich erklärt. Anders sind daher die Auffassungen über dasjenige, was erlaubt oder was schlecht ist bei dem nomadisierenden Hirtenvolke, als sie der Bauer hat, anders die Anschauung über Recht und Moral bei dem Grofskaufmann, dem Handwerker, dem Raubritter etc.

So entstehen die verschiedenen Ideale und Ziele und der materialistische Historiker leugnet nicht deren Entstehen noch die Thatsache, dafs Rechtsänderungen im Namen des so entstandenen Gerechtigkeitssinnes gefordert, und ererbte Institutionen bald als gut bald als böse beurteilt werden: aber er stellt in Abrede, dafs die menschlichen Vorstellungen über Recht und Gerechtigkeit eine selbständige Existenz in einer abgegrenzten Welt für sich hätten, mit eigener Entstehung in einer zweiten und abgesonderten Kausalreihe, und er behauptet, dafs nicht die Ideen die wahren Ursachen im gesellschaftlichen Leben seien, sondern, dafs sie als Widerschein bestimmter Sozialwirtschaft erst entständen.

Hieraus wird gefolgert, erstens die strenge Kausalität alles sozialen Lebens. Es giebt hiernach keine andere Gesetzmäfsigkeit für menschliches Gesellschaftsleben als diejenige der Sozialwirtschaft als der Materie des sozialen Zusammenlebens der Menschen. Die soziale Wirtschaft ist das alleinig Reale im sozialen Leben; ihre Bewegungsgesetze sind die einzigen Wahrheiten in diesem Gebiete. Alles, was sonst neben diesen Realitäten der ökonomischen Phänomene erscheint, wie vor allem Ansichten über die gesetzmäfsige Berechtigung bestimmter sozialer Bestrebungen, ist nur Reflex, sind lediglich Spiegelbilder, die als selbständige Gegenstände anzunehmen eine wissenschaftliche Täuschung bedeutet. [Unter Realen oder Wahrheiten, oder Gegenständen ist hier immer nur das Wirksame zu verstehen.] Nach dem sozialen Materialismus liegt ein sozialer Widerspruch oder Konflikt vor nicht etwa darum, weil eine der bestehenden Sitten, Einrichtungen oder ein Vorrecht ungerecht ist z. B. man fordert Kollektiveigentum nicht darum, weil Privateigentum ungerecht wäre, sondern weil dasselbe die gesellschaftliche Produktion einenge und hindere.

Ein sozialer Konflikt ist immer vorhanden, wenn die Wirtschaft eine andere wird und das Recht bleibt, wie es war, wie es angepafst war einer früheren wirtschaftlichen Zeit. So leben wir jetzt in dem grofsen Konflikt, dafs die Wirtschaft dahin fortgeschritten ist, dafs die Güter gemeinsam erzeugt werden, die Aneignung und der Genufs dieser Güter jedoch nach dem Recht des Privateigentums geschieht. Einer gemeinsamen Produktion der Güter sollte auch eine gemeinsame Aneignung (Genufs) entsprechen.

Weiter folgt, dafs in solchen Konflikten nicht die Wirtschaft, sondern das Recht nachzugeben hat. Die Wirtschaft kann nicht nachgeben, sie kann nicht zurückgeschraubt werden, weil sie das notwendige Ergebnis unvermeidlicher Verhältnisse ist. Das Recht hingegen mufs nachgeben, weil es selbst nur der Widerschein der Wirtschaft ist. Er mufs darum nicht allein nachgeben, sondern wird nachgeben und sich der neuen wirtschaftlichen Phase anpassen, so gewifs es nichts Selbständiges ist, keine eigene Kausalität hat, sondern nur Folge, nur die andere geistige Seite der wirtschaftlichen Verhältnisse ist.

Nun sollte man denken, wenn das sich alles so notwendig und folgerichtig vollzieht, so stände der Mensch diesem Abrollen der wirtschaftlichen Ereignisse, sowie deren Beurteilungen wie einem Fatum gegenüber, zu dem er nichts hinzuthun noch von ihm wegnehmen oder ändern, sondern demgegenüber er nur abwarten und zusehen könne. Dagegen macht der soziale Materialismus geltend: ein Fatum ist eine dunkle, unerklärliche Macht. Die Entwicklung der sozialen Erscheinungen hingegen ist in ihrem gesetzmäfsigen Ablaufen vollkommen klar erkannt. Und weil klar erkannt, darum kann der einzelne, noch vielmehr die Gesellschaft darauf einwirken. Aus der Entwicklung der Wirtschaftsverhältnisse erkennt man den Weg, den die Rechtsordnung und Rechtsanschauung nehmen mufs und nehmen wird. Und weil man diese Tendenzen kennt und die Ursachen, welche sie beschleunigen oder verlangsamen, so kann man wie auf den Gang der Wirtschaft so auf die Entwicklung des Rechts einwirken. So wie ein Kranker, der sich selbst und den blofsen physiologischen Gesetzen überlassen sterben müfste, doch durch geschickte Operation unter Umständen gerettet werden kann; so läfst sich eine wirtschaftliche Entwicklungstendenz wohl aufhalten, beschleunigen oder verlangsamen, aber nie völlig unterdrücken. Weil man weifs, dafs der Winter kommen mufs, darum richtet man sich auf ihn ein. Der Schwerpunkt dieses sozialen Materialismus liegt offenbar in dem Satze, dafs die Anschauungen des Rechts, der Moral wie auch der Religion ganz ausschliefslich notwendige Folgen der wirtschaftlichen Verhältnisse sind. Dafs die letztern von grofsem Einflusse auf die geistige Entwicklung also auch auf die Ideen sind, hat noch niemand geleugnet; dafs die Ideen aber lediglich Folgen und Ergebnisse der wirtschaftlichen Erscheinungen sind, das ist es, was den sozialen Materialismus charakterisiert.

Die materialistische Geschichtsauffassung behauptet gar nicht, dafs jedes einzelne Geschichtsereignis oder jede erfolgreiche oder scheiternde Rechtsform in unmittelbarer Weise von irgend einem wirtschaftlichen Momente hervorgebracht sei. Sie sagt nicht, dafs jegliche religiöse und sittliche Vorstellung, jedes Wollen und Streben oder der jeweilige Stand der Wissenschaft wie einer Kunst direkt aus einem entsprechenden wirtschaftlichen Phänomen herfliefse. Der

Prozefs der sozialgeschichtlichen Entwicklung ist ein überaus komplizierter. Es ist nicht für jedes besondere Vorkommnis nur eine einzige Ursache gegeben, nämlich ein wirtschaftlicher Grund: sondern in dem Werden und Vergehen der mannigfachen Erscheinungen im sozialen Dasein der Menschen verwebt sich ein wirres Geflecht einander durchkreuzender Einzelursachen und Wirkungen. Bezüglich ihrer mag man ruhig behaupten, dafs daselbst an ihrem Sonderplatze materielle Momente, physiologisch erkannte Kausalität für menschliches Begehren neben geistigen bestimmenden Gründen, die in ihrem physiologisch-kausalen Werden wissenschaftlich nicht erklärt sind, sich befinden; und dafs die Ideen des Guten und Gerechten sowie religiöse Vorstellungen und bestimmte geistige Entwickeltheit überhaupt von mafsgeblichem Einflufs auf die Ausgestaltung des Rechtes und des gesellschaftlichen Lebens der Menschen sein. Vielmehr wird behauptet, dafs das Ganze des sozialen Lebens der Menschen eine nach mechanischen Gesetzen wissenschaftlich zu begreifende Einheit sei. Es widerlegt also die Theorie des sozialen Materialismus in nichts, wenn dargethan werden kann, dafs in einem bestimmten Falle die nächstliegende Ursache einer sozialen Erscheinung nicht ökonomische Bedingungen, sondern ideelle Momente waren: Rollt man die Kette der Ursachen weiterhin auf und erkennt sie in ihrem einheitlichen Zusammenhange vollständig, so gelangt man schliefslich immer zu der Unterlage des sozialen Lebens — zu der sozialen Wirtschaft.

Soweit STAMMLER. ENGELS giebt dem Hauptgedanken des sozialen Materialismus folgende Formel: die jedesmalige ökonomische Struktur der Gesellschaft bildet die reale Grundlage, aus welcher der gesamte Überbau der rechtlichen und politischen Einrichtungen, sowie der religiösen, philosophischen und sonstigen Vorstellungsweise eines jeden geschichtlichen Zeitabschnittes in letzter Instanz zu erklären sind.«

Desgleichen MEHRING: Die Grundlage jeder sozialen Gemeinschaft ist die Produktionsweise des materiellen Lebens und somit bestimmt sie in letzter Instanz den geistigen Lebensprozefs in seinen mannigfaltigen Ausstrahlungen. Der historische Materialismus leugnet die ideellen Mächte so wenig, dafs er sie vielmehr nur bis auf den letzten Grund untersucht, dafs er die nötige Klarheit darüber schafft, woher die Ideen ihre Macht schöpfen.«[1]

Nun könnte man ohne weiteres unmittelbar die Prüfung dieser Anschauung vornehmen, indem sie gemessen würde an der Geschichte selbst, ob diese dazu stimmt oder nicht. Allein diese Art der Prü-

---

[1] MEHRING: Lessing-Legende 1893, S. 451.

fung wird schon dadurch überaus erschwert, dafs immer nur gesagt wird, die Ideen haben in letzter Instanz ihren Grund in der Wirtschaft.

Aufserdem aber stützt sich der soziale Materialismus ausdrücklich und ausführlich auf eine bestimmte Philosophie, nämlich auf den absoluten Idealismus im Sinne Hegels. Und weil diese Art des Idealismus der Boden ist, aus welchem zugleich die dem sozialen Materialismus entgegenstehende Ansicht (der Idealismus) erwachsen ist, so ist es doppelt nötig, die Wurzel dieser beiden Anschauungen der idealistischen und der materialistischen Geschichtsansicht auch ausführlicher philosophisch zu untersuchen.

Dabei sollen allerdings die sozialen Materialisten nur als Vertreter der Wissenschaft angesehen werden, nicht als das, was sie auch sind, nämlich als »politische Agitatoren«, die eine unterminierende Tendenz verfolgen und denen die materialistische Geschichtsauffassung der Hebel ist, mit dem die bürgerliche Welt aus den Angeln gehoben werden soll.[1]) Von dieser Tendenz sei hier abgesehn. Engels selbst bekennt, er habe mit der Schrift: Die Entwicklung des Sozialismus von der Utopie zur Wissenschaft »zunächst eine rein wissenschaftliche Arbeit« zu liefern beabsichtigt. Und diese seine Wissenschaft gründet er ausdrücklich auf die Philosophie. »Wir deutschen Sozialisten sind stolz darauf, dafs wir abstammen von Kant, Fichte und Hegel.« Der wissenschaftliche Sozialismus ist nun einmal ein wesentlich deutsches Produkt und konnte nur bei der Nation entstehn, deren klassische Philosophie die Tradition der bewufsten Dialektik lebendig erhalten hatte: bei den Deutschen. Die materialistische Geschichtsanschauung und ihre spezielle Anwendung auf den modernen Klassenkampf zwischen Proletariat und Bourgeoisie war nur möglich vermittelst der Dialektik.

Es wird also diese ganze Anschauung auch nur recht verstanden und geprüft werden können, wenn die philosophischen Grundlagen untersucht werden.

Die philosophischen Grundlagen des Idealismus und Materialismus der Geschichte.

A. Die theoretischen Grundlagen.

Als die theoretische Grundlage ist soeben die Dialektik genannt. Gemeint ist damit die Dialektik Hegels. Und das Wesentlichste derselben besteht in der Behauptung des absoluten Werdens. Engels bemerkt darüber: Wenn wir die Natur oder die Menschengeschichte

---

[1]) O. Lorenz: Die materialistische Geschichtsauffassung. Leipzig, 1897, S. 30.

oder unsere eigene geistige Thätigkeit der denkenden Betrachtung unterwerfen, so bietet sich uns zunächst dar das Bild einer unendlichen Verschlingung von Zusammenhängen und Wechselwirkungen, in der nichts bleibt, was, wo und wie es war, sondern alles sich bewegt, sich verändert, wird und vergeht. Wir sehen zunächst also das Gesamtbild, in dem die Einzelheiten noch mehr oder weniger zurücktreten, wir achten mehr auf die Bewegung, die Übergänge, die Zusammenhänge, als auf das, was sich bewegt, übergeht und zusammenhängt. Diese ursprüngliche, naive, aber der Sache nach richtige Anschauung von der Welt ist die der alten griechischen Philosophie und ist zuerst klar ausgesprochen von HERAKLIT: Alles ist und ist auch nicht, denn alles fliefst, ist in steter Veränderung, im steten Werden und Vergehen begriffen.« (21.) Und da sich späterhin herausstellen wird, dafs auch der Geschichtsidealismus sich im wesentlichen auf die Lehre vom Werden gründet, so wird es nötig sein, darauf näher einzugehen. Und zwar handelt es sich um die Frage nach dem absoluten oder ursachlosen Werden. Denn wo man die gegebenen Veränderungen in Natur und Menschenleben an bestimmte Bedingungen gebunden, von Ursachen bewirkt denkt, da setzt man voraus, dafs ein Ding oder ein Vorgang ohne einwirkende Ursachen beharren würde in dem Zustande, in welchem er sich gerade befindet. Für sich allein gedacht, würde jedes einzelne bleiben, was es ist, nur die hinzukommende Ursache ändert den Zustand; die Lehre vom absoluten Werden aber behauptet: jedes Ding, jeder Vorgang trägt in sich selbst das Prinzip, sich ursachlos zu verändern. Es handelt sich also nicht um Werden und Veränderung überhaupt. Diese, wie sie überall gegeben ist, kann niemand leugnen, es handelt sich hier um absolutes, ursachloses Werden. Nur wenn das Werden als absolut oder ursachlos gedacht wird, hat die Berufung auf HERACLIT und HEGEL einen Sinn. Denn das Werden als Thatsache hat niemand bezweifelt.

Der Widerspruch im Begriff des absoluten Werdens.

Wenn man fragt, welche Lehre älter sei, die, dafs das Geschehen, das Werden, die Veränderung einer Ursache bedarf, oder die, dafs sie keine Ursache nötig hat, also absolut sei — so wird man sagen: beide Gedanken sind wohl gleich alt. Waren die Menschen jederzeit darauf angewiesen, das Nützliche herbeizuführen und das Schädliche abzuwehren, so müssen sie sehr bald erkannt haben, dafs gewisse Dinge und Ereignisse an bestimmte Ursachen gebunden sind.

Daneben aber giebt es auch sehr viel Dinge und Ereignisse,

die nicht in unserer Hand liegen. Sehr viele von diesen machten die Frage nach ihrem Bestehen oder Vergehen zunächst wohl gar nicht rege. Was sich gleichblieb wie der Fels, oder auch wie der Lauf der Sonne, die Aufeinanderfolge der Jahreszeiten u. dergl., das hat vielleicht anfänglich das Nachdenken nicht sonderlich beschäftigt. Dagegen machte jede Abweichung vom Alltäglichen und Gewohnten die Frage nach dem Warum rege. Sieht man hier von dem Götterglauben ab, so wird vielfach diese Frage damit beschwichtigt sein, dafs es hiefs: das ist nun einmal so. Man wufste keine Ursache und forschte ihr auch nicht nach, wie ja heutzutage noch zuweilen Krankheiten, Unkraut, Schimmel, Pilze u. dergl. als ursachlos entstehend angesehen werden. Darum rechnet SPENCER mit Recht den Gedanken vom Verschwinden und Entstehen und von der Umwandlung zu den primitivsten Ideen der Menschheit.[1])

Man wird also beide Gedanken, sowohl den der Verursachung oder den des absoluten, ursachlosen Werdens bei der Naturbetrachtung verwendet haben.

Das philosophische Nachdenken versuchte dann sehr bald, einen dieser beiden Gedanken festzuhalten und durchzuführen. Während EMPEDOKLES den Begriff der Ursache verfolgte, hat HERAKLIT den Gedanken des absoluten Werdens auf alle Naturvorgänge zu übertragen gesucht. HERAKLIT glaubte indes damit nicht etwa das Gegebene zu überschreiten, sondern das Gegebene vielmehr zu beschreiben, wie es ist. Er blieb stehen bei dem, was sich der Erfahrung bot, nämlich dafs Ursachen als solche nicht gegeben sind, sondern vielmehr ein Geschehen, ein Werden, Veränderung ohne jede Ursache. Kein Ding ist und bleibt, was es ist, jedes, auch wenn wir dies nicht sofort bemerken, ist im beständigen Werden und Wandel begriffen. Auf die Frage: warum ist dies so, warum folgt auf dieses Ereignis das andere, auf den Frühling der Sommer, warum wird der Most zu Wein u. s. w. Auf solche Fragen giebt es keine andere Antwort: es ist einmal so, es liegt eben in der Natur der Dinge nicht beharrlich zu sein, sondern zugleich zu sein und nicht zu sein, dieses zu sein und dieses auch nicht zu sein. Um sich dies zu verdeutlichen, denke man an recht allmähliches Werden, wo sich kein Schritt der Veränderung von dem Vorhergehenden und Nachfolgenden scharf abgrenzen läfst, etwa an eine wachsende oder verwelkende Blume, an den werdenden Tag u. dergl. Hier ist immer das Werdende nicht mehr, was es war, und ist noch nicht, was es sein wird.

---

[1]) Prinzipien der Soziologie I. Stuttgart 1877, S. 133. Vergl. Werden und Kausalität. So Ztschr. f. ex. Phil. XVIII. 129 ff.

Was seiner Zeit PLATO gegen diese Lehre einwarf, dafs etwas nicht zugleich sein und auch nicht sein könne, dafs das keine Erkenntnis sei, so lange sich unser Denken in Widersprüchen bewege — das ist längst in aller Schärfe die Forschungsmaxime alles ernsten Denkens in der Wissenschaft geworden, da wird nirgends das absolute Werden zugelassen. Da gilt: kein Geschehn ohne Ursache, ungleiche Wirkung ungleiche Ursache; gleiche Ursache gleiche Wirkung. Der Weg der Erkenntnis ist überall der gewesen, den Widerspruch zu vermeiden, jedes Denken für unvollständig anzusehen, solange noch ein Widerspruch darin enthalten ist.

Es möge dies an einigen Beispielen verdeutlicht werden. Bis auf LAVOISIER galt die Lehre vom Phlogiston. Das Phlogiston, der Brennstoff sollte das brennende Ding beim Brennen verlassen. Wenn dies so wäre, so schlofs LAVOISIER, so müfste auch dem Verbrennen das Ding leichter sein als vorher. Aber die Wage zeigte, dafs es (nämlich die Asche etc.) schwerer war. Hier lag ein Widerspruch vor: ein und dasselbe Ding sollte dadurch, dafs ein anderes Ding von ihm gegangen war, nicht leichter, sondern schwerer geworden sein. Die Auflösung war die Erkenntnis, dafs von dem vorkommenden Dinge nicht nur nichts verloren gegangen sei, sondern noch etwas (der Sauerstoff) hinzugekommen war.

Derselbe Widerspruch führte zur Entdeckung des Argon. Von dem Stickstoff, der der atmosphärischen Luft entnommen wird, ist das Liter = 1,2572 g. Wird aber der Stickstoff aus Harnstoff oder Ammoniumnitrit isoliert, so ist das Liter = 1,2505. Der Gewichtsunterschied ist allerdings nur klein, aber er ist vorhanden. Das erstgenannte Liter Stickstoff kann nicht dasselbe sein, als das zweite. Dem ersten mufs noch ein anderer Bestandteil beigemischt sein. Das ist das Argon.

Oder man denke an die Astronomie. »Schon LICHTENBERG bemerkte, die Astronomie sei diejenige Wissenschaft, in der das Wenigste durch den Zufall entdeckt wurde. Was hat nun ihre Entdeckungen mit Notwendigkeit herbeigeführt? Der Widerspruch hat sie von einer Stufe zur andern getrieben. Die Verwirrung, die Gesetzlosigkeit der scheinbaren Bewegungen, der Streit zwischen Theorie und Erfahrung zeigt sich in der Entwicklungsgeschichte der Astronomie als die Kraft, die zu Fortschritten genötigt hat.«[1]) Und überall wo die Entwicklungsgeschichte einer wissenschaftlichen Entdeckung uns näher be-

---

[1]) DROBISCH: Beiträge zur Orientierung über HERBARTS System der Philosophie 1834. bei HERBART XII, 745.

kannt geworden ist, läßt sich nachweisen, daß der Forscher einander widerstreitende Vorstellungen von einer gegebenen Erscheinung zum Ausgangspunkte hatte, und daß alle seine Bestrebungen auf das Ziel gerichtet waren, das anscheinend Unversöhnbare so zu vereinen, daß kein Widerspruch mehr vorhanden ist. Wird dies auf das Problem der Veränderung angewandt, so zeigt etwa die Erfahrung, daß aus A ein B wird, etwa Most zu Wein. Hier ist der Widerspruch: ein und dasselbe Ding, A soll A sein aber auch nicht A, sondern B. Die Lösung besteht darin, daß man sagt: A als Ursache des B, ist nichts einfaches, zu A müssen noch mehrere Bedingungen hinzutreten, so daß A immer A bleibt, aber im Zusammen mit andern Bedingungen die Erscheinung B hervorbringt.

Will man genauer erörtern, wie Grund und Folge zusammenhängt, wie man vom Grund zur Folge fortgetrieben wird, so gelangt man zu den Betrachtungen, welche HERBART in der Methode der Beziehungen angestellt hat. Sie heißt eben darum Methode der Beziehungen oder Ergänzungen, weil sie angiebt, wie durch Hinzunahme oder Ergänzung von Ursachen der Widerspruch gelöst werden kann und muß.

Man halte dabei fest, daß der hier gemeinte Widerspruch immer ein Widerspruch in unserm Denken ist, insofern im Gegebenen, aber nicht in dem Realen, sondern nur wieweit das Gegebene von uns aufgefaßt und gedacht wird. Das Reale selbst kann natürlich nichts in-sich-Widersprechendes sein, real kann nicht ein viereckiger Kreis oder goldenes Eisen sein, oder wie im obigen Beispiel, daß ein Quantum Stickstoff unter ganz den nämlichen Umständen einmal so viel, ein andermal mehr wiegen kann. Wo es so scheint, liegt eine noch mangelhafte Erkenntnis vor, ein Widerspruch, der beseitigt werden muß.

Es wird sich später zeigen, daß HEGEL dies umkehrte, nämlich den Widerspruch in das Reale selbst verlegte, und darum mag hier ein Ausspruch eines gemäßigten Hegelianers angeführt werden, in dem er sich ganz HERBARTS Betrachtungsweise angeeignet hat: Das Denkgesetz, welches der Kausalität zugrunde liegt, ist das des Grundes. Wenn das Denken überhaupt darin besteht, daß das gegebene Mannigfaltige unter der Bestimmung der Notwendigkeit verknüpft, der Zusammenhang desselben erkannt wird, so ist die negative Bedingung dieser Verknüpfung die, daß die Vorstellungen, welche verknüpft werden sollen, dieser Verknüpfung nicht widerstreiten, daß sie sich nicht ausschließen, sich nicht widersprechen; und es läßt sich insofern das allgemeinste negative Gesetz des Denkens in dem Satze des Widerspruchs d. h. in dem Satze aussprechen: Widersprechendes kann nicht zur Einheit des Gedankens zusammengefafst werden.... Wenn es unmöglich ist, Widersprechendes zu denken, so ist es uns auch unmöglich zu glauben, dafs Widersprechendes zusammensein könne.[1])

Man vergesse aber nicht, wie überaus langsam sich die Verwerfung des absoluten Werdens und also die Behauptung der durchgängigen Kausalität Bahn gebrochen hat. In Gebieten, in denen vieles geschieht, was die Menschen nicht selbst bewirken oder nicht genau nachprüfen und kontrollieren konnten, da herrschte selbst in der strengen Wissenschaft noch lange der Gedanke des ursachlosen Werdens, so in der Astronomie mit der Vorstellung der beseelten Gestirne, in der Wetterlehre, die aller Rechnung zu spotten scheint. Noch später wurde die Lebenskraft, die auch ein absolutes Werden war, vertrieben, und auch das Leben, der Organismus ward erkannt als strengen Gesetzen unterworfen. Der Gedanke des absoluten Werdens flüchtete endlich in das geistige Geschehen; als auch dieses Schritt für Schritt als gesetzlich geordnet und verlaufend erkannt wurde, sollte wenigstens der Wille oder ein Teil desselben ursachlos oder frei im Sinne absoluter Willkür noch eine Ausnahme machen. Wurde dies auch vielfach als widersprechend der Erfahrung und der Wissenschaftlichkeit anerkannt, so wollte man doch aus moralischen Gründen noch daran festhalten. So nicht blofs KANT, so auch noch LOTZE, HELMHOLTZ, DU BOIS REYMOND u. a. Nun vollends wenn man nach der ersten Entstehung der Welt oder nach der ersten Thätigkeit etwa der Atome forschte, da schien für viele gar nichts anders übrig zu bleiben, als den sonst überall abgethanen Gedanken des ursachlosen Werdens oft unter dem Namen des Willens zuzulassen.

HERBART ist unter allen Philosophen der einzige, der auf allen Gebieten der Erkenntnis grundsätzlich das absolute Werden vermeidet, und den Gedanken unverbrüchlicher Kausalität durchzuführen sucht. Damit ist durchaus kein neuer Gedanke eingeführt, sondern es ist der alte Gedanke, der in der Naturforschung längst eingebürgert war, auf alles Geschehen ohne Ausnahme mit voller Erkenntnis der daraus fliefsenden Folgen angewendet. Man nennt dies wohl den methodischen Monismus, denn welche Methode auch sonst irgendwo angewandt wird, eine Methode mufs ihnen allen zugrunde liegen, nämlich die Methode der Kausalität und also die Ausschliefsung jedes ursachlosen Geschehens.

Weiter mufs man festhalten, dafs man hier dem Entweder-oder

---

[1]) E. ZELLER: Vorträge und Abhandlungen, III, 512, siehe Zeitschr. f. ex. Phil. XVIII. 144.

nicht entfliehen kann. Es wird nämlich oft mit Berufung auf KANT gesagt: wir können das gar nicht entscheiden, weder ob die Aufsenwelt dem Kausalgesetz unterworfen ist, noch weniger ob in der Aufsenwelt überall der Zusammenhang von Ursache und Wirkung besteht. Allein indem man hier die Entscheidung zurückhält, giebt man die Entscheidung. Wer sagt: ich weifs nicht, ob in der objektiven Welt Kausalität herrscht, der sagt: Das eine ist möglich, das andere aber auch; es ist möglich, dafs die objektive Welt kausal geordnet ist, es ist aber auch das Gegenteil möglich, nämlich das absolute Werden. Wer so spricht, der tritt damit aus der anfänglich eingenommenen Zurückhaltung heraus, er entscheidet sich für die Möglichkeit des absoluten Werdens, er behauptet freilich nicht die Wirklichkeit des ursachlosen Geschehens, aber doch die Möglichkeit d. h. dafs das, was in sich widersprechend ist, doch möglich sei oder geschehen könne. Damit ist aber jede Möglichkeit der Erkenntnis, jede Forschung nach Ursachen abgeschnitten. Denn jedesmal kann der Faden des Forschens zerrissen werden durch die Erwägung: Dies Ereignis ist vielleicht ursachlos, ist aufs Geratewohl geschehen. Darum hat E. ZELLER ganz recht, dafs jede Möglichkeit des Denkens sofort aufgehoben werde, sobald man auch nur die Möglichkeit des absoluten Werdens zuläfst. Man kann also dem Entweder-oder nicht entgehn. Wer nicht unbedingt und überall das absolute Werden verwirft, der tritt auf die Seite von HERAKLIT oder HEGEL, bleibt aber nicht in der Mitte der Parteien oder darüber stehen. Ein Drittes giebt es hier nicht. Darum mufs auch die folgende weitere Betrachtung immer wieder auf die Bedeutung des Widerspruchs und des absoluten Werdens zurückkommen. Denn man mufs sich beständig gegenwärtig halten, dafs die letzten Entscheidungen in der theoretischen Forschung allemal zurückgehen müssen auf die Frage nach dem absoluten Werden, oder nach der Bedeutung des Widerspruchs.

Es kann freilich allmählich zum guten Ton werden und ist es vielfach schon, davon gar nicht mehr zu reden, die alten Schulfragen nicht wieder aufzunehmen, dergleichen sei vielmehr ganz zu überspringen. Allein dann begiebt man sich auch jedes Urteils über die eigentlichen Fragen der Forschung. Es handelt sich z. B. um die Frage: giebt es eine Aufsenwelt, oder hat der Idealismus recht mit der Behauptung, dafs mein Ich das einzige Reale sei? Läfst man hier das absolute Werden wenn auch nur der Möglichkeit nach zu, so führt kein Weg aus dem Idealismus heraus. Denke ich das Ich als etwas, was sich absolut d. h. ursachlos entwickelt, dann darf ich zu alledem, was das Ich thut, vorstellt, fühlt, will, keine Ursache hinzunehmen, sondern immer mufs ich mir sagen: es ist einmal so, das Ich ist eben ein Wesen, das bald dies bald jenes, manches willkürlich manches unwillkürlich aus sich erzeugt, in manchem längere Zeit sich gleich bleibt, in anderm nicht. Es giebt bekanntlich vielerlei Versuche, den Idealismus zu überwinden und die Realität der Aufsenwelt zu erweisen und zwar ohne den Begriff des absoluten Werdens streng zu untersuchen und als in sich widersprechend zu verwerfen, aber es ist auch ersichtlich, wo man nur nach dem dunklen Gefühl der Kausalität verfährt und das absolute Werden nicht streng in jeder Gestalt ausdrücklich aufgiebt, da ist eine begriffliche Überwindung des Idealismus unmöglich. Ist aber das absolute Werden abgewiesen, dann mag das Ich sein was es will, es kann nicht aus sich selbst heraus eine Mehrheit von Vorstellungen und Gefühlen spinnen. Es kann verschiedene Zustände gewinnen oder verschiedene Thätigkeiten äufsern nur unter Hinzunahme von Bedingungen, die nicht im Ich liegen. Damit ist das Dasein einer vom Ich unabhängigen Aufsenwelt dargethan.

Eine andere für jede Weltanschauung überaus wichtige Frage ist die: ob die Welt eine Einheit sei oder nicht; diese Frage kann der Anhänger des absoluten Werdens nicht entscheiden. Er mufs sagen: es ist möglich, dafs die Vielheit der Erscheinungen auf eine Vielheit des Seienden zurückzuführen sei, wenn überhaupt vom Seienden gesprochen werden darf, es ist aber auch das Gegenteil möglich, nämlich dafs sich ein Eins unter ganz denselben Umständen bald so bald anders verhält, sich selbst in eine Vielheit der Erscheinung vermöge des absoluten Werdens spaltet.

Anders die Anhänger einer durchgängigen Kausalität: Eins für sich würde immer nur dies Eine bleiben; ist daher eine Vielheit und Mannigfaltigkeit und ein Wechsel der Erscheinungen gegeben, so müssen auch viele, verschiedene, mit einander in Wechselwirkung stehenden Bedingungen vorausgesetzt worden, also viele reale Wesen.

Und so könnte man die Fragen der Metaphysik und Psychologie durchgehn, im letzten Grunde mufs man immer auf die Frage nach dem absoluten Werden zurückkommen, wenn eine Entscheidung gefunden werden soll.

Insofern ist es ein Zeichen philosophischen Geistes, wenn die materialistische Geschichtsauffassung ausdrücklich auf diese Frage zurückgeht.

Es mögen darum die Betrachtungen darüber von ENGELS (S. 21 ff.) im Zusammenhang mitgeteilt werden. Er setzt Metaphysik und Dialektik einander entgegen wie Sein und Werden.

»Für den Metaphysiker«, sagt er, »sind die Dinge und ihre Gedanken-Abbilder, die Begriffe, vereinzelte, eins nach dem andern und ohne das andere zu betrachtende, feste, starre, ein für allemal gegebene Gegenstände der Untersuchung. Er denkt in lauter unvermittelten Gegensätzen; seine Rede ist Ja, ja, Nein, nein, was darüber ist, das ist vom Übel. Für ihn existiert ein Ding entweder oder es existiert nicht: ein Ding kann ebensowenig zugleich es selbst und ein anderes sein. Positiv und negativ schliefsen einander absolut aus; Ursache und Wirkung stehen ebenso in starrem Gegensatz zu einander. Diese Denkweise erscheint uns auf den ersten Blick deswegen äufserst einleuchtend, weil sie diejenige des sogenannten gesunden Menschenverstands ist. Allein der gesunde Menschenverstand, ein so respektabler Geselle er auch in dem hausbacknen Gebiet seiner vier Wände ist, erlebt ganz wunderbare Abenteuer, sobald er sich in die weite Welt der Forschung wagt; und die metaphysische Anschauungsweise, auf so weiten, je nach der Natur des Gegenstands ausgedehnten Gebieten sie auch berechtigt und sogar notwendig ist, stöfst doch jedesmal früher oder später auf eine Schranke, jenseits welcher sie einseitig, borniert, abstrakt wird und sich in unlösliche Widersprüche verirrt, weil sie über den einzelnen Dingen deren Zusammenhang, über ihrem Sein ihr Werden und Vergehn, über ihrer Ruhe ihre Bewegung vergifst, weil sie vor lauter Bäumen den Wald nicht sieht. Für alltägliche Fälle wissen wir z. B. und können mit Bestimmtheit sagen, ob ein Tier existiert oder nicht: bei genauerer Untersuchung finden wir aber, dafs dies manchmal eine höchst verwickelte Sache ist, wie das die Juristen sehr gut wissen, die sich umsonst abgeplagt haben, eine rationelle Grenze zu entdecken, von der an die Tötung des Kindes im Mutterleibe Mord ist: und ebenso unmöglich ist es, den Moment des Todes festzustellen, indem die Physiologie nachweist, dafs der Tod nicht ein einmaliges, augenblickliches Ereignis, sondern ein sehr langwieriger Vorgang ist. Ebenso ist jedes organische Wesen in jedem Augenblick dasselbe und nicht dasselbe; in jedem Augenblick verarbeitet es von aufsen zugeführte Stoffe und scheidet andere aus, in jedem Augenblick sterben Zellen seines Körpers ab und bilden sich neue; je nach einer längern oder kürzern Zeit ist der Stoff dieses Körpers vollständig erneuert, durch andere Stoffatome ersetzt worden, so dafs jedes organisierte Wesen stets dasselbe und doch ein anderes ist. Auch finden wir bei genauerer Betrachtung, dafs die beiden Pole eines Gegensatzes, wie positiv und negativ, ebenso untrennbar von einander wie entgegengesetzt sind, und dafs sie trotz aller Gegensätzlichkeit sich gegenseitig durchdringen; ebenso, dafs

Ursache und Wirkung Vorstellungen sind, die nur in der Anwendung auf den einzelnen Fall als solche Giltigkeit haben, dafs sie aber, sowie wir den einzelnen Fall in seinem allgemeinen Zusammenhang mit dem Weltganzen betrachten, zusammengehn, sich auflösen in der Anschauung der universellen Wechselwirkung, wo Ursachen und Wirkungen fortwährend ihre Stelle wechseln das was jetzt oder hier Wirkung, dort oder dann Ursache wird und umgekehrt.

Alle diese Vorgänge und Denkmethoden passen nicht in den Rahmen des metaphysischen Denkens hinein. Für die Dialektik dagegen, die Dinge und ihre begrifflichen Abbilder wesentlich in ihrem Zusammenhang, ihrer Verkettung, ihrer Bewegung, ihrem Entstehen und Vergehen auffafst, sind Vorgänge wie die obigen, ebensoviel Bestätigungen ihrer eigenen Verfahrungsweise. Die Natur ist die Probe auf die Dialektik, und wir müssen es der modernen Naturwissenschaft nachsagen, dafs sie für diese Probe ein äufserst reichliches, sich täglich häufendes Material geliefert und damit bewiesen hat, dafs es in der Natur, in letzter Instanz, dialektisch und nicht metaphysisch hergeht, dafs sie sich nicht im ewigen Einerlei eines stets wiederholten Kreises bewegt, sondern eine wirkliche Geschichte durchmacht. Hier ist vor allen DARWIN zu nennen, der der metaphysischen Naturauffassung den gewaltigsten Stofs versetzt hat durch seinen Nachweis, dafs die ganze heutige organische Natur, Pflanzen und Tiere und damit auch der Mensch, das Produkt eines durch Millionen Jahre fortgesetzten Entwicklungsprozesses ist. Da aber die Naturforscher bis jetzt zu zählen sind, die dialektisch zu denken gelernt haben, so erklärt sich aus diesem Konflikt der entdeckten Resultate mit der hergebrachten Denkweise die grenzenlose Verwirrung, die jetzt in der theoretischen Naturwissenschaft herrscht, und die Lehrer wie Schüler, Schriftsteller wie Leser, zur Verzweiflung bringt.

Eine exakte Darstellung des Weltganzen, seiner Entwicklung und der der Menschheit, sowie des Spiegelbildes dieser Entwicklung in den Köpfen der Menschen, kann also nur auf dialektischem Wege, mit steter Beachtung der allgemeinen Wechselwirkungen des Werdens und Vergehens, der fort- oder rückschreitenden Änderungen zu stande kommen. Und in diesem Sinne trat die neuere deutsche Philosophie auch sofort auf. KANT eröffnete seine Laufbahn damit, dafs er das stabile Newtonsche Sonnensystem und seine — nachdem der famose erste Anstofs einmal gegeben — ewige Dauer auflöste in einen geschichtlichen Vorgang: in die Entstehung der Sonne und aller Planeten aus einer rotierenden Nebelmasse. Dabei zog er bereits die Folgerung, dafs mit dieser Entstehung ebenfalls der künftige Untergang des Sonnensystems notwendig gegeben sei. Seine Ansicht wurde ein halbes Jahrhundert später durch LAPLACE mathematisch begründet und noch ein halbes Jahrhundert später wies das Spektroskop die Existenz solcher glühenden Gasmassen, in verschiedenen Stufen der Verdichtung, im Weltraum nach.

Ihren Abschlufs fand diese neuere deutsche Philosophie im HEGELschen System, worin zum erstenmal — und das ist sein grofses Verdienst — die ganze natürliche, geschichtliche und geistige Welt als ein Prozefs, d. h. als in steter Bewegung, Veränderung, Umbildung und Entwicklung begriffen dargestellt und der Versuch gemacht wurde, den inneren Zusammenhang in dieser Bewegung und Entwicklung nachzuweisen. Von diesem Gesichtspunkt aus erschien die Geschichte der Menschheit nicht mehr als ein wüstes Gewirr sinnloser Gewaltthätigkeiten, die vor dem Richterstuhl der jetzt gereiften Philosophenvernunft alle gleich verwerflich sind, und die man am besten so rasch wie möglich vergifst, sondern als der Entwicklungsprozefs der Menschheit selbst, dessen allmählichen Stufengang durch alle Irrwege zu verfolgen, und dessen innere Gesetzmäfsigkeit durch alle scheinbaren Zufälligkeiten hindurch nachzuweisen, jetzt die Aufgabe des Denkens wurde.«

Zunächst ist hier zu bemerken, dafs genau in der Weise des alten HERAKLIT rein empirisch und populär auf das Gegebene als auf das Unbeständige, sich verändernde, werdende hingewiesen wird. An dieser Thatsache ist auch nicht zu zweifeln. Es genügt hierbei nicht hervorzuheben, dafs doch wohl manches auch beständig sei, wie etwa die Identität des Ich, wie O. LORENZ (a. a. O. 35) bemerkt. Näher besehen, ist alles Gegebene, alles Wirkliche ein Werdendes. Aber bleibend sind die sogenannten Naturgesetze, die Beziehungen der Körper etwa zur Schwere, zur Wärme, die chemischen Verwandtschaften etc. Und dies könnte nicht der Fall sein, wenn nicht das, was den wechselnden Naturerscheinungen zugrunde liegt, wenn nicht die letzten Elemente der Natur sich unveränderlich gleich blieben. Die Natur bleibt sich treu. Beharrlich und unwandelbar bleiben die Atome; Erhaltung der Substanz und der Kraft ist schon längst die Voraussetzung unserer ganzen Naturforschung.

Darum steht längst die HEGELsche Philosophie aufserhalb der ernsten Forschung. Die Forschung ist auf Ursachen gerichtet. Als letzte Ursachen alles Geschehens sieht sie die letzten einfachen Elemente an. Aus deren Wechselwirkung sucht sie alle Erscheinungen der äufseren und inneren Erfahrung zu erklären, so dafs jede Veränderung ihre zureichenden Ursachen hat, nie aber ursachlos oder absolut eintritt.

Insofern stellt sich die materialistische Geschichtsauffassung auf einen Standpunkt, der in der Wissenschaft längst überwunden ist. Der Gedanke eines absoluten Werdens, absolut, weil ursachlos und weil ohne Halt in den unveränderlichen Elementen ist nichts anderes als eine Bewegung ohne Bewegtes, eine Ordnung ohne Geordnetes, eine Gestalt ohne Gestaltetes, ein Messer ohne Klinge, dem der Griff fehlt d. h. eine Unmöglichkeit.

Sonderbar, daſs sich der Geschichtsmaterialismus in seinen Vertretern wie MARX, ENGELS, LÜTGENAU u. a. gerade durch den Gedanken des absoluten Werdens über den empirischen, naturwissenschaftlichen Materialismus zu erheben gedenkt.[1]) Es ist dies ein doppelter Irrtum. Erstens ist das nicht ein Erheben, sondern ein Zurücksinken in veraltete Anschauungen, über die sich der naturwissenschaftliche Materialismus erhoben hat. Denn gerade darin besteht seine Stärke, daſs er die kausale Forschung betont und verlangt. Aber freilich er führt diese Forschungsmethode nicht immer durch. Wo er Betrachtungen allgemeiner Art anstellt, da sinkt er oft in die unwissenschaftliche Redeweise des absoluten Werdens hinab, die der Geschichtsmaterialismus für sich als die allein wissenschaftliche in Anspruch nimmt. Da kann man bei sehr berühmten Schriftstellern fast aller Richtungen lesen, wie die physikalischen Kräfte zu vitalen und diese zu geistigen umschlagen, ohne daſs für solches Umschlagen oder Differenzieren Ursachen angegeben werden und ohne daſs dabei nach Ursachen geforscht wird. Mehr als sie selbst oft wissen oder es Wort haben wollen, weichen gar viele Naturforscher, die bei jeder Einzelerklärung streng nach der kausalen Methode verfahren, bei allgemeinen Betrachtungen davon ab und verfahren nach dem, was HEGEL und die Geschichtsmaterialisten die Dialektik nennen. Diese besteht, kurz gesprochen, in der Legalisierung und Systematisierung des Widerspruchs im absoluten Werden.

Das Werden schlieſst den Widerspruch in sich, daſs ein und dasselbe ist und zugleich nicht ist, oder wie HEGEL ganz richtig sagt, es ist die Einheit von Sein und Nicht-Sein. Wenn A zu B wird, so liegt in diesem Übergange: A hört auf, A zu sein, ist nicht mehr A, ist noch nicht B und ist endlich B.

Darin liegt, daſs das Werden in diesem Sinne nichts Reales sein kann. Kein reales Ding kann sich im strengen Sinne in Nichts oder in etwas Anderes verwandeln. Ein real gedachter Widerspruch ist immer Null. Man versuche: zu schreiben und zu derselben Zeit, mit derselben

---

[1]) Siehe bei LORENZ a. a. O. S. 36.

Hand auch nicht zu schreiben; man versuche: ein Viereck als Viereck und zugleich als Nicht-Viereck etwa als Kreis anzusehen! Schreiben und Nicht-Schreiben, Viereck und Kreis ist kein Widerspruch, wenn beide Glieder an verschiedene Personen, Dinge oder Zeiten verteilt werden. Der Widerspruch ist nur dann vorhanden, wenn die Identität der beiden kontrodiktorischen Glieder behauptet wird. Dann mufs der Widerspruch jedesmal wie die Zusammenfassung von plus und minus, wie Ja und Nein Null ergeben. Man kann sich dies verdeutlichen etwa an der Verwechslung von Personen mit gleichem Namen und von gleichem Aussehen. Man denke an SHAKESPEARES Komödie der Irrungen. Der Widerspruch, die scheinbare Unmöglichkeit ist da, wo die Identität des einander Widersprechenden behauptet wird. Sobald sich aber die miteinander unverträglichen Merkmale oder Handlungen auf verschiedene Personen oder Zeiten verteilen, löst sich mit der Identität auch der Widerspruch und das anfangs unmöglich Scheinende zeigt sich als recht wohl möglich und wirklich. Der Widerspruch lag nur in unserem Denken, nicht in den Dingen selbst.

Oder es sei an das Programm des Hallischen Sozialdemokratentages erinnert. Im ersten Teil heifst es: alle mittleren wirtschaftlichen Betriebe müssen dem Untergang Preis gegeben werden. Im zweiten Teile: die Bauerwirtschaften d. h. die mittleren landwirtschaftlichen Betriebe müssen vor dem Untergang geschützt werden.

Beides zugleich und in demselben Sinne angestrebt wäre ein Widerspruch, eine Unmöglichkeit, ein Stillstellen der Agitation. Gelöst kann der Widerspruch nur werden, wenn man die beiden widersprechenden Glieder auseinanderhält und bei dem zweiten etwa einschiebt: vorläufig oder scheinbar oder ähnliches.

Nun ist schon oben der Unterschied angedeutet, ob der Widerspruch angesehen wird nur als eine Unvollkommenheit unserer Gedanken, aus denen er entfernt werden mufs, oder ob man ihn als ein reales Prinzip, als eine treibende Kraft in die Dinge selbst hineindenkt. Um begreiflich zu finden, wie jemand auf den wunderlichen Gedanken kommen kann, den Widerspruch für etwas Reales als treibendes, dialektisches Moment der Dinge selbst zu betrachten und also von einer Dialektik der Dinge oder der ganzen Welt zu reden, ist es nötig, auf den Ausgangspunkt dieser gepriesenen Dialektik zurückzugehen, nämlich auf FICHTE.

Dialektik.

Auf zweierlei Wegen wurde FICHTE durch KANT auf den absoluten Idealismus geführt. Einmal machte er ernst mit dem Gedanken der KANTischen Freiheit. Ist das Ich wirklich frei, in dem Sinne, dafs es unabhängig von allen gedacht werden mufs, so kann es nur durch sich selbst bestimmt werden. Sodann hatte KANT die Kausalität für die Dinge — an — sich geleugnet oder doch ganz zweifelhaft gelassen. Wirkt also nichts von aufsen auf das Ich ein, so mufs es aus sich selbst alles innere Leben erzeugen, alle meine Gedanken, Vorstellungen und Bilder sind nur meine Erzeugnisse. Aufserdem mufs ja jeder strenge Empirismus erkennen, dafs ich immer ganz und gar in meine Gedanken eingeschlossen bin und bleibe und nie dahin kommen kann, die Dinge — an sich, wenn es solche auch gäbe, mit meinen Gedanken von ihnen zu vergleichen.

So kam FICHTE dahin, das Ich, zunächst sein eignes individuelles Ich, als das einzige Reale anzusehen. Dieses einzige Reale stellte sich aber nicht als etwas Bleibendes, Beharrliches, sondern als etwas Lebendiges, Wirkendes, Werdendes dar, des ist sich jeder unmittelbar gewifs. Das ist das Gewisseste von allen, dafs unser Geist etwas sehr bewegliches ist. Ist er nun das einzige Reale, so mufs das Reale überhaupt als etwas Wandelbares, Thätiges, nicht als etwas Starres, Totes angesehen werden.

Und worin besteht diese Thätigkeit? Jeder Mensch, wenn er sich selbst vorstellt, denkt sich jetzt etwa als schreibend, dann vorstellend irgend etwas, oder fühlend, kurz er denkt sein Ich stets bestimmt durch gewisse Gedanken, Bilder, Vorstellungen, Gefühle. Diese Bilder bilden etwas Äufseres ab, die Vorstellungen beziehen sich ja meist auf eine Aufsenwelt, also auf ein Nicht-Ich. So ist das Ich immer behaftet mit einem Nicht-Ich. Das Ich war aber als das einzige Reale erkannt. Es kann also kein reales Nicht-Ich geben. Vielmehr kann dieses Nicht-Ich auch nur eine Setzung, ein Erzeugnis des Ich sein. Das Ich mufs das Nicht-Ich als eine Thätigkeit des eignen Ich denken. Hier haben wir zunächst das reine Ich, rein oder frei von individuellen Bestimmungen als einen blofsen abstrakten Begriff, etwa eine Zusammenfassung dessen, was allen Personen gemeinsam ist. Das ist das einzige Reale, die erste Thesis. Aber niemals ist nur das Ich so rein gegeben, jedesmal ist es behaftet mit einem Nicht-Ich. Oder das Ich setzt sich ein Nicht-Ich gegenüber. Antithesis. Dieses Nicht-Ich mufs aber als Thätigkeit des Ich selbst erkannt, oder in das Ich zurückgenommen werden. Synthesis.

In aller Kürze ist angedeutet einmal der Widerspruch, der im

Begriffe liegt, dafs das Ich sein soll die Identität von Ich und Nicht-Ich, oder Identität der Identität und Nicht-Identität, oder des Subjekts und Objekts. Dieser Widerspruch liegt wirklich im Begriff des Ich. Man versuche nur ganz abgesehen von aller Spekulation das Ich zu definieren. Es liegt keine Schwierigkeit in dem Gedanken, ich erkenne den Tisch, oder ich erkenne dich. Hier ist Subjekt und Objekt, das Erkennende und das Erkannte zweierlei. Aber was heifst: ich erkenne mich? ich erkenne mein Ich? Für das, was das Ich denkt und ist, kann kein Inhalt gefunden werden. Denn auf die Frage: wen das Ich vorstellt, wenn es sich vorstellt, kann immer nur geantwortet werden: sich oder sein Ich. Wenn man fragt, was dies ist, welches vorgestellt wird, so findet sich, es ist dasselbe, was vorstellt. Und doch soll Vorstellendes und Vorgestelltes als Subjekt und Objekt verschieden sein. Und gleichwohl ist es identisch. Das Ich ist die Identität und Nicht-Identität von Subjekt und Objekt, daran ist nichts zu ändern. Das ist der begriffliche Ausdruck für das Thatsächliche.

Die Lösung dieses Widerspruchs liegt darin, dafs das Ich nicht als einziges Reale gesetzt werden darf, sondern so, dafs es in der Wechselwirkung mit andern realen Wesen seine innern Zustände oder Vorstellungen gewinnt. Von diesen Vorstellungsreihen, die alle zusammen das Ich bilden helfen, betrachtet oder apperzipiert eine die andre, und darin besteht die Selbstbetrachtung. Das Ich, wie es jedem gegeben ist, ist nicht etwas Einfaches, wohl aber eine Einheit, die vielerlei zusammenfafst. Von dieser Lösung sehe man aber einmal ganz ab, analysiere sich nur den uns allen gegebenen Begriff des Ich, so kommt als Definition des Ich heraus: Identität von Subjekt und Objekt, Identität der Identität und Nicht-Identität das ist ein Widerspruch. Und dessen war sich FICHTE sehr wohl bewufst. Keiner hat diesen Widerspruch, dieses Ich als das Undenkbare schärfer erkannt und beschrieben als FICHTE selbst. Und dennoch hielt er ihn fest. Warum? Weil er sich bewufst war: er ist gegeben, er ist jedem im unmittelbaren Anschauen gegeben, wenn er die eigne innere Erfahrung sich verdeutlicht.

Weiter erwäge man, dafs nach FICHTE das einzig Reale das Ich, also das denkende ist. Für ihn ist demnach die Einheit des Denkens und Seins oder des Idealen und Realen selbstverständlich. Alles Geschehen ist ein Geschehen im Ich, also ein Denken. Alles Denken wiederum ist eine Thätigkeit des einzigen Realen, also ein reales Geschehen.

Und so kam der verhängnisvolle Satz zustande: Der Widerspruch im Denken ist ein Widerspruch im Realen. Das Ich ist ein Widerspruch, etwas Undenkbares und doch Reales, ja das einzige Reale. Sonst heifst es: der Widerspruch mufs aus dem Denken entfernt werden; stellt sich ein Widerspruch in meinem Denken ein, dafs etwa nach der Theorie sich Eis nur an der Oberfläche des Wassers bilden kann, und dennoch zeigt die Erfahrung, dafs sich unter Umständen auch am Grunde Eis bildet, so mufs diefser Widerspruch aus dem Denken entfernt werden, indem die Theorie ergänzt und die besondern Umstände genauer erwogen werden, unter welchen sich Eis auch zuweilen am Grunde bilden kann. Dann löst sich der Widerspruch. Der Widerspruch ist hier das, was das Denken zur weitern Erkenntnis antreibt; der Umstand, dafs die fortschreitende, genauere Erfahrung in Widerspruch trat mit den Theorien, ist der Grund zum Fortschritt der Erkenntnis, zur Berichtigung und Ergänzung der Theorien auf allen Wissensgebieten gewesen. Das ist die wahre Dialektik d. h. das Bestreben, aus dem Irrtum, aus dem Widerspruch zur Wahrheit zu gelangen. Aber ganz anders verwendet FICHTE den Satz: der Widerspruch ist das Mittel zum Fortschritt im Denken. Für ihn war Denken und Sein eins. Für ihn ist also der Widerspruch im Denken zugleich das Treibende in dem Realen. Der Widerspruch ist nicht blofs das treibende Motiv der Spekulation des Philosophen, sondern er ist das reale Prinzip, wodurch das Seiende selbst ein Lebendiges, rastlos sich Fortentwickelndes ist. Denn das Widersprechende kann, wenn es einmal per impossibile für real zugelassen wird, natürlich nicht bleiben, was es ist; es mufs sich verändern, um den Widerspruch in sich los zu werden; es befreit sich aber in keiner Gestalt von ihm, da er immer darin bleibt, weil das einzig Reale, nämlich das Ich selbst ein Widerspruch ist. Das ist die falsche Dialektik.

Das alles hat aber nur einigermafsen Sinn, so lange man das Ich als das einzige Reale ansieht.

Allein gerade diesen Punkt gaben die Nachfolger FICHTES auf und alles andre behielten sie bei. SCHELLING und HEGEL haben den eigentlichen Kern der FICHTEschen Philosophie nie gefafst. FICHTE hat die Philosophie mit einem neuen Problem, dem Problem des Ich bereichert. Das Ich ist zunächst das einzig Gegebene; was mir gegeben ist und gegeben sein kann, sind immer nur meine eignen innern Zustände. Nun fragt es sich, ob es einen rechtmäfsigen Weg giebt, diesen Idealismus oder Solipsismus zu verlassen. Schon oben ist angedeutet, dafs dies nur geschehen kann, wo das absolute Werden auf allen Punkten verworfen ist; dafs dagegen, wo dieses nur in einem Punkte, wenn auch nur als möglich zugelassen wird, keine Möglichkeit vorhanden ist, über den strengen Idealismus rechtmäfsig hinauszugehen. Allein gerade der Idealismus, mit dem Ich als einzigem Realen d. h. die Annihilation der Natur war es, was SCHELLING an FICHTE am meisten mifsfiel. Anstatt nun rechtmäfsig diesen Idealismus zu widerlegen, hat SCHELLING nicht einmal eingesehen, dafs er widerlegt werden müsse, sondern verallgemeinerte lediglich den Begriff des Ich zu einem Weltich. Warum sich beschränken auf das Ich des einzelnen Philosophen, warum nicht das Ganze als ein Ich setzen?

Gestattet man einmal diesen unmotivierten Sprung, dann hätte auch das übrige Gedankengerüst FICHTES abgebrochen werden müssen: Die Einheit von Sein und Denken, sodann das Geschehen als einen Widerspruch, für die treibende Kraft in der realen Welt, und die dialektische Entwickelung durch Thesis, Antithesis und Synthesis anzunehmen. Allein SCHELLING glaubte dies alles einfach von FICHTE beibehalten zu können, wenn er nur die Welt selbst oder das Absolute als ein Ich denke.

Auch HEGEL hat die Bedeutung und das Gewicht des FICHTEschen Idealismus nie verstanden. Er begnügte sich die von SCHELLING nicht wenig verworren vorgetragenen Gedanken und Ungedanken zu systematisieren. Dies betrifft namentlich das, was FICHTE und SCHELLING die intellektuale Anschauung nannten. FICHTE konnte sich wirklich für sein Ich als etwas Thätiges auf die innere Anschauung eines jeden, wenigstens eines jeden scharf Beobachtenden berufen. Das Ich ist wirklich als Thätiges, ja als Widersprechendes gegeben. Aber das Weltich oder Absolute SCHELLINGS beruhte nicht mehr auf Anschauung. Das war eine willkürliche Verallgemeinerung, sein Dasein eine blofse Behauptung. Und es war eine deplacierte Reminiscenz, wenn darauf die bei FICHTE berechtigte Anschauung bezogen ward. Hier mufs man sich erinnern, mit welchem Terrorismus, mit welchen verächtlichen, beschimpfenden Ausdrücken, wie man selber sagte »mit Peitschen, Knitteln, Pritschen« alle die niedergedonnert wurden, denen es nicht gegeben war, sich zu der genialen Höhe der intellektualen Anschauung des Absoluten zu erheben; wie einige sogar der natürlichen Beschränktheit ihres Verstandes durch Quecksilber und gebrannte Wasser nachhelfen wollten.

Die Bedeutung HEGELS besteht nur darin, diesen neuen Geist, nämlich das, was die höhere Anschauung schaute, in Form und System zu bringen. Und was schaute die Anschauung bei FICHTE? Den Widerspruch im Ich, wie es sich in Thesis, Antithesis und Synthesis fortbewegt. Dies auf das Weltich oder Absolute angewandt, giebt die sogenannte dialektische Methode HEGELS.

Diese Dialektik hält sich an den Begriff des absoluten Werdens, als einer Thätigkeit ohne Thätiges und ohne etwas, auf das sie gerichtet ist. Wie in jedem Allgemeinbegriff von den besondern Merkmalen abstrahiert ist, so ist der Begriff des Werdens von allen Werdenden abstrahiert und bietet keinen andern Inhalt, als eben den des Widerspruchs der im Werden liegt. Das Werden definiert bekanntlich HEGEL als die Einheit von Sein und Nichts. »Dasein ist die Einheit von Sein und Nichts«. Was aber da ist oder gegeben ist, ist immer Werdendes »Was in der That vorhanden ist, ist dafs Etwas zu Anderem und das Andere überhaupt zu Anderem wird. Etwas wird ein Anderes, aber das Andere ist selbst ein Etwas also wird es gleichfalls ein Anderes und so fort ins Unendliche. Das Wahre ist der bachantische Taumel, an dem kein Glied nicht trunken ist und jedes, indem es sich absondert, ebenso unmittelbar sich auflöst, ist er ebenso die durchsichtige und einfache Ruhe.[1])

Dieser oberste Allgemeinbegriff hat nun tausend Namen: Idee, Absolutes, Zero, Vernunft, Unbewufstes, Wille, Gott, Nichts etc. etc. Alles nur verschiedene Ausdrücke für die Indifferenz oder die Abstraktion von allem Inhalt. Wie soll sich aber aus diesem Nichts das Weltall entwickeln? Es ist bekannt, dafs es eine psychische Nötigung giebt, vermöge deren man einen Allgemeinbegriff nicht rein vorstellen kann. Jeder Allgemeinbegriff behält seine Beziehung auf die besondern ihm untergeordneten. Giebt man sich nun dem Irrtum hin, dafs Denken und Sein Eins ist, was einen Sinn hatte bei FICHTE, aber nur bei ihm, dafs also die logischen Verhältnisse die kausalen Beziehungen der Dinge selbst sind, dann wird der Allgemeinbegriff zur Ursache der besondern. Der Urkreis zur Ursache der besondern Kreise, die Idee des Menschen zur Ursache von Mann und Weib. Man halte immer fest, dafs die ganze Betrachtung von Fichte stammt. Dessen Hauptbegriff ist das Ich. Das Ich scheint zunächst ein Einfaches zu sein. Genauer besehen birgt es aber eine grofse Vielheit, Mannigfaltigkeit und Veränderlichkeit in sich. Die ganze Kunst SCHELLINGS und HEGELS besteht nun darin, diese Form des Einen, das in sich das Viele birgt und entwickelt auf alle Begriffe, vor allen auf den abstraktesten, den allgemeinsten zu übertragen.

So steht der inhaltleerste aller Begriffe, der des Werdens, an der Spitze, aus ihm entwickelt sich alles, worin der Begriff des Werdens enthalten ist; und da dieser Begriff thatsächlich in allem Gegebenen ent-

---

[1]) HEGEL, Encykl. § 93 ff. und Phänomonologie-Werke II, 37. Vergl. dazu HERBART, Encykl. S. 389 ff. (II, 270).

halten ist, so ist alles Gegebene das Erzeugnis des Werdens, oder wie man sonst diesen Begriff bezeichnen will. Man nenne ihn Idee, aber meine ja nicht, dies sei ein Gedanke in einem endlichen Bewufstsein eines Menschen, man denke nicht, es sei damit die Idee des Guten oder des Wahren gemeint, vielmehr ist die Idee so sehr die Sache selbst, als die Selbstentwicklung des Gedankens zugleich die Selbstentwicklung der Sache ist. Demnach ist das Ganze jener Selbstentwicklung der Idee nämlich die gegenständliche, objektive Vernunft oder die Weltvernunft zugleich auch die Selbsterzeugung der Welt. Der dialektische Prozefs dieser Entwicklung geht nun so vor sich, dafs sich die oberste Idee A in sein Gegenteil in ein Non-A umschlägt, und aus A und Non-A die höhere Einheit oder Synthese B hervorgeht. Unter Non-A, dem Gegenteil der Idee, wird die Natur verstanden, die nur das zeitliche Auseinander der Idee ist, nicht etwas Selbständiges, sondern blofs »die einem trüben nördlichen Nebel gleiche Hülle der Idee.« Unter B als der Identität von Idee und Natur soll man den Geist (Idealität) verstehen. So ist der dialektische Gedanken- und Weltprozefs ein Kreis, dessen Ende sich in den Anfang zurückschlingt, woselbst angekommen der Kreislauf von neuem beginnt. Und da nun auf der Kreislinie jeder Punkt als der Anfangspunkt angesehen werden kann, so gliedert sich jede der eben angegebenen drei Hauptstationen des Gedankens wieder dreistrahlig in sich selbst, z. B. die Wissenschaft von der Idee, die Logik in Sein (A), Wesen (Non-A) und Begriff (Identität von A und Non-A), die Natur in Mechanik, Physik und Organik; der Geist in subjektiven, objektiven und absoluten Geist. Jede dieser neun Stufen wird wieder durch die innewohnende Triebkraft des Gedankens in drei Stufen auseinander und zusammengetrieben etc.

Will jemand ein derartig phantastisches System einer ernsten Kritik unterwerfen[1]), so hat er u. a. hervorzuheben, dafs die Glieder, welche HEGEL als einander widersprechende aufstellt, gar keine Widersprüche sind, oft sind es nicht einmal Gegensätze. Also wenn man auch einmal zugeben wollte, der Widerspruch sei das Treibende bei aller Entwicklung, so wäre dies Treibende, der Widerspruch in den

---

[1]) Ein Verzeichnis aller der zahlreichen bis dahin erschienenen Schriften wider HEGEL findet man bei ALLIHN: Das Grundübel der wissenschaftlichen und sittlichen Bildung in den gelehrten Anstalten Preufsens. 1849. S. 158—166. Besonders hervorzuheben sind: HERBART, De principio logico exclusi medii inter contradictoria non negligendo. W. Hartenstein I, 333, Kehrbach II, 483. HARTENSTEIN: De methodo philosophiae logicae legibus adstringenda, finibus non terminanda (histor.-philos. Abhandl. 1870.) Thilo in seiner Gesch. d. Philos. und in Zeitschr. f. ex. Phil. I, 130 ff. EXNER: Die Psychologie der Hegelschen Schule.

allermeisten von HEGEL aufgeführten Gliedern gar nicht vorhanden. Zu Widersprüchen werden die Gegensätze oder die Verschiedenheiten scheinbar nur dadurch gesteigert, dafs sie alle als Prädikate Einem Subjekte in ganz demselben Sinne beigelegt werden, indem vorausgesetzt wird, die ganze Natur und Menschheit oder die ganze Welt sei nur Eins, sei eben dieses Eine Subjekt, dem die Gegensätze als Prädikate innewohnen. Indefs selbst in diesem Falle ist z. B. Mechanismus und Chemismus noch kein Widerspruch.

Auch die heutige Anwendung davon, welche die Marxisten auf die Klassenkämpfe machen, hat es nicht mit Widersprüchen zu thun. Der Hauptgegensatz z. B., um den es sich bei ihnen handelt, soziale Produktion und individuelle kapitalistische Aneignung oder Genufs der Güter ist kein Widerspruch. Man könnte höchstens sagen: es ist ein Widerspruch gegen Gerechtigkeit und Billigkeit, aber es ist kein Widerspruch in sich, so wenig als Protzentum auf der einen Seite und Massenelend auf der andern.

Man pflegt freilich zu sagen, dafs widersprechende Einrichtungen z. B. Staatsverfassungen an ihren Widersprüchen zu Grunde gehen, nachdem sie vorher lange bestanden haben. Allein hier ist von keinem Widerspruch im strengen Sinne die Rede, es ist kein wirkliches Eins, das dennoch in sich entzweit wäre, sondern es ist nur ein Widerstreit von Gegensätzen in einer Vielheit, die eine formale Einheit bildet. So bestanden z. B. in Athen eine Zeitlang nebeneinander die Demokratie und die Alleinherrschaft des PERIKLES, in Rom die republikanische Form mit dem Caesarismus, im deutschen Reiche das Kaisertum und die Landessouverainetät. Das sind keine Widersprüche. Denn ein Staat ist eine blofs formale Einheit, die eine sehr grofse Vielheit und Mannigfaltigkeit in sich schliefst, so dafs das Ganze nach der einen Seite so, nach der andern anders geordnet sein kann. Sobald indefs die Gegensätze auf Einen Punkt übertragen werden, sobald wirklich zu gleicher Zeit eine Einheit nach entgegengesetzten Richtungen folgen soll, so zerspringt die Einheit.

Das Zerstörende, was in diesem Falle Widersprüche mit sich führen, macht sich zunächst da geltend, wo die Widersprüche gefühlt werden, nämlich in den Köpfen der Menschen. Es heifst zwar: leicht bei einander wohnen die Gedanken, doch hart im Raume stofsen sich die Sachen. Das ist aber nur eine halbe Wahrheit, dafs sich im Raume die Sachen stofsen; dafs eine Einrichtung z. B. die andere verdrängt, hat zumeist seinen Grund darin, dafs sich die Gedanken im Geiste gestofsen und sich als Widersprüche unverträglich abgestofsen haben. Solche Gedankenstöfse haben auf theoretischem Gebiete die

Wissenschaft, namentlich die Philosophie erzeugt, auf praktischem Gebiete sind sie der Antrieb gewesen zu allen politischen und sozialen Fortschritten und Ausgleichungen.

Nur in den Köpfen energisch denkender Menschen können Gegensätze unter Umständen zu Widersprüchen werden und führen die innere Nötigung mit sich, sei es zu philosophieren, sei es zu handeln.

Aber für sich genommen sind die von HEGEL aufgezählten Entwicklungsstufen des Absoluten weder Widersprüche noch führen sie eine innere zum Ausgleich in eine höhere Einheit treibende Dialektik mit sich.

Nun hat man sich allerdings bei HEGEL immer gegenwärtig zu halten, dafs nach ihm Denken und Sein identisch ist, dafs die Dialektik der Gedanken auch zugleich eine Dialektik der Dinge ist und umgekehrt.

Daraus ergiebt sich für die theoretische Betrachtung, dafs nie ein Widerspruch entstehen kann zwischen dem, was die Dinge sind und der Art, wie sie das Denken auffafst, jede Auffassung der Dinge ist richtig; ebenso kann es keinen Widerspruch in ästhetischer oder ethischer Hinsicht geben, dafs die Dinge oder die Menschen anders sein sollten, als sie wirklich sind. Es gilt auch hier: was wirklich ist, ist vernünftig. Jeder einzelne Denker mit seinem ganzen Denken, Wissen und Wollen stellt nur eine bestimmte Modifikation des Unendlichen oder Einen Absoluten dar; er findet sich auf eine gewisse Stufe des Fortschritts gestellt, durch welche der Geist in seiner immanenten Fortbewegung sich selbst zum Bewufstsein bringt. Die bekannte Stelle bei HEGEL lautet: das, was ist, zu begreifen, ist die Aufgabe der Philosophie, denn das, was ist, ist die Vernunft. Was das Individuum betrifft, so ist ohnehin jedes ein Sohn seiner Zeit, so ist auch die Philosophie ihre Zeit in Gedanken erfafst. Es ist ebenso thöricht zu wähnen, irgend eine Philosophie gehe über die gegenwärtige Welt hinaus, als ein Individuum überspringe seine Zeit.... Mit dem Belehren, wie die Welt sein soll, kommt ohnehin die Philosophie immer zu spät. Als der Gedanke der Welt erscheint sie erst in der Zeit, nachdem die Wirklichkeit ihren Bildungsprozefs vollendet und sich fertig gemacht hat. Wenn die Philosophie ihr Grau in Grau malt, dann ist eine Gestalt des Lebens alt geworden, und mit Grau in Grau läfst sie sich nicht verjüngen, sondern nur erkennen: die Eule der Minerva beginnt erst mit der einbrechenden Dämmerung ihren Flug."[1]) Und das betont auch ENGELS oft genug, dafs die Er-

---

[1]) HEGEL, Rechtsphilosophie, Vorrede.

kenntnis, welche unbedingten Anspruch auf Wahrheit hat, sich erst in einer Reihe von relativen Irrtümern verwirklicht und dafs sie nur durch eine unendliche Lebensdauer der Menschheit vollständig verwirklicht werden kann. Die Wahrheit verwirklicht sich nur im endlosen Prozefs.¹)

Darin liegt, da ein endloser oder unendlicher Prozefs nie abgeschlossen ist, wir erkennen die Wahrheit nie, ja wir kommen ihr auch nie näher, sondern bleiben immer gleichweit davon entfernt, da jeder Punkt auf einer unendlichen Linie gleichweit von ihrem im Unendlichen liegenden Endpunkt entfernt ist.

Hiernach ist der Unterschied von wahr und falsch, ja von mehr oder weniger wahrscheinlich vollständig verwischt, wie dies später auch mit dem Unterschied von gut und böse geschieht. Es läfst sich also streng genommen gar nicht über Wahrheit oder Unwahrheit reden. Von den Hegelianern wird dies meist so gedeutet: es kann niemand unser System widerlegen, denn wodurch wollt ihr es widerlegen? Ihr werdet uns Widersprüche darin nachweisen, Widersprüche im System selbst und Widersprüche mit andern sogenannten anerkannten Wahrheiten oder Thatsachen. Jemehr ihr das thut, umsomehr bestätigte ihr unser System, denn Widerspruch ist für uns das konstitutive Prinzip der Erkenntnis. Andere Systeme mögt ihr durch Messen an der gemeinen Logik widerlegen. Für uns gilt diese Logik nicht. HEGEL hat noch eine andere Ausrede für den Fall, dafs seine logischen Entwicklungen nicht passen zu dem thatsächlichen Verlauf in Natur und Geschichte. Er läfst nämlich neben der ewigen systematischen, dialektischen Entwicklung noch die wirkliche Entwicklung in der Zeit zu, aber um die zeitliche Entwicklung als um das Einzelne habe sich die Philosophie nicht zu kümmern.²) Mag immerhin hier Widerspruch vorhanden sein, so wird das System, das den Widerspruch festhalten will, nicht widerlegt, sondern bestätigt, denn es verfährt nach einer andern Logik.

Die idealistische oder proletarische Logik.

Die gesunde Logik, die aller Wissenschaft ohne Ausnahme zugrunde liegt, beruht auf der Vermeidung des Widerspruchs. Jede

---

¹) Mit Recht macht O. LORENZ auf den Widerspruch aufmerksam, dafs der Theorie nach die Relativität alles Wissens von ENGELS also auch seines eignen Wissens »mit einer rührenden Bescheidenheit« betont werde, dafs er in Wirklichkeit aber und noch mehr seine Anhänger auf die vorgetragenen Lehren als auf unumstöfsliche Wahrheiten schwören.

²) Ähnlich heifst es bei den Marxisten, wenn es ihnen nicht gelingen will, ein geschichtliches Ereignis auf wirtschaftliche Verhältnisse zurückzuführen, dafs eine solche Zurückführung nur in letzter Instanz behauptet werde.

Rechnung, jede Beweisführung, jede Widerlegung im gemeinen Leben sowohl wie in der Wissenschaft hat die bekannten Denkgesetze zur Voraussetzung. Diese Gesetze aber und damit alle Erkenntnisse, die darauf beruhen, sind sofort aufgehoben, sobald die Prinzipien der Identität, des zu vermeidenden Widerspruchs und des ausgeschlossenen Dritten aufgegeben werden.

Während HERBART dies von Anfang an gerade an HEGELS Logik verdeutlichte, hat die gebildete Welt sich wohl niemals etwas so starkes in der Absurdität bieten lassen, als ihr HEGEL in der Aufhebung der Logik bot. Nur mit Darangabe aller gesunden Begriffe der Logik konnte das HEGELsche System einigermafsen Zusammenhang bieten. Um es anzunehmen durfte man das System nicht an der allgemeinen Logik messen, sondern diese mufste sich nach dem vorgetragenen System richten. »Das spekulative Denken besteht nur darin, dafs das Denken den Widerspruch und in ihm sich selbst festhält«.[1]

Hier setzte sich die ganze hochmütige Sprache der SCHELLINGschen Anschauung fort in der Verachtung derer, die noch nach den strengen Regeln der alten formalen Logik denken wollten und sich nicht zu der realen Logik des Widerspruchs oder der Dialektik zu erheben vermochten. Wenn man jetzt liest, wie die sozialen Materialisten von einer proletarischen Logik reden d. h. der Dialektik, die den Widerspruch nicht allein erträgt, sondern zum Erkennungszeichen der Wissenschaftlichkeit macht, und wie diese proletarische Logik der bürgerlichen stolz gegenübergestellt wird — da könnte man fast auf gut Hegelisch von einer Rache und List der alten Logik reden. Wie ist die alte Logik geschmäht, als eine Thätigkeit des abstrakten Verstandes! Die Theologen wollten eine christliche Logik haben, die das Widersprechende zusammenschauen könne; die Juristen nach dem Vorbilde von STAHL u. a. nicht viel anders;[2] die Staatsmänner wollten sich richten nach der Logik der Thatsachen. Alle waren darin einig, dafs man Religion, Gerechtigkeit, Wissenschaft, die Obrigkeit, Thron und Altar, ja alle Güter nur allein stützen könne durch die sogenannte reale Logik SCHELLINGS und HEGELS und durch Aufgeben der gewöhnlichen formalen Logik.

Und nun nehmen die Sozialdemokraten eben jene christlich-ger-

---

[1] HEGEL, Werke IV, S. 69.

[2] Es häufen sich hier die Gegensätze so stark, dafs man sie wohl einmal zusammenstellen mag: STAHL, der Sohn eines jüdischen Schweinehändlers, wird Führer der christlich-germanischen hochkonservativen Staatswissenschaft vermöge der jetzt sogenannten proletarischen Logik der Sozialdemokraten.

manische Logik als die proletarische für sich in Anspruch. Das Rad geht herum, heifst es im König Lear.

Man kann nicht gering genug von der HEGELschen Reform der Logik denken und von denen, die sich davon leiten und verleiten lassen. Nur einige Beispiele, wie die alten Grundsätze: jedes ist sich selbst gleich, oder: verschiedenes ist nicht einerlei, umgestürzt werden sollen. Da heifst es in HEGELS Logik II, 32: Diejenigen, welche an dem Satze der Identität festhangen bleiben und immer vorzubringen pflegen, Identität sei nicht die Verschiedenheit, sondern Identität und Verschiedenheit seien verschieden! sähen nicht ein, dafs sie hierin schon sagten, dafs die Identität ein Verschiedenes sei, denn sie sagten ja, die Identität sei verschieden von der Verschiedenheit; indem dies zugleich als die Natur der Identität zugegeben werden müsse, so liege darin, dafs die Identität nicht äufserlich, sondern an ihr selbst, in ihrer Natur dies sei, verschieden zu sein«. Durchsichtiger wird dieser Trugschlufs, wenn man ihn etwa auf die Formel bringt:

Identität ist identisch (mit sich),
Identität ist verschieden (von der Verschiedenheit),
Also ist Identität identisch und zugleich verschieden.[1]

Oder fafslicher:

Alle Dinge sind verschieden (von einander)
Alle Dinge sind identisch (mit sich selbst)
Also ist Verschiedenheit und Identität dasselbe
Oder jedes Ding ist identisch und zugleich verschieden.

Oder: Ja ist nicht Nein,
Ja und Nein sind verschieden,
Also ist Ja ein Verschiedenes
Und Nein ist ein Verschiedenes,
Also ist Ja ein Nein, und Nein ein Ja,

denn wenn zwei Gröfsen (ja und nein) einer dritten (Verschiedenes) gleich sind, so sind sie untereinander gleich.

Oder: Zwei ist ein Doppeltes (von Eins),
Zwei ist nicht das Doppelte (von Drei)
Folglich ist Zwei ein Doppeltes und zugleich nicht ein Doppeltes.

In ähnlicher Weise verlaufen alle Beweise HEGELS, in denen er

---

[1] In Zeitschrift für Psychologie und Physiologie der Sinnesorgane. XIII, S. 397 wird ein Fall des Wahnsinns, welcher Hypertrophie der negativen Bilder heifst, beschrieben: Charakteristisch ist für den Zwiespalt, in dem der Kranke sich befindet, dafs die Stimmen und Befehle, die er zu hören glaubt, Ja und Nein zu gleicher Zeit sagen.

deutlich machen will, dafs jeder Begriff sein Gegenteil an sich selbst hat, und dafs diese Negation nicht blofse Negation, sondern positiv ist. So werden die Begriffe von wahr und falsch, jetzt und vorher, gut und böse etc. behandelt und jedes Entweder-oder in ein Sowohl-als auch verwandelt.¹) Man könnte dies mit dem oben erwähnten medizinischen Ausdrucke der Hypertrophie der negativen Bilder bezeichnen.

Allein man wolle dabei nicht übersehen: Das sind von HEGEL keine Scherze oder Spielereien, auch nicht blofs zufällige Mifsgriffe, Irrtümer, Übereilungen im Denken; sondern das ist, man möchte sagen, der Kern der HEGELschen Logik, denn es soll damit bewiesen werden, dafs die alte Logik nicht gilt, dafs vielmehr jeder Begriff sein Gegenteil an sich selbst habe, Ja sei auch Nein, das Gleiche sei auch das Ungleiche; und weiter, da Denken und Sein Eins sind, soll folgen dafs jedes Ding zugleich sein Gegenteil an sich selbst habe und also in sein Gegenteil umschlagen müsse.²)

---

¹) Weitere Beispiele siehe FLÜGEL: Abrifs der Logik 1894. Viele Hegelianer alter und neuer Zeit z. B. HARTMANN (philos. Monatshefte 24, S. 316) geben die Logik HEGELS bereitwillig preis aber sie wollen seine Geistesphilosophie, nämlich Ästhetik, Ethik, Religions- und Geschichtsphilosophie halten. Sie sehen nicht, dafs mit dem Aufgeben der HEGELschen Logik sofort die Logik des zu vermeidenden Widerspruchs anerkannt wird, dafs damit aber ohne weiteres das ganze Gebäude der HEGELschen Philosophie in allen einzelnen Teilen fällt. Man kann hierauf anwenden, was GOETHE sagt: »Eine Schule ist wie ein einziger Mensch anzusehn, der hundert Jahre mit sich selbst spricht, und sich in seinem eignen Wesen, und wenn es auch noch so albern wäre, aufserordentlich gefällt«.

²) Es ist manchem vielleicht von Interesse, das Gutachten zu lesen, welches der bekannte DE WETTE abgab, als es sich um die Berufung HEGELS nach Berlin handelte. »Gegen Herrn HEGEL, heifst es, habe ich noch folgendes anzuführen. Der Senat erkennt das Bedürfnis eines zweiten Lehrers der Logik an; indem er aber Herrn HEGEL dafür vorschlägt, will er eigentlich, dafs keine Logik gelehrt werde. Dieser Philosoph nämlich verwirft alle Logik. Seine Wissenschaft der Logik ist nichts als eine naturphilosophische Metaphysik und hat den Zweck, die bisherige Logik ganz zu verdrängen. Eine Wissenschaft, zu welcher ARISTOTELES den Grund gelegt und welche seit zwei Jahrtausenden anerkannt geblieben ist, nicht blofs zu verbessern, sondern gänzlich über den Haufen zu werfen, wie Herr HEGEL gethan hat; eine solche Anmafsung, sowie die ähnliche, die Philosophie zur Sophie erheben zu wollen, wie er im Widerspruch mit allen Weisen erklärt hat, kann nur vom Schwindelgeist der Naturphilosophie eingegeben sein und paart sich würdig mit dem Unsinn, dem System der Wissenschaft: das Sein, das zugleich Nichtsein ist, oder die Identität der Identität und Nicht-Identität als Prinzip vorzustellen. Ein Philosoph, der aufserdem so schwer und dunkel schreibt, dafs ihn der Geübte kaum zu fassen vermag, der die gemeinsten Gedanken in ein Gewirr von Formeln hüllt, der auf jeder Seite seiner Schriften des gesunden Menschenverstandes spottet, wie er denn

Diese ganze Unlogik nehmen nun die sozialen Materialisten ohne weiteres herüber. Da heifst es fast gleichlautend bei den verschiedenen Vertretern: Die Schullogik ist metaphysisch. Sie prägt feste Begriffe, starre Formen aus. Ja ist ja, nein ist nein. Positiv und negativ schliefsen einander absolut aus, Ursache und Wirkung stehen im starren Gegensatz zu einander. Die proletarische Logik kennt nur fliefsende Begriffe. Sie sieht alles in einem grofsen Zusammenhang und Ineinanderflufs. Daher steht ihre Logik auf dem Kriegsfufs mit der Schullogik. Auch die Denkformen sind dem Wandel der Zeiten unterworfen. Die alten Griechen sahen die Dinge mehr unter dem teleologischen Gesichtspunkte. Damals war Zweck und Mittel das Mafs der Vernunft, die Kategorie der Erkenntnis: heute sind es Ursache und Wirkung. Sollte nicht auch unser moderner Gesichtspunkt, die Kategorie der Ursache und Wirkung, ebenso vergänglich sein? Die Denkkunst des Proletariats ist keine reine, blofse, sondern eine mit der Praxis verbundene, eine praktische Theorie, eine theoretische Praxis.«

Der Vorwurf, der Gegner treibe Metaphysik, ist heutzutage ein sehr beliebter, es kann also nicht auffallen, wenn er sogar der alten Logik gemacht wird, die als formale durchaus keine Metaphysik treibt. Erst durch HEGEL ist die Logik zur Metaphysik geworden, weil hier Denken und Sein für Eins erklärt wurden, und die logischen Gesetze zugleich Gesetze des objektiven Geschehens sein sollten. Wenn also irgend eine Weltansicht oder Theorie metaphysisch ist, so ist es die HEGELS. Nur dann könnte alle Metaphysik vermieden werden, wenn alles Denken aufhörte, wenn man rein bei der Beobachtung des Thatsächlichen stehen blieb, jede Frage nach dem Warum gewaltsam unterdrückte, und nirgends dem Zusammenhange der Ereignisse nachspürte.

Man kann sagen, die oben geschilderte proletarische Logik ist auf dem Wege zu dieser völligen Gedankenlosigkeit. Ihrer Theorie nach will sie bei den blofsen Thatsachen der Aufeinanderfolge, bei dem Schauspiel des Werdens und der Veränderungen stehen bleiben, ihm zusehen, ohne eins als Vorzeichen, oder als Ursache, oder als Mittel der andern zu betrachten. Ja das ganze Denken soll darin bestehen, auf das Denken zu verzichten und sich rein passiv dem blofsen Ablaufe seiner Gedanken hinzugeben. Das sei das objektive Denken, denn der Denkende mit all seinen Gedanken ist auch nur

---

selbst seine Art zu philosophieren ein »auf dem Kopfe gehen« nennt, ein solcher Lehrer kann unmöglich auf die wissenschaftliche Bildung der Jugend vorteilhaft einwirken.

eine und zwar eine höchst unvollkommene und vorübergehende Darstellung des Allgemeinen. Richtiger würde es heifsen, nicht ich denke, sondern es denkt in mir. Daraus würde folgen, dafs auch alles Handeln aufhörte. Denn der Handelnde mufs voraussetzen, dafs die Dinge im Verhältnis der Ursache und Wirkung stehen. Will man etwas schneiden, so nimmt man ein Messer. Hält man es aber für möglich, dafs wohl bisher ein scharfes Messer das Mittel war, ein Stück Brot zu schneiden, dafs aber unter ganz den nämlichen Umständen wie bisher der Erfolg ausbleiben, oder gar eine Feuersbrunst die Folge meines Schneidens mit dem Messer sein könnte, dann hört jegliches Handeln und Wollen auf, man stellt sich auf den Standpunkt des Nichts-Wollens, dem sich auch die indischen Büfser nur von ferne annähern.

In der That reden die Vertreter der proletarischen Logik so und müssen so reden, so lange sie nicht den Widerspruch im absoluten Werden erkennen und vermeiden. Jede Erkenntnis in jeder Wissenschaft beruht hierauf. ENGELS ist sehr im Irrtum, wenn er für die proletarische Logik, nach der es keine festen Erkenntnisse, sondern ein beständiges Ineinanderfliefsen von Entgegengesetzten gäbe, geltend macht: dafs Astronomie, Mechanik, Physik, Chemie etc. von einem Bienenschwarm von Hypothesen umschwärmt seien. Die Geologie nun gar biete eine recht schwache Ausbeute fester Wahrheiten. Selbst die sittenstrenge Mathematik habe einen Sündenfall begangen und vom Apfel der Erkenntnis gegessen, als sie die veränderlichen Gröfsen einführte und ihre Grenzen auf das Gebiet des unendlich Kleinen und unendlich Grofsen ausdehnte. Seitdem sei der jungfräuliche Zustand der absoluten Gewifsheit auf ewig entschwunden.

Gegen diesen letzten Schlufs könnte man eben ENGELS selbst anführen, gerade indem er einen Unterschied macht zwischen Hypothese und solchen Gewifsheiten, dafs die Winkel im ebenen Dreieck gleich zwei Rechten sind. Worin liegt denn dieser Unterschied? Er liegt darin, dafs man erkennt, jeder Versuch, die Winkelsumme im Dreieck gröfser oder kleiner als zwei Rechte zu denken, führt zu einem Widerspruch. Hingegen das, was blofs Hypothese ist, ist eben darum noch keine Gewifsheit, weil es mehrere Möglichkeiten giebt, z. B. ob der Mars von intelligenten Wesen bewohnt ist. Es ist nach unserer jetzigen Kenntnis kein Widerspruch, dies anzunehmen, aber auch keiner, es zu leugnen. Man würde überhaupt keine Hypothesen aufstellen, man würde nicht über deren gröfsere oder geringere Wahrscheinlichkeit reden, würde sie nicht von Thatsachen und sicheren Ergebnissen der Wissenschaft unterscheiden, wenn man nicht ein sicheres Kriterium von wahr und falsch voraussetzte und darnach strebte, das Wahre zu finden.

Auch was ENGELS von der Mathematik und ihrer unendlichen Gröfse anführt, hat gar keinen Bezug auf diese Frage, am allerwenigsten soll oder kann damit bestätigt werden, dafs das In-sich-Widersprechende ebenso annehmbar sei als sein Gegenteil. Allerdings rechnet die Mathematik mit unmöglichen Gröfsen. Allein sie werden nicht für Realitäten gehalten.

Es vermag es auch kein Mensch zu ertragen, allem Denken und Handeln Stillstand zu gebieten. Kein Mensch wird hölzernes Eisen, also Widersprechendes für wirklich halten oder $2 \times 2 = 5$ für Wahrheit ansehen.

Darum denken und handeln auch die proletarischen Logiker im wirklichen Leben wie alle andern Menschen und kümmern sich nicht um ihre Theorie oder Metaphysik. Da wirft ENGELS dem Hegelschen System vor »es leide an unheilbaren inneren Widersprüchen« aber das sollte in seinen Augen gerade ein Zeichen der Richtigkeit nicht aber des Mangels sein. Da führt MEHRING mit Entsetzen das (Scherz)Wort LUTHERS an: wenn die Obrigkeit befehle, müsse der Unterthan $2 + 5 = 8$ rechnen. Natürlich billigt MEHRING[1]) eine solche Logik nicht, sondern sieht dies als das höchste Mafs der Tyrannei an, das dem Menschengeiste zugemutet werden kann. Aber die HEGELsche oder die proletarische Logik mutet jedem ohne Unterlafs zu, das Widersprechende als Eins anzusehen.

Freilich sehr oft machen die Betrachtungen der proletarischen Logiker den Eindruck, als ob sie auf jeden logischen Zusammenhang, auf jede Bündigkeit der Schlüsse verzichteten und sich mit blofsen Behauptungen begnügten, und als ob sie alle Bedenken dagegen niederschlagen wollten mit der Berufung auf die Dialektik, die da sagt: es ist so, es mufs so kommen. So namentlich bei dem eigentlichen Kern ihrer ganzen Geschichtsansicht, dafs die wirtschaftlichen Thatsachen und Veränderungen die geistigen und sittlichen Erkenntnisse und Veränderungen bedingen. Hier wird von fast allen Kritikern hervorgehoben, wie zweideutig die Ausdrücke für diesen Zusammenhang sind, und dafs gar nicht angegeben werde, wodurch die wirtschaftlichen Verhältnisse gewisse geistige Urteile darüber verursachen. Es wird nun immer versichert: die Ideologie sei von der Wirtschaft abhängig — bedingt — bestimmt — müsse sich nach ihr richten — ihr folgen — wurzeln in ihr — fufse auf ihr — müsse von ihr aus-

---

[1]) MEHRING: Die Lessing-Legende 1893, S. 221.

gehen etc. Sollte das Kriterium der Wahrheit, die Vermeidung des Widerspruchs abgeschafft werden, dafs z. B. $2 \times 2 = 5$ gerade ebenso giltig sei als $2 \times 2 = 6$ oder $= 4$, dann bleibt blofs noch das Faustrecht der Zunge übrig. Wer die Macht hat, seiner Behauptung Nachdruck zu geben, andere zu zwingen, den Unsinn nachzusagen, der hat recht. Freilich meint ENGELS: wir kennen noch keine Macht, die imstande wäre, einem Menschen im gesunden und wachenden Zustande irgend einen Gedanken mit Gewalt aufzunötigen.

Es kann nun kein Zweifel sein, dafs wirkliche Wissenschaft nur da ist, wo man den Satz des Widerspruchs anerkennt und darnach verfährt. Vielfach aber liegt es in der Natur der Sache, dafs man auf diese Weise nicht zur wirklichen Erkenntnis, sondern zu blofsen Vermutungen oder Hypothesen gelangt, eben weil die Thatsachen nicht hinreichen, eine der Möglichkeiten zur Gewifsheit zu erheben. In solchen Fällen verharrt man im Zustand des Zweifels und läfst die Sache unentschieden, eben weil man weifs, was zu einer wissenschaftlichen Überzeugung gehört, nämlich die Erkenntnis, dafs das Gegenteil in-sich-widersprechend, also unmöglich ist.

Dies ist auch von Anfang an das Streben der Philosophie gewesen, ein solches Wissen zu geben und es streng zu unterscheiden von einem blofsen Meinen. Aber seit FICHTE und namentlich seit SCHELLING haben die Philosophen vielfach diesen Unterschied verwischt. Man begnügte sich mit blofsem Meinen, mit Ansichten, die zwar nicht bewiesen werden konnten, ja die gar oft in sich widersprechend waren, die aber eine grofse oder irgendwie gewünschte Weltanschauung boten. Nicht das logische Denken gab hier den Ausschlag, sondern trotz des Denkens der Wunsch, die Phantasie, das Belieben. Daher in diesen Kreisen das vornehme Herabsehen auf die Logik des gemeinen Verstandes. Kurz man verfuhr nach der »proletarischen Logik«.

Und diese Art Logik ist auch bei einem grofsen Teile der heutigen Philosophen im Gebrauch. Sie stellen einen Begriff von Philosophie als einer Wissenschaft auf, für die die Kategorieen »richtig und falsch« unzulänglich sind, da auf dieselbe mit Recht Zeitstimmung, Volksgeist, Individualität, Gemüt und Wille und Phantasie ihren Einflufs geltend machen.[1]) Metaphysik ist nichts anderes als eine reflektierende Poetik.[2]) Jeder tiefgründigen Philosophie haftet jenes clair-obscur an, welches zu keinem Vorwurfe gereicht.[3]) Für solch un-

---

[1]) FALCKENBERG, Geschichte d. neuen Philos. 1886.
[2]) SCHAEFFLE, Bau und Leben des sozialen Körpers I, 496.
[3]) E. PFLEIDERER, Die Philosophie Heraclits. S. 30.

logisches Philosophieren gebraucht WUNDT den Namen der logischen Kausalität. Für diese gilt nach ihm weder das Prinzip der Naturkausalität noch das der rein psychologischen Kausalität. Das unterscheidende Kennzeichen dieser logischen Kausalität liegt eben darin, dafs bei ihr aus gegebenen Bedingungen eine Folge nicht notwendig gezogen werden mufs, sondern dafs es unserm Denken freisteht, ob es thätig sein will oder nicht.[1]

Man bemerkt hier überall nicht blofs ein zufälliges Verstofsen gegen die logischen Denkgesetze, sondern für gewisse Teile unseres Denkens z. B. für Metaphysik ein systematisches Aufgeben des sonst überall gebrauchten logischen Denkens und statt dessen ein Verfahren nach der proletarischen Logik. Wenn es also in der Wissenschaft einen Sinn hätte, sich auf Autoritäten zu berufen, so könnten die Sozialdemokraten die genannten und noch viele andere Autoritäten für die proletarische Logik mit ihrem Festhalten des Widerspruchs und des absoluten Werdens geltend machen. Und das geschieht ja bekanntlich auch.

Die apriorischen Konstruktionen.

Dem alten GOETHE sandte einst ein englischer Verehrer eine Büste, die einem Wasserkopfe sehr ähnlich sah; sie stellte den Dichter selbst vor. der Bildhauer hatte nach den Grundsätzen der Schädellehre a priori erkannt, wie der Fürst der Dichtung unfehlbar aussehen mufste.[2]

Damit ist das Wesen aller apriorischen Konstruktion gekennzeichnet. Man konstruiert die Wirklichkeit nach vorgefafsten Meinungen, Wünschen, Ideen. Indes sind diese Ideen nichts anderes als Verallgemeinerungen, die durch unvollständige Induktionen aus der Wirklichkeit gewonnen sind. So glaubte man aus einigen Beispielen erkannt zu haben, dafs geistig hohe Begabung mit einer hohen Stirn verbunden sei. Folglich mufste der Fürst der Dichtung eine besonders hohe, vortretende Stirn haben. Und so ward sein Bild zu einem Wasserkopf.

Nicht anders sind die apriorischen Konstruktionen der Natur und Geschichte von seiten des Idealismus zu beurteilen. Für den Idealismus sind sie allerdings eine Notwendigkeit. Wenn, wie hier gelehrt wird, das Allgemeine das Reale ist, so mufs das Einzelne, die Wirklichkeit aus dem Allgemeinen erklärt werden. Und wenn die logi-

---

[1] WUNDT, Logik 1880. I. 564. Weiteres siehe FLÜGEL, Ritschls philos. u. theol. Ansichten 1895, S. 114.
[2] TREITSCHKE, Deutsche Gesch. des 19. Jahrh. II, S. 78.

schen Verhältnisse die realen Kausalverhältnisse sind, so hat man darin eine Methode der Ableitung oder Erklärung.

So hat HEGEL Natur und Geschichte sowohl nach rückwärts als nach vorwärts aus allgemeinen Begriffen oder Ideen abzuleiten gesucht. Und ebenso meint der soziale Materialismus die Geschichte nach beiden Seiten hin konstruieren zu können: Nach rückwärts postuliert er bestimmte Formen der Urfamilie, das Ureigentum etc., nach vorwärts gewisse notwendig eintretenden Katastrophen und Formen des Staates, der Produktionsweise, der Familie etc.

Freilich wollen die sozialen Materialisten nichts wissen von den HEGELschen Konstruktionen. »HEGEL war Idealist, sagt ENGELS, d. h. ihm galten die Gedanken seines Kopfes nicht als die mehr oder weniger abstrakten Abbilder der wirklichen Dinge und Vorgänge, sondern umgekehrt galten ihm die Dinge und ihre Entwicklung nur als die verwirklichten Abbilder der irgendwie schon vor der Welt existierenden Idee. Damit war alles auf den Kopf gestellt und der wirkliche Zusammenhang der Welt vollständig umgekehrt. Und so richtig und genial daher auch manche Einzelzusammenhänge von HEGEL aufgefaſst wurden, so muſste doch aus den angegebenen Gründen auch im Detail vieles geflickt, gekünstelt, konstruiert, kurz verkehrt ausfallen. Das HEGELsche System als solches war eine kolossale Fehlgeburt — aber auch die letzte seiner Art.«

Der Ursprung und der Fehler der apriorischen Konstruktionen wird von ENGELS, der hier nach der bürgerlichen Logik verfährt, ganz richtig angedeutet, wenn er die an die Spitze der Betrachtungen gestellten Ideen als von der Wirklichkeit abstrahierte Begriffe bezeichnet.

Man denke zurück an die Ideen PLATOS. Diese sind nichts anderes als abstrakte Begriffe, abstrahiert von der Wirklichkeit z. B. Pferd, Flüssigkeit etc. Diesen bloſsen Abstrakten wurde nicht allein Sein, sondern seit ARISTOTELES auch Wirken zugeschrieben, nämlich die Kraft, sich in der Materie darzustellen. Das wirkliche Pferd war z. B. eine solche Darstellung der Idee Pferd.

Hier, wie gesagt, tritt der für die Philosophie so verhängnisvolle Irrtum ein, die bloſse Möglichkeit eines Dinges zur Ursache für dessen Wirklichkeit zu machen. Überall wo man aus bloſsen Kategorieen ohne Inhalt, als einer leeren Thätigkeit die besondern Objekte entwickeln wollte, auf welche sie gerichtet ist, wo man die einzelnen geistigen Vorgänge aus an sich leeren Seelenvermögen abzuleiten versucht — da macht man die Möglichkeit, den abstrakten Begriff zur Ursache der Wirklichkeit.

Vielleicht darf man folgende Worte LUTGENAUS darauf beziehen.[1]) Ein Gewissen als ein bestimmtes Organ meinen die meisten nicht entbehren zu können. Und doch entsprechen allen diesen Namen (Gewissen, Seele, Gemüt) keine wirklichen Dinge. Der Mensch hat so wenig ein von ihm selbst verschiedenes Gewissen, als er ein Organ der Geduld und der Hoffnung hat, oder als er, weil er grofs ist, irgend etwas besitzt, das Gröfse heifst.

Vielleicht spricht sich in diesen Worten die richtige Ahnung aus, dafs man Allgemeinbegriffe oder Möglichkeiten nicht zu Ursachen der Wirklichkeiten machen dürfe. Wirklich ist immer nur das Einzelne, wirklich sind z. B. die einzelnen verständigen Urteile im Menschen. Der Verstand ist nur ein davon abstrahierter Allgemeinbegriff. Und es ist verkehrt, den Verstand zur Ursache der einzelnen verständigen Urteile zu machen. Desgleichen sind zunächst wirklich vorhanden die bei verschiedenen Gelegenheiten gefällten sittlichen Urteile. Diese fafst man zusammen in das Wort Gewissen, das Gewissen ist Folge oder Wirkung der einzelnen Urteile, aber nicht die Ursache, nicht ein von vornherein bestehendes leeres Vermögen, welches die sittlichen Urteile fällt.

Hat das LUTGENAU sagen wollen? Jedenfalls liegt in dieser Gewohnheit, der Wirklichkeit erst deren Möglichkeit als Ursache vorauszuschicken der Grund zu den abenteuerlichen apriorischen Konstruktionen, an denen die Philosophie des absoluten Idealismus so reich ist.

Je allgemeiner die Begriffe werden, um so einfacher, um so ärmer an Inhalt und um so weiter an Umfang werden sie. Der Begriff Dreieck umfafst alle Arten der Dreiecke in sich, allgemeiner ist Figur, der umfafst auch alle Vielecke, Kreise, Ellipsen etc. in sich. Oder man denke Pferd, Säugetier, Tier, Organismus, Wesen, Etwas. Sucht man nun noch einen höhern Begriff, der Etwas und auch Nichts umfafst, so ist es etwa das Werden, sofern man es definiert als Identität des Seins und Nicht-Seins.

Wendet man hierauf den falschen Kausalsatz an, dafs man die allgemeinen Begriffe als Kräfte und Vermögen denkt, so wird der allgemeine Begriff zur Ursache alles dessen, was er umfafst, das Dreieck zur Ursache der spitz-, stumpf- und rechtwinkeligen Dreiecke, das Werden zur Ursache alles dessen, was irgend ein Werden an sich trägt, d. h. alles Wirklichen. Aber immer wieder mufs man sich erinnern, dafs man es hier mit Empirismus, allerdings mit versteckten Empirismus zu thun hat. Denn erst sind die einzelnen

---

[1]) Natürl. u. soziale Religion. S. 67.

Dreiecke als wirklich gegeben und dann bildet man den allgemeinen Begriff.

Wer das vergifst, oder wer zunächst davon absieht, wie von den einzelnen Dingen und Vorgängen die allgemeinen Begriffe abstrahiert sind und diese an die Spitze stellt und zwar als Ursachen oder Quellen der dem Allgemeinbegriff subsumierten Einzelheiten — der verfährt idealistisch oder apriorisch, er leitet das Materielle (Einzelne) aus dem Idealen, aus dem Gedachten, dem Allgemeinen ab. Freilich nur scheinbar, denn er nimmt aus dem Allgemeinbegriff erst das heraus, was versteckt von Anfang an hineingedacht werden mufs. Er nimmt, um mit FECHNER zu reden, aus der gebratenen Gans die Äpfel heraus, die er vorher hineingethan hat.

Das ist der Standpunkt des absoluten Idealismus, namentlich auch HEGELS, er stellte den obersten Allgemeinbegriff an die Spitze des Systems, in ihm sind alle Dinge und Vorgänge wenn auch potentiell enthalten. Vermöge der inneren Widersprüche des absoluten Werdens entläfst die oberste Idee, die ja nicht blofs Gedachtes, sondern identisch mit dem Sein ist, die in ihr enthaltenen Gegensätze. Erst das Allgemeinere, dann das weniger Allgemeine. Bis zu dem Besondern freilich soll eigentlich die Entwicklung nicht gehn, denn die individuellen Dinge lassen sich wegen der unendlichen Menge ihrer Merkmale nicht definieren. Deshalb erklärte HEGEL das Individuelle an den Dingen, was Gegenstand der sinnlichen Wahrnehmung ist, für das Unvernünftige, Undenkbare, womit die Philosophie nichts zu schaffen habe. Das ist das bequemste Mittel, um die Spekulation jeder Kontrolle durch die Thatsachen zu entziehen. Stimmen diese nicht zu der Theorie, so heifst es, die Wirklichkeit ist eben das andere des Begriffs und ihr sei eine Ohnmacht eigen, sie könne den Begriff nicht festhalten. Der Natur als dem Aufsersichsein des Begriffes sei es freigegeben, sich in einer unendlichen Verschiedenheit von Gestaltungen zu ergehen, wie der Geist auch aufs Vorstellen sich einlasse und in einer unendlichen Mannigfaltigkeit desselben herumtreibe.

Anstatt also die Ohnmacht und Mangelhaftigkeit des eigenen Denkens zu erkennen, wenn es unvermögend ist, die Wirklichkeit zu begreifen, wird diese der Ohnmacht beschuldigt, den Begriff nicht fests halten zu können.

Das Allgemeine allein bleibt also zurück als dasjenige, was die Dinge eigentlich sind. Nur das Allgemeine ist das Wirkliche, nur das Allgemeine ist das Vernünftige, das Erkennbare. Darum ist alle Vernünftige wirklich und alles Wirkliche vernünftig.

Der Geschichtsmaterialismus hat nun dies Kunststück durchschaut, dafs man es hier nur mit einem verdorbenen Empirismus zu thun hat, dafs also zuerst die empirischen Dinge und Vorgänge vorhanden und als solche aufgefafst sein müssen, ehe davon allgemeine Begriffe gebildet werden. Das ist das Verfahren des Geschichtsmaterialismus, er leitet das Ideelle aus dem Materiellen ab. MARX spricht daher von einer Umstülpung des Hegelianismus.

Beide Richtungen müssen hinsichtlich der aprioristischen Konstruktionen und Rekonstruktionen näher ins Auge gefafst werden; und zwar nur andeutungsweise hinsichtlich der Natur- und Religionsphilosophie und der Geschichte der Philosophie ausführlicher hinsichtlicher der Weltgeschichte und deren Abhängigkeit von Ideen und von der Wirtschaft.

Der Gedanke der aprioristischen Konstruktionen ist überall derselbe. Aus einigen gegebenen Erscheinungen wird ein Allgemeinbegriff gebildet. Dieser wird an die Spitze gestellt, und aus ihm als einer realen Ursache, worin die Gegensätze noch ungeschieden als Indifferenz gebunden sind, soll dann die Wirklichkeit abgeleitet werden. Die natürlichste Kritik eines solchen Versuchs ist, die Probe zu machen, nämlich zusehen, ob im einzelnen die wirklichen Thatsachen zu den logischen Ableitungen passen oder nicht. Passen sie dazu, so ist das System damit noch nicht als richtig erwiesen, aber passen sie nicht, widerspricht vielmehr die Wirklichkeit den logischen Ableitungen, so ist das System sicherlich falsch, mindestens unvollkommen. Nach dieser Hinsicht mögen jetzt die HEGELschen aprioristischen Konstruktionen ganz kurz geprüft werden in der Philosophie der Natur, der Religion und der Geschichte.

Naturphilosophie.

In der Natur sind die Thatsachen, wie HEGEL sagt, am brutalsten, d. h. sie lassen sich am wenigsten umdeuten, sind am bestimmtesten gegeben. Darum hat auch die HEGELsche Naturphilosophie am schnellsten die Verkehrtheit des ganzen Systems offenbart. Und nicht nur Fachmänner der Naturwissenschaft bezeichneten dergleichen als Verdummung und höheren Blödsinn,[1] auch von den eigenen Anhängern ist die Naturphilosophie HEGELS am schnellsten preisgegeben. Zwar hatte HEGEL stark vorgebaut. dafs man nicht ohne weiteres sein System an der Natur selbst messen sollte. Ihm ist die einzelne That-

---

[1] So LIEBIG (s. diese Zeitschrift 1804, S. 414) und FICK (Die Welt als Vorstellung. Vortrag. 1870) und SCHLEIDEN: SCHELLINGS und HEGELS Verhältnis zur Naturwissenschaft. 1844.

sache das Unsagbare, nur das Andere des Begriffs, worüber sich vernünftiger Weise nicht reden läfst. Das Gegebene ist ja nur eine Negation, ist die Region, welche HEGEL als die Ohnmacht der Natur bezeichnet, die die Strenge des Begriffs nicht festhalten und darstellen könne, sondern sich in eine begriffslose blinde Mannigfaltigkeit verlaufe. Dennoch mufste doch die Naturphilosophie an der Natur selbst gemessen werden. Und hier zeigte sich nun überall die Verkehrtheit, sie a priori konstruieren zu wollen.

Schon dafs Natur da war, sollte eigentlich nach dem System nicht sein, denn hier ist nur die Idee real. Nun half man sich freilich mit dem absoluten Werden, nach dem der Begriff auch sein Gegenteil nämlich die Natur setzte, allein einmal war ja das Werden selbst erst eine unvollkommene Abstraktion aus den Naturerscheinungen, dann aber hätte auch das Werden nicht sein dürfen. Denn es ist bekannt, wenn zu einem Ereignisse alle Ursachen vorhanden sind, dann zaudert das Ereignis nicht mehr, sondern dann mufs es sofort eintreten. Sind nun in dem obersten Begriffe, der Indifferenz, alle Ursachen zu dem Weltlauf begriffen, dann mufs auch der Weltlauf mit einemmale ohne jedes Nacheinander fix und fertig eintreten. Er führt also das System, welches nur Eins als die Eine Ursache von allem zuläfst, nicht zum Werden, nicht zur Entwicklung, sondern zur Erstarrung. Eine Entwicklung ist nur da möglich, wo mehrere Ursachen angenommen werden, die nicht von vornherein alle beisammen sind.

Doch es mögen einige Einzelheiten angeführt werden. Das jetzige Geschlecht weifs kaum noch, was die Philosophie früheren Geschlechtern zu bieten wagte, und was man so lange bewundert hat und aus welchem Boden vielfach gleichmäfsig Idealismus und Materialismus in Natur und Geschichte entsprossen ist.

HEGEL mufste nachweisen, dafs Ideales oder Gedachtes identisch sei mit dem Realen oder dem Seienden. Er thut dies an der Lehre vom Hebel in folgender Weise.

In der Encyklopädie § 261 heifst es: Beim Hebel kann Entfernung [nichts Greifbares, also (!) Ideales] an die Stelle der Masse und umgekehrt gesetzt werden, und ein Quantum von idealem Moment bringt dieselbe Wirkung hervor als das entsprechende Reelle. — In der Gröfse der Bewegung vertritt ebenso die Geschwindigkeit, welche das quantitative Verhältnis nur von Raum und Zeit ist, die Masse und umgekehrt. Ein Ziegelstein für sich erschlägt einen Menschen nicht, sondern bringt diese Wirkung nur durch die erlangte Geschwindigkeit hervor, d. h. der Mensch wird durch Zeit und Raum totgeschlagen.« Wie im ersten Beispiel die Entfernung, so soll im zweiten Raum und Zeit das ideale Moment sein.

Und was ist die Zeit? »Die Zeit als die negative Einheit des Aufsersichseins, ist gleichfalls ein schlechthin Abstraktes, Ideelles Sie ist das Sein, das indem es ist, nicht ist, und indem es nicht ist, ist; das, aber angeschaute, Werden, d. h. dafs die zwar schlechthin momentanen, d. h. unmittelbar sich aufhebenden Unterschiede als äufserliche, das ist jedoch sich selbst äufserliche, bestimmt sind. Der Raum ist in sich selbst der Widerspruch des gleichgiltigen Auseinanderseins und der unterschiedslosen Kontinuität, die reine Negativität seiner selbst und das Übergehen zunächst in die Zeit etc. . . . Die Wärme als Temperatur überhaupt ist zunächst die noch abstrakte und ihrer Bestimmtheit nach bedingte Auflösung der spezifischen Materialität. Sich aber ausführend, in der That realisiert, gewinnt das Verzehren der körperlichen Eigentümlichkeit die Existenz der reinen physischen Idealität, der frei werdenden Negation des Materiellen und tritt als Licht hervor, jedoch als Flamme, als an die Materie gebundene Negation der Materie etc. (Encykl. § 258, 260, 285.)

Die Schüler HEGELS haben auf diesem Gebiete die Abenteuerlichkeiten des Meisters zu mildern gesucht, aber wie ihnen dies gelungen ist, möge man aus der Naturphilosophie, herausgegeben von MICHELET S. 573 ersehen: »Die Leber ist das aus dem Kometarischen in das Fürsichsein, in das Lunarische Zurückkehren; es ist das seinen Mittelpunkt suchende Fürsichsein, die Hitze des Anderssein und das Verbrennen derselben. Lungen- und Leberprozesse stehen in der engsten Verbindung miteinander — der flüchtige ausschweifende Lungenprozefs mildert die Hitze der Leber, diese belebt jene. Die Lunge ist in Gefahr, in Leber überzugehen, sich zu verknoten, um dann sich selber zu verzehren, wenn sie die Hitze des Fürsichseins empfängt. In diese zwei Prozesse dirimiert sich das Blut« etc.

Noch ein harmloses Beispiel, wie man widerstrebende Einteilungen in die Dreiteilung der dialektischen Methode einpafst. Bekanntlich unterscheidet man gewöhnlich fünf Menschenrassen. Um daraus drei zu machen, sagt E. ERDMANN: Der Indianer ist ein überreifer Mongole, und der Papua ein unreifer Neger.[1]) Doch genug davon.

Ein weiteres Beispiel apriorischer Konstruktion insbesondere wie die logischen Verhältnisse ohne weiteres für reale gehalten werden, findet sich in der Religionsphilosophie des absoluten Idealismus.

---

[1]) Psychol. Briefe 15. Viele derartige Proben siehe bei EXNER: Die Psychologie der Hegelschen Schule. 1843 u. 1844.

Religionsphilosophie.

Ein nunmehr längst verschollener HEGELscher Logiker, WEISSENBORN, erklärt: »Durch unser begriffliches Denken werden die einzelnen sinnlichen Objekte zu allgemeinen Objekten oder in ihre Gattung erhoben.« Das klingt so, als ob die Dinge selbst zu den allgemeinen Begriffen, welche von ihren konkreten Erscheinungen abstrahiert sind, hinaufgehoben oder in die Begriffe hinein geschoben werden könnten.

»Dies Allgemeine, die Gattung ist nicht etwas rein Subjektives, sondern etwas Objektives.« Natürlich, denn bezöge sich der Inhalt des Gattungsbegriffs nicht auf gewisse gemeinsame Beschaffenheiten, der ihm untergeordneten Arten, so hätte das Allgemeine keine Beziehung zum sinnlich Gegebenen. Soll aber objektiv hier soviel heifsen, als Wirkliches oder Reelles im Gegensatz zum blofs Gedachten — und so ist es gemeint — dann ist es ein Falsum.

»In jedem Dinge ist seine Gattung gegenwärtig.« In weniger verrenkter Vorstellungsweise: Derjenige Begriff, zu welchem gewisse Begriffe im Verhältnis des Umfangs stehen, ist ihr gemeinsames Merkmal, z. B. eine Wurzel zu haben ist das gemeinsame Merkmal aller Bäume.

»Jedes Ding ist nur die beschränkte Darstellung seiner Gattung.« Mufs heifsen: jedes Ding ist nur ein einzelnes Exemplar von allen den Dingen, welche wegen ihrer gemeinsamen Merkmale den Umfang eines allgemeinen Begriffs darstellen: z. B. der Begriff Baum umfafst Nadel- und Laubbäume, insofern ist der Nadel- und Laubbaum nur eine beschränkte Darstellung des Begriffes Baum. »In jedem Dinge repräsentiert sich die Gattung nur unvollständig«, d. h. jedes Ding ist nicht seine Gattung, der Allgemeinbegriff hat einen weiteren Umfang als der konkrete.

»Um alle ihre Seiten zu manifestieren, bedarf die Gattung für ihre Darstellung einer unendlichen Anzahl von einzelnen Objekten. Die Dinge an und für sich, d. h. in ihrer spröden und ausschliefsenden Punktualität sind einseitige und ergänzungsbedürftige Darstellungen ihrer Gattung.«[1])

Es kann dem Leser nicht entgangen sein, dafs hier überall sehr einfache, harmlose Sätze über das Verhältnis der allgemeinen Begriffe zu den besonderen aufgestellt werden, dafs diesen aber sofort eine ganz andere, nämlich eine Bedeutung für die reale Welt gegeben werden, so will es die reale Logik. Und nun möge wenigstens angedeutet

---

[1]) O. FLÜGEL, Abrifs der Logik. S. 83.

werden, wie weit diese Undeutungen in unserer Kultur namentlich hinsichtlich der Religionsphilosophie nachgewirkt haben und noch nachwirken.

Man nennt die Allgemeinbegriffe auch Ideen und den höchsten Allgemeinbegriff schlechthin die Idee oder (!) auch Gott. So hat man einen sehr kurzen Beweis für das Dasein Gottes. Alles Gegebene, Reale wie Ideale, Wirkliche wie Gedachte läfst sich unter einen Allgemeinbegriff bringen, diesen nennt man, wie man es braucht, Idee oder Werden oder Urgrund, Urschlamm, Indifferenz, auch Gott. So lautet der Gottesbeweis bei fast allen spekulativen Theologen von SCHLEIERMACHER an, mögen sie sonst liberal oder orthodox sein oder beides zu vermitteln suchen.

Weiter: Der Allgemeinbegriff stellt sich in den konkreten dar, das heifst bei ihnen: Gott schafft die Welt. Die Schöpfung ist also begriffen. »Die ganze Welt, Natur und Geschichte stellen sich dar als die krystallisierten Gedanken Gottes« (SCHELLING). »Die Geschichte als Ganzes ist nach SCHELLING eine fortgehende, allmählich sich entfaltende Offenbarung des Absoluten«. (System des transc. Ideal. 417.) Die Natur ist der geteilte Gott (SCHLEIERMACHER).

Selbst dem Geschichtsschreiber RANKE sind »die geschichtlichen Strömungen die Geschicke Gottes in der Welt.«

Weiter: In jedem Dinge ist seine Gattung oder Idee gegenwärtig. Dieser Satz giebt vielen den Schlüssel zu begreifen, wie Gott allgegenwärtig ist und zwar dem Sein nach, denn das Allgemeine ist ihnen ja das Sein, das Wahre an den Dingen. Gott ist den Dingen immanent, und doch sind die Dinge wieder verschieden von Gott, so gewifs die konkreten Begriffe verschieden von den allgemeinen sind. Das nennt man die Einheit der Transcendenz und Immanenz.[1]) So ist auch das Problem gelöst von dem göttlichen Concursus, von Gnade und menschlichem Willen. Begriffen ist Gott als Liebe, nämlich als

---

[1]) Vielleicht kann sich mancher am schnellsten in derartige Anschauungen und ihren Einflufs auf unsere Kultur versetzen, wenn er folgendes Gedicht von SCHELLING liest (Miszellen):

In der Welt steckt ein Riesengeist,
ist aber versteinert mit allen Sinnen,
kann nicht aus dem engen Panzer
heraus,
noch sprengen sein eisern Kerkerhaus,
obgleich er oft die Flügel regt,
sich gewaltig dehnt und bewegt,
in toten und lebendigen Dingen
thut nach Bewufstsein mächtig ringen...

Die Kraft, wodurch Metalle sprossen,
Bäume im Frühling aufgeschossen,
sucht wohl an allen Ecken und Enden
sich aus Licht herauszuwenden...
Und hofft durch Drehen und durch
Winden
die rechte Form und Gestalt zu finden
und kämpfend so mit Füfs' und Händ'
gegen widrig Element.

Selbstmitteilung, sofern sich das Allgemeine im Besondern darstellt. Es ist hier nur ganz kurz angedeutet, was anderwärts ausführlich dargethan ist.¹) Gemäfs dem logischen Realismus ist die Menschengattung Ein Reales, dieses Reale kommt in jedem einzelnen Menschen zur Erscheinung. Was also Adam, in dem sich als dem ersten Menschen der ganze Gattungsbegriff darstellte, sündigte, sündigte die ganze Gattung, d. h. jeder einzelne Mensch. So wird zuweilen das Dogma von der Erbsünde begründet. Dafs die dialektische Methode nach Thesis, Antithesis und Synthesis oft angewandt wurde um die göttliche Dreieinigkeit zu erweisen, und dafs man die Gedanken, das Absolute sei im Menschen zum Bewufstsein gekommen, vielfach eine Menschwerdung Gottes nannte, sei nur im Vorbeigehen erwähnt.

Grofse Bedeutung hat besonders der Satz gewonnen: Jedes Ding ist nur die beschränkte Darstellung seiner Idee, oder diese repräsentiert sich in jedem Dinge nur unvollständig. Dieser Satz bildet die Voraussetzung für die Theologie von Fr. Strauss. Weil sich die Idee oder der Allgemeinbegriff oder Gott nie ganz und vollständig in einem Individuum darstellt oder ausschüttet, darum konnte nach Strauss Jesus nicht Sohn Gottes im absoluten Sinne sein. Sohn Gottes im absoluten Sinne ist ihm nur die ganze Menschheit. Zugleich bildet dieser Satz die Voraussetzung der sogenannten voraussetzungslosen Kritik der Baurschen Tübinger Schule. Die Idee stellt sich immer nur beschränkt dar und zwar so, dafs sie im Dreischritt der Dialektik Thesis, Antithesis und Synthesis fortschreitet. Darum mufsten die Verschiedenheiten des Urchristentums zu einander widersprechenden Gegensätzen überspannt werden, und schon a priori liefs sich ein

---

lernt er im kleinen Raum gewinnen,
darin er zuerst kommt zum Besinnen.
In einem Zwerge eingeschlossen
von schöner Gestalt und geraden Sprossen
(heifst in der Sprache Menschenkind)
der Riesengeist sich selber findt.
Von eisernem Schlaf, von langem Traum
erwacht, sich selber erkennet kaum,
über sich selbst gar sehr verwundert ist,
möcht alsbald wieder mit allen Sinnen
in die grofse Natur zerrinnen.
Ist aber einmal losgerissen
kann nicht wieder zurücke fliefsen,
und steht zeitlebens eng und klein
in der eignen grofsen Welt allein ...

Weifs nicht, dafs er es selber ist (der
  Riesengeist)
seiner Abkunft ganz vergifst,
thut sich mit Gespenstern plagen,
könnt also zu sich selber sagen:
Ich bin der Gott, der die Welt im Busen
  hegt.
der Geist, der sich in allem bewegt:
vom ersten Ringen dunkler Kräfte
bis zum Ergufs der ersten Lebenssäfte,
wo Kraft in Kraft und Stoff in Stoff
  verquillt;
ist Eine Kraft, Ein Wechselspiel und
  Weben,
Ein Trieb und Drang nach innern Leben.

¹) Thilo, Die Wissenschaftlichkeit der modernen spekulativen Theologie. O. Flügel, Die spekulative Theologie der Gegenwart.

Verhältnis konstruieren wie Petrinismus oder Judenchristentum, der sein Gegenstück im Paulinismus hat und die beide ihre Synthese im vierten Evangelisten und in der Apostelgeschichte finden.

Nun ist bekannt, dafs nach dem Beharrungsgesetz eine Bewegung noch andauert, auch wo der erste Anstofs dazu geschwunden ist, dies Trägheitsgesetz gilt auch vielfach für die Geister. Die HEGELschen Geschichtskonstruktionen sind längst aufgegeben, aber noch heute mufs sich der Dogmenhistoriker gegen ihre Folgen wehren. So bemerkt HARNACK: »es hat eine Zeit gegeben — ja das grofse Publikum befindet sich noch in ihr — in der man die älteste christliche Litteratur einschliefslich des neuen Testamentes als ein Gewebe von Täuschungen und Fälschungen beurteilen zu müssen meinte. Diese Zeit ist vorüber. Für die Wissenschaft war sie eine Episode, in der sie viel gelernt hat und nach der sie vieles vergessen mufs:« nämlich alles das, was mit den Konstruktionen der Geschichte nach der dialektischen Methode nach Thesis, Antithesis und Synthesis zusammenhängt.» Diese Voraussetzungen der BAURschen Schule nun sind, man kann sagen, allgemein aufgegeben, allein noch geblieben ist in der Kritik der altchristlichen Schriften ein unbestimmtes Mifstrauen, wenigstens eine kleinmeisterliche Methode etc.«[1])

Anklänge an den Gedanken, dafs die Idee sich ihrer ganzen Fülle nach nie in einem Individuum oder einer Zeit offenbaren kann, findet man überall in der Litteratur. Man giebt so der natürlichen Beschränktheit jeder Individualität eine Art philosophischen Klang.

Dahin darf man z. B. rechnen, wenn man bei TREITSCHKE liest: Den Patrioten klang es wie Hohn, wenn STEFFENS die charakterlose Buntheit des zerrissenen deutschen Staatslebens geradezu als einen Vorzug pries: »jede Verfassung sei mangelhaft, erst die Vielheit der Verfassungen gebe eine höhere geistige Einheit.«[2]) Oder bei L. RANKE: Die Geister nehmen die Ideen nur in subjektiv vermittelter also beschränkter Aneignung auf, die nicht ohne Streit und Gegensatz zu denken ist.... Auf Erden kommt nichts zu einem reinen und vollkommenen Dasein; darum ist auch nichts unsterblich. Wenn die Zeit erfüllt ist, erheben sich aus dem Verfallenden Bestrebungen von weiter reichenden geistigem Inhalt, die es vollends zersprengen. Das sind die Gedanken Gottes in der Welt.«

Gehn wir jetzt zur Anwendung dieser Methode auf die

---

[1]) HARNACK, Die Chronologie der altchristlichen Litteratur. I.
[2]) TREITSCHKE, Deutsche Geschichte des 19. Jahrhunderts. II. S. 114.

Geschichte der Philosophie.

Wenn irgendwo, so müfste die Methode Hegels sich hier bewähren, wo ja Gedanken oder Ideen das eigentlich Treibende sind. Geschichte der Philosophie ist darum auch durch Hegel und seine Schüler am meisten nach aprioristischer Art bearbeitet. Zwar hat jeder seiner Schüler etwas von der Schärfe des Meisters aufgegeben, um die Theorie einigermafsen mit den Thatsachen in Einklang zu bringen. Allein zumeist halten sie doch daran fest, dafs der Weltlauf die konkrete Evolution der absoluten Idee ist, und dafs daher die Momente des Weltlaufs der Succession der Kategorieen entsprechen mufs, in welchen die Idee ihre immanente Entwicklung hat; ferner dafs der Weltgeist seine Weisheit durch die Philosophen ausspricht, dafs die Philosophie einer Zeit, als ihr Selbstverständnis, nur formuliert, was in dieser Zeit unbewufst gelebt, instinktartig gewirkt hat; dafs die Philosophie einer Zeit für sie die letzte Wahrheit ist, dafs die Philosophie, als Frucht, der Blüte einer Zeit stets folgt und dafs jedes philosophische System ein Resultat des oder der vor ihm aufgestellten ist und den Keim zu dem ihm folgenden enthält.

Mit diesen Sätzen beginnt z. B. E. Erdmann seine Geschichte der Philosophie 1866 und fordert zur Prüfung heraus, ob und wie weit der Thatbestand dieser Ansicht entspricht.

Man sieht leicht, dafs die philosophischen Systeme, sollte das der Fall sein, nur in einer Linie einander ablösen müfsten, gleichzeitig aber einander entgegenstehende nicht vorhanden sein dürften. Aber z. B. Spinoza, Locke, Leibniz, Malebranche, Berkeley lebten ziemlich gleichzeitig. Wessen Philosophie ist nun die Weisheit seiner Zeit oder vielmehr die Frucht der vorhergehenden Zeit, da ja die Philosophie ihrer Zeit stets folgt? Nach dem Verfasser gehört Spinoza aber in eine ganz andere Periode als Locke und Leibniz; jener in die der Organisation des siebzehnten, diese in die der Desorganisation des 18. Jahrhunderts; trotzdem dafs Lockes Hauptwerk schon im Jahre 1671 begonnen, und er selbst im Anfange des 18. Jahrhunderts 1704 gestorben ist. Es müfste also hier einmal die Frucht der Blüte vorangegangen sein. Doch das scheint mehrfach sich zu ereignen. Im ersten Teile S. 157 liest man: »Wo das ... Szepter der Weltgeschichte den Römern übertragen wird, einem Volke, welches ... stets verrät: dafs ihm die Einzelperson und seine praktischen Aufgaben einen absoluten Wert haben ... mufs, weil die Zeit römisch geworden ist, eine solche (Philosophie auf-)treten, in der das vereinzelte Subjekt absoluten Wert erhält ... Nur eine Reflexionsphilosophie,

4*

in welcher die Ethik der Hauptteil ist, kann dem römischen Geiste gefallen, ... begriffenes Römertum heifsen.« Dies ist die Einführung der epicurischen und stoischen Philosophie, deren Gründer in den Jahren 340 oder 342 geboren wurden, also in einer Zeit lebten, wo römisches Wesen noch gar keinen Einflufs auf das griechische Leben und Denken gewonnen hatte. Das Begreifen des Römertums, das selbst damals noch nicht in der Blüte stand, ist also hier seinem Objekte weit vorausgeeilt — was doch gänzlich wider die vorgeschriebene Hausordnung des Weltgeistes ist. Oder soll man für die Zeit einer Philosophie nicht diejenige rechnen, in welcher ihr Gründer lebte, sondern die, worin sie in gröfseren Kreisen Einflufs gewann? Dann aber hätte z. B. die Philosophie Spinozas in die nachkantische Zeit gehört, denn vor dieser Zeit hatte man Spinoza, nach Lessings derbem Ausspruche, wie einen toten Hund behandelt. Wie man also die Sache auch drehen mag, der Thatbestand will nicht zu der vorgefafsten Ansicht passen. — Nach dieser Ansicht scheint ferner die Philosophie nur in Abhängigkeit von den jedesmaligen inneren und äufseren Umständen einer bestimmten Zeit und der darin lebenden Menschen zu stehen: von den Wirkungen der Philosophie auf die Zeiten selbst aber kann eigentlich nicht geredet werden, und wird es auch nirgends in diesem Buche. Denn wenn sie nur ausspricht, was in einer Zeit »unbewufst und instinktartig gelebt und gewirkt« hat, so kann sie natürlich keinerlei Wirkung auf die Gestaltung der Zeiten üben: diese wird nur von unbewufsten Kräften geübt, diese sind die alleinigen Bildner: die Philosophie hat nur das müfsige Aussprechen dessen, was geschehen ist: sie kann nichts weder zur Veredlung noch zur Verderbung des menschlichen Lebens wirken. Auch dagegen aber spricht die Erfahrung. Unsere Väter, um nur eins zu nennen, haben uns genug von der kräftigenden und stählenden Wirkung erzählt, welche die Kantsche Ethik auf ihre Zeit geübt habe.[1])

---

[1]) In der That rechnen auch alle Geschichtsschreiber den kantischen kategorischen Imperativ und den Fichteschen ethischen Idealismus nicht zu den Wirkungen, sondern zu den Ursachen der Begeisterung in den Befreiungskriegen. Um sich zu verdeutlichen, wie oft das Leben durch die Ideen bestimmt ist und nicht immer die Ideen der Niederschlag des Lebens sind, denke man an die alten Philosophen, etwa die Cyniker, oder wie die Schüler des Pessimisten Hegesias sich den Tod gaben, weil sie belehrt waren, das Leben sei eine Last. Man denke an die das Leben umgestaltenden Reden des Pythagoras, oder an die indischen Büfser und was sie sich anthaten aus Furcht vor üblen Wiedergeburten; man denke an die Kreuzzüge, an die Mönchsorden mit ihren Sonderbarkeiten. Dahin mag man auch folgendes rechnen: Die Wälder des Athosgebirges sind fast die einzigen Wälder in ganz Griechenland. Warum? Die Mönche des Athos verabscheuen alles Weibliche, sie dulden also auch

Wie aber der Verfasser die Verschiedenheit der Philosophieen aus den äufseren Lebensumständen zu erklären versteht, davon liefert er uns gleich im Anfange ein significantes Beispiel. Der Pracht des Orients zugewandt, sagt er, kann der ionische Geist nur eine realistische Naturphilosophie hervorbringen. — Die Abenddämmerung der occidentalischen Welt dagegen ladet den Geist zum Grübeln über sich selbst ein ... In den Kolonien Grofsgriechenlands traten die reinen Metaphysiker auf etc. Unglücklicherweise liegen Jonien und Grofsgriechenland (Süditalien) ungefähr unter denselben Breitengraden und geniefsen beide desselben Klimas. Nach der Schilderung des Verfassers sollte man aber glauben, Grofsgriechenland sei mit den Nebelhügeln Ossians identisch. — Die Philosophie mufs nach dieser Ansicht ferner immer in jedem folgenden Systeme auch einen innern Fortschritt bilden; Rückschritte können unmöglich vorkommen. Widerspricht dem die Thatsache, so wird entweder der eine Philosoph, dessen System sich nicht gut in den Fortschritt hineinbringen läfst, für einen Zurückgebliebenen erklärt, oder der Fortschritt wird erzwungen. Von diesen letzteren liefert der Verfasser gleich im Anfange ein sprechendes Beispiel. Anaximenes soll nach alten Nachrichten ein Schüler des Anaximander sein, er mufs also gegen diesen weiter fortgeschritten sein. Freilich sollte man denken, wenn Anaximenes, wie Thales, ein Sinnliches — die Luft — als Element, also als das eigentlich Sciende, setzte, so sei das ein Rückschritt gegen Anaximander, der sich zu dem übersinnlichen Unendlichen oder Unbestimmten erhoben hatte; aber weit gefehlt! »Indem der jüngere Genosse des Thales und Anaximanders, sagt der Verfasser, als Urstoff der Dinge die unendliche Luft setzt, hat er die Einseitigkeit beider überwunden, indem sein Prinzip nicht etwa die Summe, sondern die negative Einheit der ihrigen ist.« Nun aber ist die Unendlichkeit der Luft ihm grenzlose Ausdehnung; das Unendliche des Anaximander aber ist das nach der Qualität durchaus Unbestimmte, der Anfang des Gedankens der späteren Materie, die noch nichts ist, aber Alles werden kann. Der Wert des Gedankens des Anaximander besteht eben darin, dafs er nichts Sinnliches als das Sciende setzen will. Setzt Anaximenes wieder etwas Sinnliches als seiend, so ist das ein Rückschritt und nichts anderes. Ebenso ist SPINOZA ein Rückschritt gegen DES-

---

keine Ziegen. Die Ziegen aber sind es, die sonst in Griechenland die keimenden Wälder an der Wurzeln abfressen. Wo also die Ziegen fehlen, wachsen Wälder. Man kann sagen: Die Idee nämlich der Abscheu des Weiblichen ist die Ursache der Wälder; die Idee bedingt hier die ökonomischen Verhältnisse.

CARTES. Denn obwohl er den Substanzbegriff des DESCARTES in Verbindung mit dem des Unendlichen konsequenter anwendet, als jener, so liegt das Epochemachende des DESCARTES nicht in jenen Begriffen, sondern darin, dafs er den Beginn des Idealismus bildet. Die idealistischen Gedanken des DESCARTES, in welche sich seine Zeitgenossen, wie das Beispiel GASSENDIS zeigt, so wenig zu finden wufsten, sind bei SPINOZA nicht nur nicht fortgeführt, sondern vergessen. Denn sonst hätte er es nicht als ein Axiom hinstellen können, dafs wir uns von einem Körper vielfach afficiert fühlen. Darüber würden DESCARTES und MALEBRANCHE nur haben lächeln können. So ist die heutige gang und gäbe philosophische Sittenlehre ein Rückschritt gegen KANT, denn sie ist trotz ihrer hohen Worte in denselben Eudämonismus zurückgesunken, als dessen erster Überwinder KANT aufgetreten ist. Die ganze Zeit des Mittelalters ist hinsichtlich des philosophischen Denkens, von dem hier allein die Rede ist, ein Rückschritt gegen die griechische Blütezeit der Philosophie. Ja in gewissem Betracht steht die philosophische Bildung seit den grofsen griechischen Philosophen bis auf HEGEL und HERBART gegen jene an metaphysischer Erkenntnis zurück; denn erst diese beiden haben die Widersprüche in den gegebenen Erfahrungsbegriffen wieder entdeckt, welche jene Alten so klar sahen. — Hiernach also fehlt viel daran, dafs die Geschichte der Philosophie nur von einem steten Fortschritt der Erkenntnis zu erzählen wüfste.

ERDMANN sieht ferner, dafs der Absolutheit der Philosophie, wie er sich ausdrückt, dadurch Gefahr droht, dafs sie nur für eine bestimmte Zeit die letzte Wahrheit sein soll; und man kann sich wenigstens freuen, dafs ihm diese Gefahr nicht verborgen geblieben ist. Aber er wählt einen unglücklichen Vergleich, um sie aus dieser Gefahr zu retten. Er meint, auch der Absolutheit der Pflicht thue es keinen Abbruch, dafs für verschiedene Lebensalter Verschiedenes Pflicht sei. Allein die besondern, konkreten Pflichten sind auch nicht das Absolute d. h. das unbedingt und allgemein Giltige der Ethik, denn sie sind durch die besondern Verhältnisse bedingt; das Absolute ist, wenn man vom Pflichtbegriffe ausgeht, nur das Allgemeine in jedem Falle seine Pflicht zu thun. Nun kann man aber nicht sagen: wie die besondern relativen Pflichten sich zur allgemeinen Pflicht verhalten, so verhalten sich die besondern, relativen Wahrheiten zur allgemeinen Wahrheit. Denn die in gewissem Betracht relativen Pflichten sind für ihren eignen Fall wirklich absolute Pflichten, aber eine relative Wahrheit, d. h. die nur für eine bestimmte Zeit als Wahrheit gilt, ist in keiner Hinsicht eine absolute

Wahrheit. Zu sagen: dies oder jenes hatte für seine Zeit Wahrheit, ist eben nur eine Redensart; es heißt weiter nichts, als diese oder jene Meinung paßte zu den übrigen Meinungen, zu dem ganzen Bildungsstande einer Zeit, und es war füglich keine andere von ihr zu erwarten, wodurch aber über Wahrheit oder Unwahrheit derselben im eigentlichen Sinne gar nichts entschieden wird. Von einer philosophischen Wahrheit zu reden, die nur für ihre Zeit Wahrheit gewesen sei, hat für uns ebenso viel Sinn, als von einer mathematischen Wahrheit zu reden, die bloß für eine Zeit Wahrheit ist, für andere aber unwahr ist. Will oder kann die Philosophie nicht solche Wahrheit suchen und finden, die unveränderlich für alle Zeiten und alle Intelligenzen giltig ist, so mag sie ihr Geschäft getrost aufgeben, denn dann wird sie weiter nichts als eine abstrakte Erzählung der Meinungen, welche die Menschen zu irgend welchen Zeiten für Wahrheit gehalten haben. Aber vielleicht spricht man von einer Wahrheit, die an sich absolut, ewig und unveränderlich sei und nur in verschiedenen, wechselnden, aber stets mehr adäquaten Formen sich den Menschen offenbare. Allein auch dieser Rede vermögen wir keinen verständigen Sinn abzugewinnen. Denn dann bleibt die Wahrheit selbst in ihrer Absolutheit den Menschen stets verborgen und sie haben kein Mittel, wenn sie die Wahrheit, wie sie an sich selbst ist nicht sehen können, zu beurteilen, ob ihre Formen ihr angemessen sind oder nicht.

Diese ganze Ansicht, der wir hier widersprechen müssen, hat allerdings etwas Bestechendes: denn es ist angenehm, die Erkenntnis in stetigem Fortschritt begriffen sich vorzustellen, und es ist nicht minder angenehm, die Entwicklung des menschlichen Geistes in eine logische Klassifikation zu bringen, welche die Übersicht des Bunten und Mannigfaltigen erleichtert; eine Ansicht, welche diese beiden Annehmlichkeiten zusammen darbietet, wird daher des Beifalls nicht entbehren. Aber die Geschichte ist eine empirische Wissenschaft und hat ihren Wert vor allem darin, das wirklich Geschehene so zu nehmen und so darzustellen, wie es ist, gleichviel, ob damit wohlthuende, großartige, erhebende Ansichten oder das Gegenteil vereinbar sind oder nicht. Wer es nicht in dieser empirischen Nüchternheit aushalten mag, der mag sich eine Geschichte, wie sie ihm paßt, erdichten, er muß sie dann aber auch ehrlicher Weise für ein Gedicht ausgeben. Leider hat ein großer Dichter viele verleitet, Dichtung und Wahrheit zu vermischen.

Der eigentliche Standpunkt aber, auf welchem diese Art der Geschichtsschreibung leider nicht mit ganz deutlichem Bewußtsein steht, ist der kulturhistorische. Es interessiert sie weniger der spekulative Erkenntniswert der verschiedenen Philosophieen — denn sie kennt nur relative Wahrheit — als ihr Zusammenhang mit der ganzen geistigen Bildung der verschiedenen Zeiten. Daher sucht sie vornehmlich aus den staatlichen und kirchlichen Zuständen die Philosophie abzuleiten. Sie kann aber auch auf diesem Standpunkte so lange nichts Tüchtiges leisten, als sie nicht auch wiederum dem Einflusse der Philosophie auf die andern Kulturzweige ebenso emsig nachgeht, und als sie sich nicht von der unglücklichen Sucht des Systematisierens losmacht. Alle Erklärung aber einer bestimmten Philosophie aus den vorhergehenden Systemen und den Zeitverhältnissen wird niemals die ganze und vollständige Ursache aufweisen, denn man vergifst dabei die Individualität des jedesmaligen Urhebers. Und die Formel, welche den Entwicklungsgang der Menschheit erklärt, wird man nicht eher gefunden haben, als man das Gesetz entdeckt hat, nach welchem die Individualitäten gebildet werden. Die grofsen Männer sind freilich auch Kinder ihrer Zeit, aber dafs sie in der Art ihrer Zeit grofse Männer wurden, hat nicht ihre Zeit bewirkt, sondern das war ursprüngliche Mitgift. Jenes Gesetz aber, wonach grofse Männer entstehen, möchte für menschliche Augen immer verborgen bleiben.[1])

Doch man wird sagen, E. ERDMANN nannte sich selbst mit Vorliebe den letzten der Mohikaner nämlich den letzten Hegelianer. Seitdem aber hat man jene aprioristischen Konstruktionen der Geschichte der Philosophie aufgegeben. Indes mag man an ÜBERWEGS (Gesch. d. Philosophie 1866) ersehen, wie die HEGELsche Geschichtskonstruktion der Theorie nach gerühmt wird, selbst von solchen, die sonst einem andern philosophischen Kreise angehören: »Die Geschichte im objektiven Sinne, heifst es S. 5, ist der Prozefs der zeitlichen Entwicklung der Natur und des Geistes; die Entwicklung läfst sich definieren als die successive Realisierung des Wesens in einer Stufenfolge von Erscheinungen. Ihre Form pflegt das Auseinandertreten in Gegensätze und deren Aufhebung und Vermittelung zu einer höheren Einheit zu sein.« War aber diese nur durch das Wort »pflegt« abgeschwächte HEGELsche Auffassung der Geschichte des Verfassers wirkliche Ansicht, so giebt er uns in der That nicht das wirklich Geschehene in seiner Wesentlichkeit, denn dann hätte er nachweisen müssen, welches Wesentliche der Philosophie sich in jeder ihrer Erscheinungen realisiert, ohne dies Verfahren für eine dem Ge-

---

[1]) Zeitschr. f. ex. Phil. IX, 44 ff.

schehenen fremde Reflexion und Spekulation ausgeben zu dürfen. Jene Ansicht nämlich involviert die Behauptung, dafs das Spekulative dem Empirischen wesentlich immanent sei. Es wäre also für ihn, um eine wirkliche Geschichte, und nicht blofs eine beliebige Vorarbeit für dieselbe zu schreiben, nötig gewesen, sozusagen die disjecta membra poetae nicht blofs als zerstreut umherliegende eins nach dem andern aufzuweisen, sondern auch die Ordnung zu zeigen, in welcher sie zu Einem Leibe zusammenpassen. ÜBERWEG hat dies klüglicherweise nicht gethan. Es werde nun noch ein Beispiel angeführt aus der Geschichte der Philosophie von E. ZELLER. E. ZELLER gilt mit Recht als ein objektiver Kenner und Darsteller der Geschichte der Philosophie. Von der HEGELschen Ansicht hat er sich soviel wie möglich freigemacht. Allein alte, früh aufgenommene Ansichten kleben an und auch bei ZELLER merkt man hie und da die Nachwirkung der HEGELschen Geschichtskonstruktion.

Den HEGELschen Geschichtsdarstellern ist HERBART immer ein Stein des Anstofses gewesen. Nach ihrer Ansicht mufs die der Zeit nach letzte Philosophie das Resultat aller vorhergehenden und also die entfaltetste, reichste und konkreteste von allen sein. Dafür nehmen sie gern HEGEL in Anspruch. Nun aber ist der Gegner HEGELS, nämlich HERBART, teils gleichzeitig, teils später als HEGEL aufgetreten. Gleichwohl durfte HERBART doch nicht als die letzte, reifste Frucht der Evolutionen des Weltgeistes gelten. Darum die Bemühungen, HERBART nur als ein winziges Moment in dieser Reihe darzustellen, seine Philosophie auf ein paar dünne Gedankenformen zurückzuführen, die mit knapper Not als eine Entwicklung der KANTschen Philosophie betrachtet werden können.¹)

Etwas anders geht E. ZELLER zu Werke. Er glaubt »aus den Zuständen des deutschen Volkes deducieren zu können, dafs die nachkantische Philosophie eine vorzugsweise idealistische sein mufste.« Nun aber ist HERBART durch und durch seiner theoretischen Philosophie nach Antiidealist, nämlich Realist. Es mufs also versucht werden, der vorgefafsten Meinung zu liebe, HERBART in einen Idealisten umzudeuten, und zu zeigen »dafs HERBART viel tiefer im Idealismus befangen war, als er selbst wufste.« Um dies zu zeigen, wird über HERBART geradezu falsch berichtet, nach ihm sei das innere Geschehen der realen Wesen nicht ein Vorgang in diesen selbst, sondern nur die Art, wie sie sich uns, den Denkenden, darstellen; ferner wie

---

¹) Das geschieht z. B. von MICHELET und ROSENKRANZ vergl. THOMAS: KANT, HERBART und Herr Professor ROSENKRANZ, 1840.

kein inneres Geschehen, so werde auch kein äufseres, kein räumliches, keine Bewegung von HERBART zugelassen, denn HERBART sehe den Raum überhaupt nur als eine Form des Denkenden an. So werden die Grundlehren der HERBARTschen theoretischen Philosophie geradezu umgekehrt, und WAITZ, der in dieser Hinsicht ganz die Lehren HERBARTS verträgt, wird dargestellt als einer, der die Gedanken HERBARTS in dieser Beziehung aufgegeben und umgedeutet habe.[1]) Das alles dem Vorurteil zu liebe, dafs nur eine idealistische Philosophie den Zuständen des deutschen Volkes nach KANT entsprechen könne.

Ist dies einem ZELLER begegnet, so kann man sich denken, wie viele das, was sie bei ZELLER gelesen hatten, unbesehens als richtige objektive Darstellung HERBARTscher Gedanken weiter geben, z. B. PFLEIDERER, OSTERMANN u. a.

Übrigens ist es auffallend, dafs ZELLER in seiner Darstellung die Philosophie HERBARTS der Hauptsache nach verkennt und sich gleichwohl sowohl die Methode als die Hauptresultate HERBARTscher Metaphysik aneignet. Denn was ZELLER selbst über Grund und Folge, Ursache und Wirkung sagt, stimmt genau überein mit dem, was HERBART weit ausführlicher über den Zusammenhang von Grund und Folge als Methode der Beziehungen vorträgt.

Ferner ZELLERS Ausgehen von dem innern Gegebenen, das Fortschreiten von der Unmöglichkeit des Widersprechenden zu dessen Erklärung; die Annahme vieler verschiedener Bedingungen; die Voraussetzung einfacher, unräumlicher Wesen, die in ihrem Zusammen erst die gegebene Materie bilden; die strenge Unterscheidung von äufseren Bewegungsvorgängen und inneren geistigen Zuständen; die Notwendigkeit, für letztere ein streng einheitliches Wesen als Träger anzunehmen — sind zwar nicht sämtliche aber doch die wesentlichsten Punkte der HERBARTschen Metaphysik sowohl ihrer Methode als ihrer Ergebnisse nach. Dieses alles eignet sich ZELLER in seinen kleineren Schriften an, ohne HERBART auch nur zu nennen, während die Geschichte der Philosophie ein so schiefes zum Teil geradezu falsches Bild der HERBARTschen Metaphysik bietet.[2]) Und dies alles, wie bereits öfters gesagt, der HEGELschen Geschichtskonstruktion zu liebe, die, wenn schon sehr abgeschwächt, doch mit der Kraft von Jugendeindrücken in E. ZELLER nachwirkt.

Wir werden nun den Gedanken, dafs das Allgemeine oder die

---

[1]) Vergl dazu Zeitschr. f. ex. Phil. XVI, S. 242 ff.
[2]) Vergl. dazu Zeitschr. f. ex. Phil. XVIII, S. 159.

Idee das Besondere beherrscht und sich in ihm darstellt, in einigen noch viel mehr abgeschwächten Formen verfolgen. Bekanntlich hat der absolute Idealismus auf alle Kulturgebiete seinen Einfluſs geltend gemacht, und das ist auch nicht zu verwundern, wenn man das hohe Alter dieser Anschauung, die äuſsern Begünstigungen bedenkt, die ihm in der ersten Hälfte unseres Jahrhunderts zuteil wurden und vor allem die Leichtigkeit, mit der sich pantheistische Anschauungen bei bei dem natürlichen, ungeübten Denken einschmeicheln.

Die Gedanken, sagt man, gravitieren von selbst zum Allgemeinen. Hat man eine Reihe von Erscheinungen als Wirkungen der Wärme oder der Elektrizität erkannt, so zwingt uns fast die Sprache dazu, die Wärme oder Elektrizität selbst zu hypostasieren, nämlich diesen allgemeinen Begriff als etwas Selbständiges, und zwar als wirkende Ursache anzusehen, und zu sagen: Die Wärme thut dies, die Elektrizität ist daran schuld etc.

Wer ein Bild, ein Lied, ein Gebäude, eine Landschaft schön nennt, faſst dies alles zusammen unter dem Namen: das Schöne und spricht: das Schöne stellt sich dar im Bild, im Lied etc., ja er suchte wohl das Schöne als solches, abgesehen von seinen einzelnen Darstellungen, zu erfassen und hält es für eine Wesenheit, eine sich hier und da realisierende Idee: unsere ganze Ausdrucksweise namentlich in ihren vornehmen klingenden Formen ist von solchen Wendungen beherrscht. Hat man sich daran gewöhnt, dann denkt die Sprache für uns, und so schmeichelt sich auch von dieser Seite das idealistische Denken mit seiner Ausdrucksweise ein. Freilich, wie gesagt, in sehr abgeschwächter Form des Gedankens. Wenn man sagt: das Schöne oder die Kunst schafft sich ihre Meister, die Musik schafft sich ihren Mozart, die Malerei ihren Rafael, so sieht schwerlich der Sprechende die Musik selbst als eine Wesenheit, als real wirkende Ursache an, man läſst die Gedanken ganz in unbestimmter Schwebe, wie man sich auch beim Aberglauben keine Rechenschaft über die wirkende Ursache des Unglücks giebt, wenn man sagt: die Dreizehn ist eine Unglückszahl, oder im Gezählten ist kein Glück.

Dieser Ausdrucks- und Denkweise sind auch einige unserer bekannten Geschichtsschreiber ergeben. Wir denken dabei besonders an LEOPOLD RANKE.

Weltgeschichte.

Wenn man einer Fabel eine Moral als Lehre anhängt oder als Überschrift giebt, oder wenn der Dichter sonst in Darstellungen von Einzelvorgängen eine allgemeine Sentenz einflicht, so wird die allgemeine Lehre wohl durch den besonderen Fall erläutert, bestätigt, eingeprägt, aber niemand denkt daran, die Sentenz oder die Idee etwa: »Einigkeit macht stark« als etwas Reales sich vorzustellen, das sich den besonderen Fall zu seiner Verwirklichung geschaffen habe. Der Dichter mag von mehreren einzelnen Fällen den allgemeinen Gedanken gewonnen haben, und dieser allgemeine Gedanke ist nun im Dichter die treibende Ursache, das Motiv, eine darauf passende Fabel zu erfinden, aber das Allgemeine ist nicht eine treibende Macht, abgesehen von dem Dichter.

So ist es auch Brauch, dafs die Geschichtsdarsteller das, was eine Periode charakterisiert, voranstellen. Man nennt dies wohl die leitenden, treibenden, die die Zeit beherrschenden Ideen. Etwa: Die Idee der Heiligkeit des gelobten Landes und der Verdienstlichkeit guter Werke ist es, was dem Zeitalter der Kreuzzüge ihr besonderes Gepräge aufdrückt. Die Idee der Allgemeingiltigkeit der heiligen Schrift, der Selbständigkeit und innern Freiheit im Kampfe gegen Menschensatzungen und geistiger Bevormundung ist das Merkmal der Reformationszeit. Die Idee der deutschen Einheit im Gegensatz zu Sonderbündelei und Partikularismus ist die Idee, welche die ersten 70 Jahre unseres Jahrhunderts erfüllt. Die Idee der sozialen Kräftigung der wirtschaftlich Schwachen dürfte vielleicht als diejenige bezeichnet werden, die die Gegenwart beherrscht.[1])

LAMBRECHT leitet eine gewisse Seite des Verfalls des karlingischen Reiches so ein: »jede grofse soziale Macht wird in naturalwirtschaftlicher Zeit das besonders starke Bestreben haben, sich allerseits selbst zu genügen, sich abzusondern Staat zu sein im Staate.« Als Grundgedanke für die karlingische Renaissance wird angegeben: es galt, die noch niedrige germanische Kultur der fränkischen Sieger mit der gallischen Tradition eines überfeinerten antiken Lebens durch Hilfe der Kirche auszugleichen.

Oder die Darstellung des Sieges der kirchlichen Ideen (der Kreuzzüge) über Papsttum und Kaisertum beginnt mit dem Satze: »die geschichtliche Entwicklung vollzieht sich unter der fortwährenden Einwirkung des menschlichen Triebes, alle Ereignisse und Vorgänge nach Gesichtspunkten höherer Einheit zu ordnen: so erwachsen aus den Dingen die Ideen, und sie beherrschen als Forderungen und Ziele des Handelns einen Teil der Zukunft. Sie sind Gegenstände im höheren Sinne des Glaubens, im geringeren der Sitte, der Mode;

---

[1]) FRANZMANN in der Einladungsschrift zur XXV. Hauptversammlung des Herbart-Vereins in Rheinland und Westfalen. 1897.

sie wechseln ihren Inhalt nach den thatsächlich gegebenen Voraussetzungen der einzelnen Zeitalter: in ihrem Kampfe ergiebt sich der klarste Ausdruck geschichtlicher Wandlung. In diesem Zusammenhang hat GOETHE recht mit dem Ausspruch, dafs das eigentliche tiefe und tiefste Thema der Weltgeschichte der Konflikt des Glaubens und des Unglaubens der werdenden und schwindenden Ideen sei.« Das Kapitel Städte und Bürgertum zur Staufenzeit beginnt LAMBRECHT: »Nur sehr langsam ist in unserem Volke, trotz frühzeitiger Berührung mit den höheren Kulturen des Südens ein wirtschaftliches Wertbewufstsein der Güter erwachsen.«[1]

TREITSCHKE leitet seine Darstellung der Burschenschaften mit den Worten ein: »Zu allen Zeiten hat die Jugend radikaler gedacht als das Alter, weil sie mehr in der Zukunft als in der Vergangenheit lebt und die Mächte des Beharrens in der historischen Welt noch wenig zu würdigen weifs.« Noch viel allgemeiner ist die Einleitung zur Gründung des Zollvereins: »Alles historische Werden entspringt der beständigen Wechselwirkung zwischen dem bewufsten Menschenwillen und den gegebenen Zuständen.«[2]

Wenn der Geschichtsschreiber solche Sentenzen veranstaltet, so überblickt er den ganzen darzustellenden Zeitraum in allen seinen Einzelheiten und ordnet, wie LAMBRECHT oben sagt, das Einzelne nach höheren Gesichtspunkten, er fafst das Gemeinsame, Charakteristische zu allgemeinen Begriffen zusammen und läfst so aus den Einzelheiten die Ideen entspringen. Werden nun dergleichen abschliefsende Resultate des Forschens dem Leser als Überschriften oder Einleitungen gleich von vornherein gegeben, so ist dies für ihn eine grofse Annehmlichkeit. Er weifs nun sofort, worauf er besonders zu achten hat.

In diesem Sinne hat natürlich noch niemand die Idee in der Geschichte geleugnet. So verstanden könnten auch die Geschichtsmaterialisten sagen: die ganze Geschichte, namentlich die Jetztzeit, wird beherrscht von der Idee, dafs der gemeinsamen Erzeugung der Güter auch die gemeinsame Aneignung derselben (der gemeinsame Genufs) entsprechen müsse.

Aber eine grofse Anzahl von Geschichtsschreibern aus der philosophischen Schule des absoluten Idealismus versteht die Ideen anders. LAMBRECHT weist dies besonders an L. RANKE nach.[3] Liest man in

---

[1] LAMBRECHT, Deutsche Geschichte, II, S. 50, 96, 355; III, S. 1 ff.
[2] TREITSCHKE, Deutsche Geschichte des 19. Jahrhunderts, II, S. 383, 607.
[3] LAMBRECHT: Alte und neue Richtungen in der Geschichtswissenschaft 1896 darin: RANKES Ideenlehre und die Jungrankianer. Vgl. auch WINKLER: L. v. RANKE, Lichtstrahlen aus seinen Werken.

RANKES Geschichtswerken, so freut man sich an den eingestreuten mehr oder weniger geistreichen allgemeinen Sentenzen, Zusammenfassungen, Vorblicken etc. Allein die allerwenigsten Leser werden dabei daran denken, dafs RANKE dadurch vielfach zur Darstellung bringen will, wie Ideen als allgemeine Tendenzen sich in der Geschichte durchsetzen und zwar so, dafs diese Ideen auch abgesehen von den handelnden Personen mit ihren Motiven und von den treibenden äufsern Umständen als göttliche Gedanken ihrer Verwirklichung zustreben. »Diese Anschauungen sind bei RANKE einmal aufs tiefste durch den dialektischen Entwicklungsprozefs der Identitätsphilosophie der ersten Jahrzehnte unseres Jahrhunderts beeinflufst und damit das Korrelat zu der Naturphilosophie jener Zeit und andererseits erinnern sie an die panpsychischen Naturlehrer des sechzehnten Jahrhunderts. Diese Ideen blühen auf, sie sind da zu ihrer Zeit, sie sind vorbereitet durch frühere menschliche Entwicklung, sie müssen der Hauptsache nach durch grofse Persönlichkeiten vermittelt werden, sie können gelegentlich in gröfserer Fülle wiederkehren, aber sie quellen stets aus dem Göttlichen und Ewigen, aus den unerforschten Tiefen des menschlichen Geistes (LAMBRECHT). Dabei erinnere man sich an den Monismus oder Pantheismus HEGELS und SCHELLINGS, wonach die unerforschten Tiefen des Menschengeistes, wie ja überhaupt der letzte Grund alles Seins und Werdens das Eine oder Gott ist.

Wird dieser Gedanke streng verfolgt, dann darf kein wirklicher Unterschied zwischen Gott und den Menschen oder überhaupt den Kreaturen gemacht werden: alles, was der Mensch thut, vor allen, was sich als Allgemeines oder doch mit gröfserer Kraft geltend macht, ist göttlich. Das Wirkliche ist das Göttliche und aufser dem Wirklichen giebt es nichts Göttliches. Die Reden von SCHELLING und HEGEL in dieser Beziehung sind bekannt. Es möge statt dessen eine Stelle des Dichters PRUTZ mitgeteilt werden[1]): »Die Welt selbst ist nur noch die andere Seite Gottes, die Geschichte aber, als die ewige Entwicklung dieses Weltinhalts stellt sich dar als das ewige sich selbst Entfalten, das ewige Werden Gottes in den Menschen und durch die Menschen. Wie die gebundene Seele der Natur aufblüht in der Fülle der Blumen, so blüht auch der befreite Geist der Geschichte auf in Thaten und Handlungen und den verschiedenen Epochen der Weltgeschichte, so sind die verschiedenen Nationen der Erde in ihrer wechselnden historischen Bedeutung nur gleichsam die wech-

---

[1]) Geisteslehre von PRUTZ. 1856.

selnden Jahreszeiten, die Bäume und Blumen in diesem ewig
frischen, ewig blühenden Reiche des Geistes, welches da ist das Ich
Gottes.«

Von diesen konsequenten und phantastischen Formen des Pantheismus hält sich natürlich RANKE fern, aber als Spur davon zeigt sich bei RANKE der Universalismus. Nach HEGEL hat die ganze Weltgeschichte nur Ein Subjekt, die Idee der Menschheit. Was sich in der Geschichte entfaltet, ist immer nur die Entfaltung dieses Einen Seine Entfaltungen oder Darstellungen gehören alle zusammen und sie alle zusammen geben erst das Eine. »Die Geschichte, sagt der italienische Hegelianer MARIANO, indem er die Geschichte personifiziert, strebt nach der Verwirklichung ihrer eigenen Idee. Darnach giebt es eigentlich nur Weltgeschichte, die Geschichte der einzelnen Völker oder einzelner Männer sind immer nur durchlaufene Stufen der allgemeinen Entwicklung der Einen Idee. Aus diesen, wenn auch nur dunkel vorschwebenden Gedanken leitet LAMBRECHT die Neigung RANKES zur universalistischen Auffassung der Geschichte im Sinne des Kosmopolitismus unserer klassischen Litteratur ab. Universalgeschichte bietet RANKE in der Geschichte der Päpste, in der Weltgeschichte, aber auch wo er die Geschichte einzelner Völker oder Helden darstellt, nimmt er immer in den einzelnen Momenten eines sich fortbildenden Lebens die verschiedenen Strömungen der Weltgeschichte wahr. »Das eigentümliche Leben der verschiedenen Nationen in ihrer Verflechtung untereinander und in ihrer Beziehung zu der idealen Gemeinschaft bedingt den Fortgang in der Geschichte der Menschheit.« Ja unter die Methode der Geschichte nimmt ausdrücklich er den universalen Zusammenhang auf — »das letzte Resultat, sagt RANKE, ist Mitgefühl, Mitwissenschaft des Alls«. Gewiß, wie LAMBRECHT bemerkt, etwas sehr Mystisches, zumal wenn man bedenkt, wie eng doch der Kreis ist, in dem sich die sogenannte Weltgeschichte bewegt, denn was RANKE im Auge hat und zur Darstellung bringt, ist doch nur der morgenländisch-abendländische Kulturkreis. Wie viele, viele Völker stehen aber ganz außerhalb dieses Kreises. Im Grunde giebt es, wie HARTENSTEIN sagt, nicht Geschichte, sondern nur Geschichten, die in ihrem Umfange je nach Gelegenheit und Umständen mehr oder weniger in einander eingreifen, aber niemals, selbst im Zeitalter der Telegraphen und des Dampfes giebt es eine einzige Geschichte des Menschengeschlechtes. Darum meint LAMBRECHT: Der RANKEsche Universalismus, in Voraussetzung der Ideenlehre findet jetzt zunächst keine Stätte mehr. Er ist ein Nachklang des idealistischen Monismus, ein abgelegtes Stück aprioristischer Einheitskonstruktion. Dafs dies der Fall ist, ersieht man recht deutlich aus der Beziehung, in welche derselbe zur Gottheit gesetzt wird.

Ranke ist zwar entschiedener Theist im Sinne der christlichen Religion und spricht sich sehr entschieden gegen die in Hegels System beschlossenen pantheistischen Tendenzen aus. Allein er gehört zu der grofsen Anzahl derer, welche die Grenze zwischen Theismus und Pantheismus nicht festhalten können und die, ohne es zu wissen, sich in pantheistischen Gedanken bewegen, die zum Theismus, zum Glauben an einen persönlichen Gott durchaus nicht passen. Lambrecht spricht als den Kern von Rankes frommen Fühlen aus: »Das geheimnisvolle Ich aller Existenz, welches der Welt entschwindet,[1] indem es sie erfüllt, verehrte er als über das Menschenleben unendlich erhaben, und dessen Verhältnis zum Menschen nicht in vernunftgemäfsen, sondern in mystischen Beziehungen vermittelt wird.« Die geschichtlichen Strömungen sind ihm die Geschicke Gottes in der Welt. In den grofsen geschichtlichen Zusammenhängen erblickt er göttliche Manifestationen, Offenbarungen eines hinter der vernunftmäfsig erkennbaren Welt stehenden Gottes.

Diese schwankend pantheisierenden Geister jener Zeit charakterisiert Lambrecht sehr richtig, indem er sagt: Es ist, wenigstens auf dem Gebiete germanischen Geisteslebens, das gewöhnliche Verfahren grofser Männer, die nicht unmittelbar philosophisch zu denken gezwungen sind, so z. B. Goethes. Ihnen allen thut man unrecht, fafst man aus einzelnen ihrer Äufserungen mit Ach und Weh ein philosophisch abgerundetes System zusammen: es kann sich nur um eine unbestimmt gehaltene Umschreibung des Kernhaften ihrer Ansichten handeln. So auch bei Ranke. So steht für Ranke einmal die Einheit aller geschichtlichen Entwicklung des Universalismus und sodann die Göttlichkeit dieses geschichtlich sich entfaltenden Universums a priori fest. Über die Art, wie nun die einzelnen Ideen aus Gott hervorgehen, spricht er sich nicht aus, hier beginnt für ihn das Geheimnis.

Für die Hegelsche Schule ist dies kein Geheimnis. Da treibt

---

[1] Mit diesen Worten bezeichnet Ranke nicht seine eigene Weltansicht, sondern die Friedrichs des Grofsen, aber Lambrecht meint, dafs damit zugleich Rankes eigene Ansicht ausgedrückt sei. Ist dies der Fall, so erinnert das Wort an das Fichtes: Gott ist, was der Fromme thut, oder an Schellings: Die Geschichte als Ganzes ist eine fortgehende, allmählich sich entfaltende Offenbarung des Absoluten. Gott ist nie, wenn Sein das ist, was in der objektiven Welt sich darstellt; wäre er, so wären wir nicht, aber er offenbart sich fortwährend. Der Mensch führt durch seine Geschichte einen fortwährenden Beweis von dem Dasein Gottes, einen Beweis, der aber nur durch die ganze Geschichte vollendet sein kann.

die Dialektik der Widersprüche jeden Begriff zur Entfaltung, zum Umschlagen in sein Gegenteil etc. Setzt man aber mit RANKE an Stelle des pantheistischen Weltgeistes einen persönlichen Gott, dann hat es natürlich keinen Sinn mehr, von einer Verwandlung Gottes nach einem blinden Naturprozefs zu reden. Da bleibt es Geheimnis, wie Gott seine Ideen fafst und durchführt, aber aus dem Pantheismus behält RANKE doch die Anschauung, oft nur die Redewendungen bei von den realen Gedanken oder Ideen Gottes, die eben in den Geschicken der Menschheit bestehen sollen.[1])

Was sind nun Ideen? Man fühlt sich nicht wenig enttäuscht, wenn man liest, was die Ideen ihrem Inhalte nach sind, die als göttliche Gedanken sich zu verwirklichen streben. Da ist die eine Zeit von der Centralisation, die andere von der Decentralisation beherrscht. Oder: Die Idee der persönlichen Ehre und Pflicht war in der romanogermanischen Welt, die Idee der Volkssouveränität ist das bewegende Ferment der modernen Welt. Oder: eine unvollkommene Ausbildung der Staatsidee soll die deutsche Geschichte vom sechsten bis sechzehnten Jahrhundert charakterisieren oder beherrschen oder positiv ausgedrückt: Es ist die Zeit der unfertigen patrimonialen Staatsidee. Auch in den Beispielen, welche GERVINUS (Historik 66, 69, 73) anführt, sind die Ideen nur allgemeine, grundsätzliche, in ihren Folgen weitreichende oder weit im Volksleben verzweigte, in mannigfachen Formen wiederkehrende Gedanken, oder an mannigfachem Gehalt wiederkehrende Formen des Gedankens — aber immer nur menschliche Gedanken. Da heifst es: »dem Kaiser zu beweisen, dafs er nicht ein Monarch, sondern nur der erste unser Gleichen war, war die Idee der Zeit ... die ganze Zeit vom Ausgang des Mittelalters bis zu uns füllt ein einziger Kampf der demokratischen Ideen etc. Die Ideen rühren von ROUSSEAU, MONTESQUIEU her, dringen aus Amerika herüber etc.«, so wie man in der Kunst Stilarten, in der Religion Richtungen unterscheidet.

Man sieht, was bei RANKE Ideen, treibende göttliche Gedanken genannt wird, ist nichts anders als eine mehr oder weniger zutreffende Charakterisierung längerer Zeiträume und besteht, wie jede Charakterisierung in der Hervorhebung des Gemeinsamen, des Allgemeinen, gewonnen aus den besonderen Ereignissen. Wo nun hierzu der lo-

---

[1]) Man mag hier nachlesen, was HERBART in der Einleitung § 2 wider den »Weltgeist sagt, der sich im Ganzen der Geschichte offenbare, von den notwendigen Stufen seiner Entwicklung und von seinem Rechte bei allem Unrecht der Menschen«. Noch ausführlicher spricht HERBART § 212 des Lehrb. der Psych. gegen die sogenannte Weltgeschichte.

gische Realismus hinzukommt, da wird das Allgemeine als das Reale, als das Prius angesehen und alsdann wird oft Ursache und Wirkung verwechselt, wie LAMPRECHT hervorhebt.

Die dabei in Betracht kommenden Begriffe Ursache, Wirkung und Zweck sind, soweit sie hier nötig, durchaus nicht verwickelt. Jeder versteht es, wenn man sagt: Der Mensch hat die Absicht oder den Zweck, sich vor Nässe und Kälte durch ein Haus zu schützen, darum werden Steine und Holz in Bewegung gesetzt, und das Haus wird gebaut. Verwickelt werden diese Gedanken nur durch die gelehrte und abstrakte Sprache, in der schon ARISTOTELES dergleichen einfache Dinge zu behandeln pflegt. Da heifst es: Die Bewohnung ist aber auch zugleich Ursache des Hauses, denn weil der Mensch das Haus bewohnen will, darum baut er. Die Bewohnung ist aber auch die Wirkung, denn man könnte nicht darin wohnen, wenn es nicht erst gebaut wäre. So ist der Zweck die Ursache, und die Ursache ist auch die Wirkung, das erste, die (beabsichtigte) Bewohnung ist auch das letzte, die (wirkliche) Bewohnung. Ein zukünftiger, also noch nicht wirklicher Zustand nämlich der Zweck der Bewohnung wirkt ein auf die wirklichen Dinge, nämlich auf die Bewegung von Stein und Holz. Die Verwirrung wird noch viel gröfser, wenn man die Beziehung auf das konkrete Beispiel aufgiebt und dann mit den ganz allgemeinen Begriffen von Ursache, Zweck und Wirkung hantiert. Wie gesagt, die Sache ist überaus einfach und für jeden verständlich, sobald er nur den vorgestellten Zweck, nämlich die Bewohnung als das Motiv des Handelns unterscheidet von den materialen Ursachen, nämlich den Steinen und Holz.

Wendet man dies auf die geschichtlichen Ereignisse an, also auf das Thun der Menschen, so haben die Menschen mancherlei Zwecke oder Ideen oder Motive des Handelns. Diese sind die Ursachen des geschichtlichen Geschehen. Und worin wurzeln diese Ideen oder die Motive?

Hierauf ist die nächste Antwort: in dem Wunsche Schaden abzuwehren und Annehmlichkeiten herbeizuschaffen, also in den ökonomischen Verhältnissen oder Bedürfnissen. Es ist aber bekanntlich die Frage, ob damit die Motive des Handelns erschöpft sind, ob sich z. B. auch die Motive der Schönheit und der Pflicht darauf zurückführen lassen oder nicht. Gesetzt, man läfst aufser den Motiven des Schadens und Nutzens, der Ehre und Schande, der Hoffnung und Furcht, noch höhere Motive oder Ideen zu, so fragt es sich weiter: ob diese höheren Motive, die Ideen der Schönheit und Pflicht nur rein natürliche, dem Menschengeist entspringende Gedanken sind, oder ob sie auf eine geheimnisvolle Weise aus einer höheren Welt in den Menschengeist hereinkommen.

Hinsichtlich der in der Geschichte wirkenden grofsen Ideen steht RANKE im allgemeinen auf dem letzteren Standpunkte, während LAMPRECHT, wie uns dünkt, dies mit Recht verwirft. Über die Begriffe Ursache, Zweck, Wirkung bemerkt er: »Denke ich mir die vorgestellte Wirkung irgend eines Geschehnisses als dessen Ursache, so wird diese Ursache zum Zweck. In diesem Zusammenhang liegt es aber allerdings beschlossen, dafs der Zweckbegriff im objektiven Sinne bei eingehenderer wissenschaftlichen Betrachtung nur auf menschlich individuale, klar gedachte Handlungen angewendet werden kann: denn nur diese vollziehen sich unter Verursachung durch klar vorgestellte Wirkungen. Daher ist es wichtig und begreiflich, wenn die Geschichtsforschung, soweit sie es mit solchen eminenten Zweckhandlungen zu thun hat, sich auch an den Zweckbegriff als Erklärungsgrund hält. ... Offenbar ist eine empirische Anwendung des Zweckprinzips nur unter Voraussetzung der gleichzeitigen Giltigkeit des Kausalgesetzes denkbar, denn auch bei den eminentesten und willkürlichsten Handlungen kann die Vorstellung des zu realisierenden Zweckes thatsächlich als dessen — wenn auch gewifs nicht immer einzige und vielleicht nicht immer letzte — Ursache gedacht werden. Darum müfsten sich im Grunde, bei voller Durchsichtigkeit des menschlichen Geschehens, alle, auch die eminent individuellen Handlungen schliefslich doch durch den kausalen Nexus erklären lassen: insofern ist das Kausalprinzip ein absolutes, von keinem metaphysischen System abhängiges Postulat unseres Denkens. Freilich bei der unendlichen Verkettung von Ursachen und Wirkungen in der geschichtlichen Welt ist die Lösung der damit gestellten Aufgabe wohl niemals zu gewärtigen. Ist doch die Lösung verwandter, nur um vieles einfacherer Probleme auch den Naturwissenschaften keineswegs gelungen. Eine entwickelnde (evolutionistische) Geschichtsschreibung ist offenbar nur da möglich, wo die Thatsachen in der Form wissenschaftlich miteinander verbunden werden können, dafs die Darstellung von den früheren zu den späteren in ausgedehnten, in sich von Glied zu Glied absolut notwendigen und abgeschlossenen Schlufsketten fortschreitet. Eine solche Darstellung ist aber nur bei kausaler Methode möglich. Die teleologische Betrachtung schliefst ja von der späteren Thatsache zunächst rückwärts auf das frühere singuläre Motiv; eine Kette solcher Rückschlüsse hat aber nichts in sich Notwendiges, da jedes Motiv dieser Kette, weil aus freiem Entschlusse hervorgehend, in sich das Moment der Willkür birgt. Eben auf der

Praxis blofser Verbindungen solcher singulär dastehender Motive beruht ja die ganze ältere Geschichtsauffassung; darum ist sie pragmatisch. Die evolutionistische Geschichtsschreibung dagegen ist eben durch möglichst weitgehende kausale Auffassung des Geschehenen charakterisiert. Hiervon giebt es nur eine — übrigens auch nur scheinbare — Ausnahme. Es läfst sich nämlich denken, dafs in einem gewissen Falle eine Reihe von eminent individuellen Handlungen dennoch in kausaler Folge abgeleitet wird — in dem Falle nämlich, dafs sie von derselben Person ausgeht. Dann läfst sich nämlich die ursprüngliche Anlage dieser Person als der Fokus auffassen, dem diese Handlungen mit absoluter Notwendigkeit kausal entspringen, das ist der Fall der Heldenbiographie.

In den angeführten Worten deutet LAMBRECHT auf die beiden Ursachenkreise der Geschichte hin, die RANKE den rationalen und den irrationalen nennt. Der irrationale besteht kurz gesprochen in der Individualität der sogenannten grofsen Männer und den Zufälligkeiten des Geschehens. Freilich giebt es nirgends weder in der Natur noch in der Geschichte einen Zufall im Sinne des absoluten Werdens als eines Geschehens ohne Ursache. Insofern mufs man dem Satze C. HERMANNS zustimmen: »Das Wesen des Pragmatismus ist dieses, den Zufall aus der Geschichte zu eliminieren und die ursachliche Notwendigkeit an dessen Stelle zu setzen.«[1]

Allein der Satz, dafs alles Geschehen durch gewisse Ursachen bestimmt sei, weist uns wohl an, nach den Ursachen zu suchen, giebt uns aber keine Anwartschaft, sie immer finden zu können, und noch viel weniger in dem unmittelbar Wirklichen einen einheitlichen vernünftigen Plan zu entdecken. Wir nennen es Zufall, dafs z. B. der Todestag KANTS den 12. Februar 1804 mit einer Sonnenfinsternis oder dafs das Geburtsjahr NAPOLEONS, WELLINGTONS, CUVIERS und A. v. HUMBOLDTS mit dem Jahre des Durchgangs der Venus durch die Sonne zusammentrifft (1769), oder dafs in der Nacht, da NAPOLEON stirbt, ein überaus heftiger Sturm die Insel Helena durchtobt. Wenn wir derartiges Zusammentreffen ein zufälliges nennen, wollen wir nicht leugnen, dafs jedes Ereignis seine näheren und entfernteren Ursachen habe, sondern nur dafs die Kette der Ursachen des Zusammentreffens so weit zurückgeht, und ihrer so viele sind, dafs wir sie nie werden übersehen können und dafs die Ketten, deren Schlufsglieder wir sehen, nach ihren Anfangspunkten für uns aufser allem Zusammenhang stehen.[2]

---

[1] C. HERMANN, Geschichte der Philosophie in pragmatischer Behandlung, 1867.
[2] Siehe DROBISCH, Moralische Statistik, S. 4.

In diesem Sinne giebt es nun in der Geschichte aufserordentlich viele zufällige Ereignisse und zufälliges Zusammentreffen. So bemerkt z. B. RANKE: Hätte der Ostgote Theoderich würdige Nachfolger gefunden, so würde das allgemeine Leben der Germanen an den Ostgoten einen Stützpunkt und die weiteste Ausdehnung gefunden haben in Italien, Spanien, Gallien, Germanien, den Balkanländern und Afrika. Das alles würde in germanischen Händen geblieben sein. Aber nicht allein die allgemeinen Tendenzen entscheiden in dem Fortgange der Geschichte, es bedarf immer grofser Persönlichkeiten, um sie zur Geltung zu bringen.[1] »Grofse Männer schaffen sich ihre Zeiten nicht aber sie werden auch nicht von ihnen geschaffen. Es sind originale Geister, die in den Kampf der Ideen und Weltkräfte selbständig eingreifen, die mächtigsten derselben, auf denen die Zukunft beruht, zusammenfassen, sie fördern und durch sie gefördert werden.«

Das Auftreten grofser Männer, aber nicht weniger die eigentümliche Individualität eines jeden Menschen gehört gleichfalls zu den Zufälligkeiten, deren Ursachen zu erkennen oder gar hervorzubringen uns gänzlich versagt ist. Insofern mag man dies Gebiet ein irrationales nennen. In diesem sieht RANKE das eigentliche Agens, die eigentlich treibenden Kräfte der Geschichte. Nun liegt es nahe, in diesen irrationalen Kräften etwas Geheimnisvolles, Übernatürliches ja Göttliches zu erblicken. etwa die Mittel, wodurch Gott seine Ideen in der Geschichte verwirklicht.

Ob dies so ist, wird man mit objektiv giltigen Gründen weder beweisen noch bestreiten können. Es wird immer Deutung des Glaubens bleiben. Festzuhalten aber hat man, dafs die sogenannten irrationalen Ereignisse, also auch die Thaten, welche rein der Individualität entspringen, auch ihre zureichenden natürlichen Ursachen haben, die wir freilich nicht immer durchschauen. Doch ist bekannt, welch wichtiger Faktor in der Geschichte solche Zufälligkeiten sind. Ist es doch eine Art Scherzrede geworden: wenn Kleopatra eine etwas kleinere oder längere Nase gehabt hätte, würde sich weder Cäsar noch Antonius in sie verliebt haben: oder wenn der Nebel, von welchem begünstigt Napoleon Ägypten verliefs, weniger dicht geblieben wäre, mufste er von der englischen Flotte gefangen werden — es wäre also in beiden Fällen die Weltgeschichte eine andere geworden.

So folgewichtig sind auch zuweilen scheinbar kleine Charakterzüge. Wenn HÄUSSER Napoleons Schmähungen gegen die Königin

---

[1] Weltgeschichte IV, 236.

Luise erklären will, so fügt er hinzu: »die Natur des Korsen und des revolutionären Soldaten war hier mächtiger in ihm, als selbst seine politische Berechnung; sonst hätte er jetzt und später die nicht mit Kot bewerfen dürfen, in deren gesalbten Kreis als ebenbürtig einzutreten doch sein eifrigstes Bemühen war.«[1])

Neben diese Zufälligkeiten in dem irrationalen Gebiete, pflegt nun der Geschichtsschreiber rationelle zu stellen. Gemeint sind damit die Ereignisse, die sich als Folgen der Überlegung begreifen lassen, für die man die bekannten Motive des Nutzens, der Ehre, der Pflicht u. s. w. als erklärende Ursachen in Anwendung bringt.

Man glaubt z. B. aus der geographischen Lage hinlänglich erklären zu können, warum die Griechen, die Engländer, die Holländer zu seefahrenden, handeltreibenden Völkern geworden sind. Oder es gilt die Wanderung eines Volkes in ihrer Ursache erkannt, wenn das betreffende Volk von einem andern gedrängt, wenn es von Hungersnot heimgesucht oder wenn die Vermehrung zu stark war. Überhaupt wo wirtschaftliche Verhältnisse die Entschlüsse und Handlungen bestimmen, da ist rationales Gebiet, da ist für die Untersuchung einmal dieser objektiv gegebenen Verhältnisse, Zustände und Bewegungen sowie ihrer subjektiven Wirkungen auf die Gemüter ein weites Feld geöffnet.

Nun ist bekannt, daſs das Ableiten der menschlichen Entschlüsse aus der wirtschaftlichen Lage, heute vielfach als Materialismus in der Geschichte bezeichnet wird. Darüber äuſsert sich LAMPRECHT folgendermaſsen: Wer Wirtschaftsgeschichte treibt und wirtschaftliche Einflüsse im geschichtlichen Geschehen anerkennt, sie gar wohl in dieses einführt, gilt heute einer groſsen Gruppe von Historikern als Materialist. Warum? Ich sehe keinen anderen Grund, als den: weil man sich gewöhnt hat, die wirtschaftlichen Geschehnisse als »materielle« denen der Kunst und Litteratur überhaupt der Anschauung und des abstrakten Denkens entgegen zu setzen, weil man von materieller und ideeller Kultur spricht. Merkwürdige Kurzsicht! Jedes wirtschaftliche Thun ist psychologisch genau so bedingt wie irgend ein anderes »geistiges« Thun; jede Summe wirtschaftlicher Errungenschaften ist genau so Niederschlag seelischer Vorgänge wie irgend ein Gedicht, ein Rechtsbuch, eine staatliche Institution. Materialistisch aber ist doch wohl nur der, der gewisse psychologisch-metaphysische Voraussetzungen macht? Der philosophische Materialismus liegt weit abseits der hier berührten Grundsätze.

---

[1]) HÄUSSER, Deutsche Geschichte 1859, III, 26.

Aber es giebt einen praktischen Materialismus — und eben der, werden manche Historiker meinen, bricht unter der Wirkung der Leute von der stark positivistischen Weltanschauung, die zugleich die Evolutionisten sind, herein! Es ist eine Anklage des Gefühls, nicht des Verstandes, die sich hier hören läfst: sie ist darum mit Gründen nicht zu widerlegen. Nur im Sinne eines argumentum ad hominem sei daher auf folgendes aufmerksam gemacht. Es ist eine in der Geschichte tausendfach wiederholte und an sich in jedem Betracht natürliche Erfahrung, dafs intensivere Betrachtungsweisen, die neu auftreten und innerhalb denen sich bekanntlich jeder geistige Fortschritt überhaupt vollzieht, zuerst für ihre Anwendung die leichtesten Objekte aufsuchen. Sie scheinen also bei ihrem ersten Auftreten, auf den ersten Blick gesehen, die vorhandenen Probleme zu verflachen, ja in den Staub zu ziehen. Man gestatte ein Beispiel aus der neuesten Kunstgeschichte. Die Malerei im freien Licht, die ästhetische Auffassung der Aufsenwelt als einer lichtumflossenen, ist zweifelsohne ein wesentlicher Fortschritt in der ästhetischen Beherrschung der Welt. Aber woran wurde die neue Methode zuerst erprobt? Etwa an den inhaltlich höchsten Problemen der Malerei? Man gedenke der Kohlrüben und Salatblättermalerei, der Darstellung farbloser Innenräume mit holländischen Fenstern! Jetzt freilich sind wir längst der Anfänge einer methodisch impressionistischen, inhaltlich idealistischen Kunst versichert. Aber wie ist inzwischen über den materialistischen Verfall der Kunst gezetert worden! Bedarf es der Anwendung dieser Erfahrungen auf die Lage der Geschichtswissenschaft? Die kausale Methode kann nirgends leichter gehandhabt werden, als auf dem Gebiete der sozialen und wirtschaftlichen Erscheinungen. Man lasse ihr diesen Spielraum! Die Zeit wird kommen, wo ihre Vertreter weiter greifen, wo sie ihre Grenzen kennen lernen, wo sie ihrer selbst völlig sicher sein werden und wo sie im Vollgefühl der ihnen verliehenen Schlüsselgewalt auch gewisse Rätsel des, wenn man so will, höheren geistigen Lebens in ihrer Weise zu lösen bestrebt sein werden. Es ist auch eine wiederholte geschichtliche Thatsache, dafs ältere Geistesrichtungen im Besitze der Gewalt über das zeitgenössische Denken, weit intoleranter sind, als junge empordringende Strömungen.«

Als ein Beispiel für das Gesagte könnte man wohl passend Herbarts mathematische Psychologie anführen. Sie trat auch als etwas vollkommen Neues allen bisherigen Psychologien entgegen, erweckte die wunderlichsten Befürchtungen, als wolle sie jedes Menschen Sinnen und Geheimnis ausrechnen, statt dessen hatte sie es zunächst nur darauf abgesehen, die allereinfachsten Verhältnisse in Rechnung zu ziehen, nämlich das Verhalten von zwei oder drei Vorstellungen; sie mufste sich auch gefallen lassen, anfangs Materialismus gescholten zu werden.

Wäre indessen die Psychologie auch viel ausgebildeter als jetzt, wäre sie, wie LAMBRECHT sagt, eine nach allen Seiten hin sicher gestellte Mechanik der Geisteswissenschaften, so dürfte man doch nicht zuviel davon für die Geschichte erwarten.

BUCKLE machte der Geschichtsschreibung den Vorwurf, sie stehe weit hinter den Naturwissenschaften zurück, weil sie bei ihren gegenwärtigen Methoden zu keinen Gesetzen gelange. Was heute Geschichte sei, müsse erst einmal durch die induktive Methode zur Wissenschaft erhoben werden.

DROYSEN hat darauf mit Recht geantwortet, »dafs die Geschichte in einem andern Falle sei, als die Naturwissenschaft. Hier lassen sich die Gleichförmigkeiten des Geschehens als Erfahrungsgesetze aussprechen, weil immer unter denselben Bedingungen derselbe Erfolg eintritt.« Das gilt nun freilich für alles Geschehen, auch für alles Handeln der Menschen, also für alles geschichtliche Geschehen, dafs unter denselben Bedingungen immer derselbe Erfolg eintreten mufs. Aber sind die Bedingungen einigermafsen zusammengesetzt, so kehrt der gleiche Bedingungskomplex nie ganz genau in derselben Weise wieder. Von den Millionen Gewittern, Regengüssen, Schneegestöbern, die über unsre Erde ergangen sind, sind sicherlich nicht zwei einander in allen Stücken vollständig gleich verlaufen, wohl aber viele ähnlich. Es gilt hier das Gesetz der grofsen Zahl oder des Durchschnitts. Mindestens ebenso zusammengesetzt sind die Bedingungen, welche das Handeln der Menschen bestimmen. Es geht alles gesetzlich zu, der Erfolg ist streng an die Bedingungen geknüpft, aber der letztern sind so viele, dafs man sie nie durchschauen kann, dafs sie sich wohl auch nie ganz genau wiederholen.

Hier hilft sich wie die Meteorologie, so auch die Moralstatistik mit dem Durchschnitt. Wo sich die Bedingungen im ganzen gleich bleiben, wird auch im ganzen immer derselbe Erfolg eintreten und läfst sich demgemäfs auch im voraus angeben. Insofern bestehen auch hier Gesetze, induktiv gewonnen aus einer gröfsern Anzahl von Beobachtungen. Dasselbe läfst sich von der Geschichte sagen. Es lassen sich zwar aus Induktion ähnlicher Fälle wohl mancherlei Analogieen aufstellen, Erwartungen, Vorhersagungen an gewisse Ereignisse anknüpfen, aber dieselbe Erscheinung in ganz gleicher Weise kehrt nie wieder. Keine Gründung der Staaten, kein Vorfall, kein Krieg, kein Friedensschluſs gleicht vollkommen dem andern. Darum wollte GUIZOT auf geschichtliche Parallelen gar nichts geben.

LAMBRECHT macht in dieser Hinsicht einen Unterschied zwischen dem politischen und dem kulturgeschichtlichen Gebiete, und meint, da die politische Geschichte zum groſsen Teil von einzelnen Personen abhängt, so wird wegen der Unbestimmbarkeit der individuellen Entschlüsse eine Voraussicht des Handelns oder eine vollständig erschöpfende Erklärung des Geschehenen kaum möglich sein. Der Kulturgeschichte steht ein viel gröſseres Beobachtungsmaterial zu Gebote, hier bleiben sich auch die Bedingungen im groſsen und ganzen gleich; darum wird sich hier viel eher von Gesetzen im Sinne des Durchschnitts reden lassen.

Er spricht sich darüber so aus: Wenn es gelänge, eine geläuterte Psychologie in ähnlicher Weise zur Grundlage historischen Forschens zu entwickeln, wie die Mechanik Grundlage naturwissenschaftlicher Untersuchungen ist, so würde selbst dann nicht eine Geschichtsschreibung, welche auf die Darstellung nur einmal geschehener wirklicher Vorgänge ausgeht, vor allem also die politische Geschichtsschreibung, zum Range einer sogenannten vollen Wissenschaft zu erheben sein. Denn eine Psychologie als Mechanik der Geisteswissenschaften gedacht, kann den Typus geistiger Vorgänge nur aus einer Mehrheit deutlich vorliegender Fälle entwickeln. Die politischen Vorgänge aber bieten weder diese Mehrheit noch liegen sie so deutlich beglaubigt vor, daſs sie die innersten Motive und Strebungen der Handlungen jemals anders als vermutungsweise zu rekonstruieren gestatten. So wird die politische Geschichtsschreibung, wenigstens bei eingehender Darstellung, niemals eines romanhaften Zuges entbehren, sie wird immer eine, wenn auch noch so spät geborene Enkelin der Sage sein. Für das kulturgeschichtliche Gebiet dagegen läſst sich eine Zukunft vorstellen, die auf dem Wege psychologisch-induktiver Durcharbeitung eines massenhaften, in sich wesentlich gleichartigen Materials zur vollkommneren wissenschaftlichen Wahrheit führt.

Aber selbst diese geläuterte Psychologie vorausgesetzt, was dann weiter? Ich meine, selbst dieser günstige Fall werde derjenigen Geschichtsschreibung, welche auf die Darstellung nur einmal geschehener wirklicher Vorgänge ausgeht, d. h. der Personengeschichte, nicht wesentlich zugute kommen, denn die vollste Anwendung psychologischer Grundsätze werde hier dennoch immer an der Singularität des Geschehenen und an der ungenügenden Überlieferung der Intimität der Vorgänge scheitern. Die politische Geschichte aber ist in ihrem Kerne Personengeschichte. Günstiger dagegen werde eine solche Wendung wirken auf die Geschichte der Zustände, denn hier werde die Anwendung psychologischer Grundsätze — die hier die viel einfacheren sozial- und völkerpsychologischen sein würden — bei mehrfacher Überlieferung gleichartiger Thatsachen leicht die Feststellung der Typik gewisser Thatsachenzusammenhänge ermöglichen.«

Aus alledem, was LAMBRECHT wider RANKE sagt und was er an die Stelle des Fehlerhaften setzen will, ersieht man, dafs RANKE aufser dem Universalismus und der Realität der Ideen noch mancherlei aus dem absoluten Idealismus beibehalten hat, es aber nicht durchführt, so das Verhältnis von geschichtlicher Notwendigkeit und persönlicher Freiheit. Nach dem HEGELschen System giebt es keine Freiheit, weder Zurechnung noch Schuld. Der Einzelne ist immer nur bewufst oder unbewufst Träger und Vollstrecker der Ideen des Weltgeistes. Diese Notwendigkeit möchte nun RANKE nicht geradezu leugnen, aber auch die Freiheit des Individuums nicht entbehren. »In der Geschichte, sagt er, bekämpfen und durchdringen sich Freiheit und Notwendigkeit. Die Freiheit erscheint mehr in den Persönlichkeiten, die Notwendigkeit in dem Leben des Gemeinwesens. Aber ist wohl die erste eine vollkommene, und die andere, wäre sie eine unbedingte?[1]) Darnach, bemerkt LAMBRECHT dazu, ist der allgemeine Standpunkt RANKES klar: »er erkennt Antinomie von Freiheit und Notwendigkeit als praktisch bestehend an; er glaubt an eine beschränkte Willensfreiheit.«

Es wird nun darauf ankommen, was man unter Antinomie oder beschränkter Freiheit zu verstehen hat. Nach KANT besteht eine Antinomie, aber nicht eine beschränkte Freiheit. Er lehrt einmal eine unbeschränkte Freiheit im Sinne des ursachlosen Geschehens, aber nur für einen unzeitlichen transcendentalen intelligiblen Zustand des Menschen. Er lehrt aber auch eine unbeschränkte Unfreiheit des Willens für den wirklichen empirischen Menschen in der Geschichte. Im empirischen Charakter sind nach KANT die einzelnen Handlungen so sicher an Ursachen gebunden, dafs sie mit solcher Notwendigkeit erfolgen, wie Sonnen- und Mondfinsternisse.

Um hier den richtigen Standpunkt zu gewinnen, ist es nötig, psychologisch auf die Natur des Ich einzugehen. Im Ich geschieht ja alles nach notwendigen Gesetzen, aber wir nennen eine Handlung frei, wenn ihre Ursachen allein im Ich liegen, wenn also die Hand-

---

[1]) Ähnlich HERBART Encykl. § 15. Die Geschichte hat das Eigene, dafs sie die Handlungen der Menschen, welche einzeln genommen für frei gelten, als Tropfen in einem Strome darstellt, der ihnen seine Bewegung erteilt und sie mit sich fortzieht.

lung mein eigenes Werk ist, gleichviel wie das Ich entstanden ist. Hier ist völlige Freiheit, sofern alle Ursachen der Handlung im Ich liegen, es ist beschränkte Freiheit, je nachdem mehr oder weniger Ursachen der Handlung dem Ich angehören. Es kann natürlich diese Lehre von der Freiheit des Willens hier nicht ausgeführt werden.[1] aber soviel ist festzuhalten, einmal, dafs alles nach Gesetz und Notwendigkeit geschieht, und zum andern, dafs objektive Notwendigkeit nicht ohne weiteres soviel ist als ein Gefühl des Zwangs. Das Ich ist frei und fühlt sich frei, sofern es seinen Willen und seine Handlungen allein bestimmt.

Darnach richtet sich auch die Zurechnung der That. Diese wird dem Ich oder der Person zugerechnet, soweit sie dessen Werk ist. Hat jemand mit Bewufstsein gewollt, was er thut, und ist dieses Wollen sein, der Person Wollen, so wird ihm die That mit Fug und Recht zugerechnet ohne alle Frage nach den weiter zurückliegenden Ursachen, unter denen das Ich entstanden ist.

Mit dem Willen und der Zurechnung ist zugleich das Urteil über Wert und Unwert, also Lob und Tadel über den Willen gegeben. Nicht ohne weiteres bedeutet jedoch Wert und Unwert soviel wie Lohn und Strafe. Straffällig ist der schlechte Wille erst dann, wenn er absichtlich und thätlich in die Zustände anderer schädigend eingegriffen hat.

Von einer sittlichen Beurteilung der einzelnen Person wollte bekanntlich HEGEL nichts wissen, nach ihm steht die Geschichte aufserhalb des Gegensatzes zwischen Tugend und Laster, Schuld und Unschuld, Gut und Böse etc. Damit ist im Grunde weiter nichts gesagt, als dafs die gewöhnlichen Mafsstäbe der Moral auf grofse Männer und Ereignisse der Geschichte nicht passen. Das ist zwar eine sehr weit verbreitete Meinung derer, die sich blenden lassen vom Glanze der Gröfse; aber die Gröfse des Gebiets, auf dem jemand segnen und fluchen kann, ändert wohl den Umfang des Kreises, über den geurteilt wird, nicht aber den Inhalt des Urteils. Aufserdem kann man es den Geschichten und den Ereignissen nicht ansehen, ob sie eine Evolution des Weltgeistes, und die handelnden Personen seine Organe und jeder geschichtliche Ausgang ein Welt- und Gottesgericht sei.

Nun ist es ja freilich schwer, über geschichtliche Personen sittlich zu urteilen, schon darum weil wir sehr oft ihre treibenden Motive nicht genug kennen, kennen wir doch meist nicht einmal unsern

---

[1] Die Litteratur und Geschichte darüber s. bei VOLKMANN v. VOLKMAR: Lehrbuch der Psychologie II § 151.

nächsten Nachbar oder Freund genau genug. Aber falsch ist es, grundsätzlich ganz von dem sittlichen Urteil über geschichtliche Personen abzusehen. In dieser Beziehung sagt Hartenstein: Was die Männer und Ereignisse wenigstens der christlichen Zeit angeht, so wufsten diese Helden alle, dafs ungemessener Ehrgeiz, Eigennutz, Wortbrüchigkeit, Nichtachtung fremder Rechte, Schwelgerei und Verschwendung, Versagung der Bedingungen einer fortschreitenden Kultur, Ausbeutung fremder Interessen, Lug und Trug, Gewaltthätigkeit und Grausamkeit keine sehr löblichen Eigenschaften sind. Bezeichnet man diese Dinge als das, was sie sind und gelten, so mifst man nicht mit fremdem Mafsstabe, wenn man sie darnach beurteilt, und mir für meine Person sagt es vielmehr zu, wenn z. B. Schlosser sich hier und da tüchtig verhaut, als wenn Ranke gar nicht zuhaut und fünfe immerfort gerade sein läfst.[1]

Dieses Zurückhalten des sittlichen Urteils bei Ranke ist ohne Zweifel wieder ein Rest der idealistischen Geschichtsbetrachtung. Nach Hegel ist das, was sich geschichtlich durchsetzt, immer zugleich auch vernünftig, gut und göttlich. Auch Ranke sieht darin etwas Göttliches, aber er versteht das Göttliche doch in einem anderen Sinne, als Hegel, mehr im christlichen, im sittlich-idealen Sinne, und so scheint er sittlich zu urteilen, wo er etwas göttlich nennt. »Das Göttliche ist immer das Ideale, das den Menschen voranleuchtet; dem menschlichen Thun und Lassen wohnt zwar noch eine ganz andere, auf die Bedingungen des realen Daseins gerichtete Tendenz inne, aber es strebt doch unaufhörlich nach dem Göttlichen hin.«

Endlich kann man wohl auch das, was Ranke als Ziel und Ergebnis der Geschichte ansieht, als ein Überbleibsel des absoluten Idealismus betrachten. Wie nach Fichte das Individuum nie sein Ziel erreichen, ja nicht einmal ihm näher kommen kann, weil das Ziel in unendlicher Ferne liegt, so nach Schelling und Hegel der Weltgeist. Er entfaltet sich zwar unaufhörlich und die Geschichte ist die allmähliche sich enthüllende Offenbarung des Absoluten, aber sie darf nie vollendet oder abgeschlossen sein. Mit der Erschöpfung der Erscheinungen wäre das Wesen der Idee selbst erschöpft, ihr Wesen besteht eben in der Notwendigkeit, sich zu manifestieren; aufhören zu erscheinen, heifst aufhören zu sein oder zu werden; das Ende der dialektischen Bewegung wäre das Ende überhaupt. Der

---

[1] Hartenstein in einem längeren interessanten Briefe, abgedruckt in den Erläuterungen des XIV. Jahrbuchs des Vereins für wissenschaftliche Pädagogik 1882. S. 5 ff.

Flufs fliefst fort und kehrt in sich zurück, und ist nur eben dadurch Flufs, dafs tausend Wellen in jedem Augenblick sich heben und senken.

Und auch wenn man hier einen Unterschied zwischen gut und böse in der Weltgeschichte machen wollte, so dürfte doch das Gute nicht erreicht werden, ja man dürfte sich ihm nicht einmal mehr und mehr annähern, denn Gutes und Böses sind Korrelates. Eins mufs in das andere umschlagen, und jedes ist nur dadurch, dafs es sein Gegenteil an sich hat etc.

Fragt man bei RANKE nach dem Ziel der Geschichte, so wird er als Christ das im sittlichen Sinne verstehen und also fragen, ob die Menschheit oder die einzelnen Völker Fortschritte in der Sittlichkeit gemacht haben.

Seine Antwort darauf lautet fast im Sinne des absoluten Idealismus: jedes Zeitalter scheint dem Ziele gleich nahe und gleich ferne. LAMBRECHT teilt darüber von RANKE folgende Stellen mit: In den mehr materiellen Beziehungen, in der Ausbildung und Anwendung der exakten Wissenschaften und ebenso in der Herbeiführung der verschiedenen Nationen und Individuen zur Idee der Menschheit und der Kultur ist der Fortschritt — ein unbedingter .... ich möchte aber nicht behaupten, dafs sich der Fortschritt in einer geraden Linie bewegt, sondern wie ein Strom, der sich auf eigene Weise einen eigenen Weg bahnt ... Vom Standpunkte der göttlichen Idee kann ich mir die Sache nicht anders denken, als dafs die Menschheit eine unendliche Mannigfaltigkeit von Entwicklungen in sich birgt, welche nach und nach zum Vorschein kommen und zwar nach Gesetzen, die uns unbekannt sind, geheimnisvoller und gröfser als man denkt.... Ich glaube, dafs in jeder Generation die wirklich moralische Gröfse der in jeder anderen gleich ist, und dafs es in der moralischen Gröfse gar keine höhere Potenz giebt ... dafs oft frühere Epochen viel moralischer waren, als spätere ... nur das kann man zugeben, dafs die früheren Begriffe der Moral unvollkommen waren, aber seitdem das Christentum und mit ihm die wahre Moralität und Religion erschienen ist, konnte hierin kein Fortschritt mehr stattfinden.«

Über dergleichen Aussprüche, in denen nicht einmal Moral, als Erkenntnis und Moralität, als Gesinnung, unterschieden werden, urteilt LAMBRECHT: »Bei solchen Schwankungen lohnt es nicht, noch weiter zu verweilen. Die Wurzeln der ganzen Anschauung RANKES liegen zu Tage und mit ihnen steht und fällt sie. Sie sind gegeben vor allem in der Ideenlehre, sowie wiederum in der Quelle für diese im mystischen Idealismus. Wir wissen, dafs diese Grundlagen nicht haltbar sind — wie sollten es aus ihnen abgeleitete Sätze sein!«

Übrigens ist die Ansicht, welche RANKE über sittlichen Fortschritt und Stillstand ausspricht, eine überaus weitverbreitete, so glaubt BUCKLE gezeigt zu haben, dafs es wohl einen Fortschritt in der Technik oder in der Schärfe des Verstandes bei Erforschung des Wahren, dafs es jedoch mit der inneren Beschaffenheit der Persönlichkeit sich nicht ebenso verhalte, d. h. mit der Ethik. Es findet sich, sagt er, ohne Zweifel nichts in der Welt, was so wenig Veränderungen erlitten hat, als jene grofsen Grundsätze, welche die Moralsysteme ausmachen.[1])

LAMBRECHT rühmt den RANKEschen Anschauungen eine »grofsartige Geschlossenheit« nach. Allein gerade in der Art, wie er die RANKEschen Anschauungen darlegt, zeigt sich, aus wie viel verschiedenen Bruchstücken sich im Kopfe RANKES eine Art scheinbar zusammenhängender Weltanschauung gebildet hat. In der That hängen die Reste der pantheistischen Ideenlehre nicht zusammen mit seiner christlichen Anschauung, vielmehr schliefsen sie sich bei konsequentem Denken geradezu aus.

RANKE sollte hier nur als ein Beispiel dienen, wie die falschen, idealistischen Gedanken wenn schon in bedeutender Abschwächung auch bei einem unserer Meister der Geschichte nachwirken und die Darstellung bestimmen.

Als ein würdiges Seitenstück zu L. RANKE liefse sich der Kirchenhistoriker K. HASE darstellen. Ihm ist auch wie RANKE genaue Kenntnis aller einzelnen Thatsachen, wie sie durch rein induktive Methode gewonnen wird, und eine liebevolle Vertiefung in das Einzelne eigen. Aber auch ihm genügt die Geschichte als das, was sie ist, nämlich als reine empirische Wissenschaft nicht, die sich unabhängig halten mufs von den Voraussetzungen irgendwelcher Weltanschauung. Auch HASE hüllt die induktiv festgestellten geschichtlichen Thatsachen in das weite Gewand idealistischer Philosophie. Nur auf einiges sei hingewiesen. Auch für HASE ist die Geschichte nur Eine, darum Weltgeschichte im kosmopolitischen Sinne. »Die Weltgeschichte in ihrer irdischen Beschränkung ist ein von der göttlichen Weltregierung und von der menschlichen Freiheit gebildetes organisches Ganze, in welchem sich das unendliche Leben der Menschheit darstellt. Die Betrachtung jedes einzelnen Lebens führt immer auf die Weltgeschichte zurück und diese allein, ungezählte Jahrtausende vor uns noch mitgerechnet, wird ein festabgeschlossenes Ganze, ein Organismus alles menschlichen Lebens sein.... Jedes Ich ist nur bestimmte Erscheinung des allgemeinen Menschengeistes. Es ist Ein Geist, der in der

---

[1]) Vergl. O. FLÜGEL, Das Ich und die sittlichen Ideen. S. 235 ff.

ganzen Menschheit lebt.¹) 92. Nur darum kann man andere Menschengeister verstehen. Wenn man ein Buch, wie SPINOZAS Ethik liest, in dem der Menschengeist sich grofs und eigentümlich über sich selbst ausgesprochen hat, so versteht man diese Gedanken nur, weil sie Gedanken des Einen Menschengeistes sind, an dem auch ich teil habe, es sind Gedanken der Menschheit, sie liegen in jedem einzelnen, die grofsen Geister haben sie nur zuerst ausgesprochen. 6. Es ist Gott selbst, der in der Natur lebt und webt als der denkende und wollende Geist. Der Wille des Schöpfers ist die Natur eines jeden Geschöpfes. 105.

Weil für HASE ferner das Mächtige zugleich das Gute und also auch das Göttliche und Vernünftige zu sein scheint, so steht a priori fest, »dafs das Gute siegt«. So hatte Rom den Glauben und in ihm die Weissagung, dafs es zur Weltherrschaft bestimmt sei und weil es den Glauben hatte, dieses Vorgefühl seiner Kraft und Bestimmung, hat es die Welt erobert, wenigstens ein schönes Stück derselben (freilich von der ganzen Erde nur ein sehr kleines Stück und nur für recht kurze Zeit). 73. Die Idee des Gottmenschen, der Blüte unseres Geschlechtes mufs irgend einmal sein oder gewesen sein, wäre ein Gottmensch noch nicht gewesen, wir würden weissagen, er wird irgend einmal sein, denn er mufs sein. 100. Die Gottesidee der vollkommenen Menschheit mufs der Wahrheit entsprechen. Dafür ist Gott selbst Bürge mit seiner Wahrhaftigkeit.²)

Schon äufserlich erkennt man die Herkunft derartiger unzureichender Spekulationen an der unbestimmten Phraseologie, z. B. auch dem uneigentlichen, häufigen Gebrauch der Wörter »unendlich und organisch«. Organisch nennt HASE z. B. auch seine eigenen aus tausend Notizen zusammengebrachten akademischen Vorlesungen (220). Organisch nannte neulich auch eine Buchbinderinnung den Einband eines Buches, wenn er für das Buch selbst berechnet ist. Die ganze philosophische Naivität HASES zeigt sich in der Schwärmerei für SPINOZA, der den Hymnus hoher Liebe gesungen habe und in dem der Weltgeist sich grofs über sich selbst ausspricht. Dieser Preis SPINOZAS ist auch darum für die absoluten Idealisten charakteristisch, weil ja die ganze neuere Spekulation auf SPINOZA zurückgeht und von daher ihre Redeweise hernimmt: von dem Einen, das Alles ist; von der Macht, sich durchzusetzen und zu erhalten, die zugleich das Gute und Rechte ist; überhaupt von den logischen Verhältnissen, die zugleich reale und kausale sein sollen.

¹) HASE, Geschichte Jesu 1876.
²) HASE, Gnosis I, S. 345.

Mit solcher philosophischen Verschwommenheit hilft sich übrigens HASE über manche geschichtliche Schwierigkeit hinweg und schwächt hier und da die Tragweite mancher geschichtlichen Thatsachen ab. Doch wurzeln HASES sonstige philosophischen Gedanken wohl mehr in den Betrachtungen von FRIES als in denen des absoluten Idealismus.

Endlich müssen noch zwei aprioristische Konstruktionen erwähnt werden: eine sucht den Urstand des vorgeschichtlichen Menschen zu rekonstruieren, die andere den Zustand der Zukunft, wenn alle Produktions- und Genufsmittel allen gemeinsam sein werden.

Während Dichter wie LUKREZ, OVID, HORAZ und man darf auch ROUSSEAU hinzufügen mehr nach blofser Phantasie sich den Urstand der Menschheit ausmalten, hat man seit DARWIN eine überaus grofse Fülle von Thatsachen aus fast allen Zeiten und Völkern gesammelt, um mit deren Hilfe den Urstand des Menschen, die Stufen der Barbarei, die ersten Schritte der Kultur, namentlich auch der Entwicklung der Familie einigermafsen zu durchschauen. Eine grofse Anzahl von Gelehrten haben daran gearbeitet, wie LUBBOCK, Mc. LENNAU, BACHOFEN, MORGAN, SPENCER, BASTIAN, POST, LIPPERT, KOHLER, KULISCHER, LETOURNEAU etc. Was sie gelehrt haben von dem vorsittlichen Zustand des Menschen besonders hinsichtlich des Eigentums, des Rechts, der Ehe ist nicht nur von den materialistischen Geschichtsschreibern ENGELS, BEBEL u. a., sondern auch von LAMBRECHT im 1. Band seiner deutschen Geschichte und von P. BARTH[1]) u. a. aufgenommen und wie feststehende Thatsachen weitergegeben. Nun soll hier die Frage gar nicht untersucht werden, ob es einen solchen nach DARWIN fast paradiesischen, nach seinen Nachfolgern fast bestialischen Urstand der Menschheit gegeben habe, nicht einmal, ob dergleichen Annahmen mehr oder weniger wahrscheinlich sind, sondern es soll nur bemerklich gemacht werden, dafs wir es hier mit apriorischen Konstruktionen zu thun haben, nicht besser als die nach der besprochenen HEGELschen Dialektik.

Die Grundvoraussetzungen dabei sind einmal die Abstammung des Menschen vom Tier, also der anfängliche tierähnliche Zustand unserer Vorfahren, zum anderen die Einheit der ganzen Menschheit in dem Sinne, dafs alle Völker nur auf einerlei Linie durch gleiche Zustände fortgeschritten sind. MORGAN stellt sich die Kultur ungefähr wie eine Leiter vor, auf der die Menschen neben einander und nach einander emporklimmen. Jedes Volk hat dieselben Sprossen hinter sich oder vor sich (wenn es überhaupt steigt). Die grofse Mehrzahl

---

[1]) In REINS encyklopädischem Handbuch der Pädagogik, Artikel: Erziehung und Gesellschaft II, S. 33 ff.

dieser Sprossen läfst sich aus der Geschichte und Völkerkunde unmittelbar erkennen, die wenigen, die im Laufe der Zeit verloren gegangen sind oder gar vor aller geschichtlichen Zeit liegen, hat MORGAN ergänzt, so dafs er uns die vollständige Entwicklungsleiter der menschlichen Familie von unten bis oben vorzeigen zu können glaubt, von dem Promiskuitätszustande der wilden Urzeit über die Consanguine, **die Punalua und die syndiasmische Form** aufwärts bis zur monogamen Einzelfamilie der zivilisierten Gegenwart. Freilich je weiter und tiefer man in das wirkliche Leben der Völker schaut, desto unzulänglicher erscheint gegenüber dieser unabsehbaren, buntverschlungenen Fülle verschiedenartiger Formen das geradlinige Schema MORGANS. Die wirkliche Entwicklung ist unendlich reicher, vielgestaltiger und verwickelter, als dafs man aus verhältnismäfsig wenig Thatsachen nun für jedes Volk die ganze mindestens vorgeschichtliche Zeit konstruieren könnte. Die Menschheit bewegt sich keineswegs auf einer einzigen Linie in einer einzigen Richtung.

Aber nicht blofs als ein Ganzes erweist sich die Entwicklungsweise MORGANS als höchst zweifelhaft, auch die einzelnen Glieder halten der Kritik nicht immer stand. Seine Vorstellungen über die geschlechtlichen Verhältnisse der niederen Völker, die Auffassung der Exogamie, des Mutterrechts sind in ihrer Allgemeinheit durch die neuere ethnologischere Forschung von neuem in Frage gestellt. Und wo die Thatsachen feststehen, werden sie nicht eindeutig aufgefafst, man weifs nicht einmal, ob gewisse Erscheinungen primitive oder Verfallserscheinungen sind, wie weit man mit Rückfällen und Verwilderungen zu thun hat. Und endlich verlieren Sitten, Einrichtungen, Rechte etc. sehr oft ihre Bedeutung, wenn sie aus dem natürlichen Zusammenhang der ganzen Kulturumgebung herausgerissen, auf andere Völker übertragen oder wohl gar ganz verallgemeinert werden. Sie sind dann als ein unverständliches Fragment vielen Mifsdeutungen preisgegeben, wie das bei den soziologischen Forschungen der Familienkunde nicht selten geschehen ist.

Darum haben sich Forscher wie STARKE, WESTERMARK, GROSSE, ZIEGLER, SCHNEIDER, GUTBERLET u. a. von den MORGANschen Ansichten abgewandt, und VIRCHOW nennt jene Forscher im Sinne von MORGAN »Urstandsdichter«, um anzudeuten, dafs der Forscher dabei gänzlich den festen Boden unter den Füfsen verliert und er auf Grund sehr unvollständiger Induktionen sich aprioristischen Konstruktionen oder Rekonstruktionen hingiebt. Auch LABRIOLA (die Probleme der Philosophie der Geschichte S. 20) warnt davor und bemerkt, von dem augenblicklichen sexuellen Impulse bis zur ethischen Familienordnung ist nicht ein einfacher Übergang von Punkt zu Punkt innerhalb derselben Reihe und A. COMTE nennt die Versuche, dergleichen nach einem einzigen Gesetze erklären zu wollen éminemment chimériques.

Zum Schlufs noch ein Hinweis auf die aprioristische Konstruktion der Zukunft nach Schilderung der materialistischen Geschichtsauffassung. Da heifst es nach dem Vorgang von MARX und ENGELS bei BEBEL: Dann wird die neue Gesellschaft auf internationaler Basis sich aufbauen. Die Nationen werden sich verbrüdern, sich gegenseitig die Hände reichen und darnach trachten, den neuen Zustand allmählich über alle Völker auszudehnen. Dann ist die Zeit gekommen, wo für immer des Krieges Stürme schweigen. Künftige Generationen werden dann ohne Mühe Aufgaben verwirklichen, an die hervorragende Köpfe der Vergangenheit lange gedacht und für die sie Versuche machten, ohne zum Ziele zu gelangen. Ein Kulturfortschritt wird den andern hervorrufen, die Menschheit wird sich immer neue Aufgaben stellen und diese werden sie zu immer höherer Kulturentwicklung führen. Wir werden eine Ära für Kunst und Wissenschaft entstehen sehen, wie sie die Welt noch nie gesehen. Die künftige Gesellschaft wird Gelehrte und Künstler jeder Art in ungezählter Menge besitzen, aber jeder derselben wird einen Teil des Tages physisch arbeiten und in der übrigen Zeit nach Geschmack seinen Studien und Künsten und geselligem Umgang obliegen.

Man kennt künftig keine Verbrechen und Vergehen mehr, weder politische noch gemeine. Aber wo bleibt der Unterschied zwischen Faulen und Fleifsigen? zwischen Intelligenten und Dummen? hören wir fragen. Einen Unterschied giebt's nicht, weil das, was wir unter diesen Begriffen verstehen, nicht mehr existiert.

Grofse Trockenhäuser und Schutzhallen ermöglichen die Ernte auch bei ungünstiger Witterung. Die Verwaltungsorgane der Gesellschaft werden darüber zu wachen haben, dafs Vorräte an Lebensbedürfnissen aller Art vorhanden sind, um allen Ansprüchen zu genügen. Das auszuführen ist nach all dem Gesagten leicht.

Es wird jedem möglich werden, seine Ferienreise zu machen; und dies zu organisieren wird nicht schwer sein. Die Menschheit wird in der sozialistischen Gesellschaft, in der sie erst wirklich frei und auf ihre natürliche Basis gestellt ist, ihre ganze Entwicklung mit Bewufstsein nach den Naturgesetzen lenken. Die Volksvermehrung wird reguliert, und diese Regulierung wird ohne gesundheitsschädliche Enthaltsamkeit und ohne widerliche Präventivmafsregeln möglich sein. Alsdann wird erst die Menschheit zu ihrer höchsten Entfaltung gelangen. Das goldene Zeitalter, von dem die Menschheit seit Jahrtausenden geträumt und nach dem sie sich sehnt, es ist dann gekommen.«

So, setzt O. LORENZ hinzu, führt der Geschichtsmaterialismus, indem er umkippt, von der Wissenschaft zur Utopie.

BOESCH vergleicht diese utopistischen Hoffnungen mit den eschatologischen Aussichten der alten Christen. »Ein Blick in das Geistesleben der unteren Volksmassen in grofsen Städten begegnet heute einer ganz ähnlichen Erscheinung wie im zweiten und dritten Jahrhundert unserer Zeitrechnung. In Rom, Korinth, Alexandrien und Antiochien war damals das Proletariat mit den Hoffnungen des Chiliasmus erfüllt. Den Weltzuständen, unter denen diese proletarischen Massen seufzten, stand nach dem Glauben derselben ein nahes und jähes Ende bevor. Leiblich wiederkommend werde der Messias mit seinen himmlischen Legionen, die in der Welt gebietenden Mächte niederwerfen, sein Reich aufrichten, in dem alle schmeichelnden Hoffnungen erfüllt und alle ausschweifenden Träume verwirklicht werden sollten, mit denen damals das Gemüt der Christen sich beschäftigen mochte. Eine solche über die bestehende Wirklichkeit sich erhebende und in eine andere Welt sich versetzende Stimmung beherrscht heute auch die Versammlungen des organisierten sozialdemokratischen Proletariats. Wie einst in den christlichen Zeitläuften die Verheifsung von der Wiederkunft Christi erklang, so stellt man heute in den sozialdemokratischen Versammlungen das Herannahen des Zukunftstaates in Aussicht, wo den Besitzlosen und Enterbten ihr Recht gegeben, das Haus bereitet, die Tafel besetzt und gegeben werde, wonach sonst noch ihr Herz verlangen mag. Die Vorstellungen, die man sich dabei von der Art und Weise macht, in der die bevorstehende Weltveränderung vor sich gehen werde, sind zwar heute nicht mehr so wunderbar und übersinnlich wie bei jenem abergläubischen Geschlecht der römischen Kaiserzeit, aber durch besondere Deutlichkeit, Klarheit und Nüchternheit zeichnen sie sich auch heute noch nicht aus.

Das ficht jedoch die Gemeinde der Hoffenden wenig an. Warum sich über Nebensachen den Kopf zerbrechen? Die Hauptsache ist, dafs die in allen Fugen krachende heutige Gesellschaft zusammenstürzen und eine neue bessere Zeit anbrechen wird.«[1]

Indes ist es nicht allein das sozialdemokratische Proletariat, das sich mit solchen Hoffnungen trägt. Zwar von denselben Prinzipien ausgehend, aber auf ganz entgegengesetztem Wege glaubt H. SPENCER

---

[1] BOESCH, Die entwicklungstheoretische Idee sozialer Gerechtigkeit. 1896. S. 1.

aus der evolutionistischen Ethik ein solches goldenes Zeitalter auf Erden ableiten zu können. Das geschieht nicht dadurch, dafs der sozialdemokratische Staat als Inhaber aller Produktionsmittel errichtet wird, sondern gerade umgekehrt durch ein folgerechtes Manchestertum ohne jedes wirtschaftliche Eingreifen des Staates durch Selbstregulation des wirtschaftlichen Lebens, durch Verschwinden der weniger Angepafsten d. h. der wirtschaftlich Schwachen und durch Überleben der am besten Angepafsten wird es zu einem vollkommenen Ausgleich aller egoistischen und altruistischen Gefühle und Bestrebungen kommen. Dieser Anpassungsprozefs wird schliefslich bewirken, dafs alle sozial notwendigen Handlungen zu angenehmen werden; ja nach Vollendung der Entwicklung wird jeder dadurch, dafs er seine unmittelbare, augenblickliche Lust befriedigt, beständig gerade das zur allseitigen Vervollkommnung des Lebens allen Erforderliche thun... Überschwemmungen, Feuersbrünste, Schiffbruch kommen zwar von Zeit zu Zeit vor, aber zu helfen kostet keine Anstrengung oder Selbstüberwindung mehr. Denn der Altruismus findet seine Befriedigung in dem Mitgefühl für die Befriedigung anderer, eine mitfühlende Befriedigung, welche den Empfänger nichts kostet, sondern eine Gratisbeigabe zu seinen egoistischen Genüssen bildet. Der scheinbar unlösbare Gegensatz zwischen Altruismus und Egoismus ist verschwunden.. Die reinste Sympathie wird die Genüsse der einzelnen zum Gemeingut aller machen. Es giebt keinen Zwang, keine Opfer, kein Leid, keine Thränen mehr. Das Menschengeschlecht wird nahezu trunken werden von den Strömen altruistischer Genüsse und zu dem Gott der Christen sprechen: ich bedarf deiner Güter nicht. Diese Zeit liegt zwar noch »in weiter Ferne«, aber bei hochgebildeten Menschen fehlt es doch nicht an Anfängen dazu.[1]

Eine solche Zukunft wird konstruiert einzig aus der Thatsache, dafs der Mensch die Lust sucht. Sucht der Mensch die Lust, so mufs er sich mit anderen Menschen vereinigen, zu dem Zwecke mufs er sich mancherlei Einschränkungen gefallen lassen, mit der Zeit aber wird jede oft geübte Handlung also auch jedes Opfer eine Lust etc. Daraufhin kann man bei sehr vielen Evolutionisten ähnlich wie bei SPENCER utopistische Ausmalungen der Zukunft lesen z. B. bei CARNERI und L. BÜCHNER, der es nur bedauert, dafs er selbst dergleichen nicht mehr erleben wird.

---

[1] H. SPENCER, Thatsachen der Ethik S. 190. 270 ff. Während SPENCER dieses goldene Zeitalter noch in weite Ferne setzt, rief BEBEL auf dem Parteitage in Erfurt aus: Ich bin überzeugt, die Verwirklichung unserer letzten Ziele ist so nahe, dafs wenige in diesem Saale sind, die diese Tage nicht erleben werden.

In den vorstehenden Betrachtungen über aprioristische Konstruktionen der Geschichte sind so mancherlei Gedanken angeschlagen worden, dafs es zweckdienlich sein dürfte, noch etwas mehr Zusammenhängendes über die Ideen in der Geschichte zu sagen.

Über die Ideen in der Geschichte

Über die Ideen in der Geschichte hat LAZARUS eine vortreffliche Abhandlung geschrieben,[1] auf welche auch LAMBRECHT hinweist. Hier werden zwei Arten von Ideen unterschieden: Ideen der Auffassung und Ideen der Gestaltung des Gegebenen. Zu jenen gehören die Allgemeinbegriffe, in welche man die gemeinsamen Merkmale des Gegebenen zusammenfafst, z. B. der Begriff der Planeten, der Säugetiere, der Metalle etc., die Gesetze der Schwere, der Wärme etc. Diese Begriffe oder Ideen bilden Seiendes, Wirkliches ab und sind um so vollkommener, je richtiger sie die gegebenen Verhältnisse oder Merkmale abbilden. Anders die Ideen der Gestaltung. Hierher gehören alle Zwecke, die der Mensch sich setzt und die er ausführt oder auszuführen versuchen könnte. Hier geht der Gedanke der Wirklichkeit voran, diese wird erst nach dem Gedanken oder Zwecken gebildet.

Insofern sind also beide Arten von Ideen grundverschieden; beide sind gleichartig ein Denken, das Denken eines bestimmten Inhaltes, aber in dem einen Falle, bei den Ideen der Auffassung oder des Seins im weitesten Sinne, ist das, was durch die Idee (Begriff) gedacht wird, von ihr unabhängig. Das Seiende, das Wirkliche ist und wirkt durchaus unabhängig davon, ob wir dies Sein und Wirken auffassen und durch eine Idee denken oder nicht. Die Ideen sind hier das Abhängige insofern, als sie wahre Ideen oder Begriffe nur dann und nur insoweit sind, als sie das Daseiende wirklich und genau auffassen.

Bei der Idee der Gestaltung oder des Sollens dagegen ist das, was durch sie gedacht wird, durchaus davon abhängig, dafs sie gedacht wird; denn durch das Denken der Idee wird das, was durch sie gedacht wird, erst geschaffen oder gebildet, wenn z. B. ein Bau ausgeführt wird, der vorher geplant und entworfen also als Idee vorhanden war. Diese Idee ist kein Abbilden dessen, was vor und aufser ihr schon da ist, sondern ein Vorbilden dessen, was nach ihr gebildet werden soll, sei es in rein geistigen Denkakten, wie etwa ein Ge-

---

[1] Sonderabdruck aus der Zeitschrift für Völkerpsychologie und Sprachwissenschaft. Berlin 1865.

dicht, eine Melodie, sei es durch Verwirklichung derselben in und an einem gegebenen Stoffe, der aus seiner bisherigen Form in diejenige Form übergeht, durch welche die Idee an ihm zur Erscheinung kommt.

In diesen gestaltenden Ideen kann man wiederum mehrere Arten unterscheiden: das Nützliche, das Schöne und das Gute. Die Bestrebungen, welche das Nützliche zu verwirklichen suchen, sollte man freilich nicht Ideen sondern Interessen nennen. Ebenso würde es zur Klarheit beitragen, wenn man die abbildenden Gedanken nicht Ideen sondern Begriffe nennte, dann bleiben als Ideen übrig nur die Bestrebungen, das Schöne und das Gute herbeizuführen. Indessen dieser Sprachgebrauch ist nirgends festgehalten.

So wie der Name Idee, so führt auch das Wort Wirklichkeit und Verwirklichung leicht zu Mifsverständnissen. Zunächst ist klar, eine gestaltende Idee kann Wirklichkeit besitzen auch ohne Verwirklichung. Hat jemand den Plan, zu bauen, so ist dieser Plan als Idee wirklich, die Idee wird wirklich von einem denkenden Wesen gedacht, sie hat psychologische Wirklichkeit, auch ehe sie verwirklicht wird, d. h. ehe der Bau begonnen oder beendet ist. Es ist also ein Unterschied zwischen einer wirklichen und einer verwirklichten oder erscheinenden Idee.

Ebenso läfst sich allenfalls ein Unterschied machen bei der abbildenden Idee, dem Begriff, ob er eine reine oder wirkliche Idee ist. Der rein logische Begriff sieht davon ab, ob und von vielen Denkenden er gedacht wird. Auch wenn es gar keine auffassenden und denkenden Geister gäbe, wäre doch eine Ähnlichkeit z. B. zwischen den Wirbeltieren vorhanden. Die Ähnlichkeit würde aber von niemand bemerkt, der Begriff Wirbeltiere würde also auch nicht gedacht, wäre also auch nicht wirklich. Gleichwohl wäre doch das Gegebene, die Ähnlichkeit der Wirbeltiere thatsächlich vorhanden oder wirklich. In diesem Sinne kann man von reinen Ideen oder ganz abstrakt logischen Begriffen reden, selbst wenn sie faktisch nicht gedacht werden. Der logische Realismus spricht auch in diesem Falle von der Realität der Begriffe. Wir vermeiden dies. Aber man vergesse nicht, dafs die Giltigkeit oder Wahrheit oder Objektivität der Ideen auch schon zuweilen Realität oder Wirklichkeit genannt wird. So fragt LAZARUS (91), sind denn die Ideen nur subjektive Begriffe? Werden die Ideen zu dem, was sie sind, erst durch das Denken des menschlichen Geistes? Wir verneinen diese Frage mit der Behauptung, dafs auch die sittlichen Ideen objektive Wahrheit besitzen, dafs sie als reine Ideen, oder ihr intelligibler Inhalt auch vor und aufser dem menschlichen Geiste an und für sich gedacht, objektive Wahrheit einschliefst. Von den mathematischen Ideen wissen wir, daſs sie für uns Menschen ebenfalls erst durch unser eigenes Denken zum Inhalt unseres Geistes werden; keine Überlieferung, keine Offenbarung gewährt uns ihren Inhalt als nur die Arbeit des menschlichen Geistes: werden wir aber nicht zugestehen müssen, daſs jede mathematische Wahrheit an und für sich eine Wahrheit ist, auch bevor der Mensch sie gefunden hat? Hätte es einen Sinn zu meinen, daſs das mathematische Gesetz, welches ein Mathematiker entdeckt, erst durch ihr und sein Denken zur Wahrheit, zu einem Gesetz geworden ist? In der That, er hat es durch seine suchende Arbeit gefunden aber nicht geschaffen. Und so auch haben wir die sittlichen Gesetze uns zu denken, als objektive an und für sich seiende Wahrheit, als wahre und wirkliche Urbilder, wie die Menschheit sein und leben soll. Freilich für uns sind diese, mathematischen wie ethischen Gedanken nicht vorhanden, in unserm Leben können sie nicht wirken, ohne daſs wir sie eben wirklich als Akte unserer eigenen Thätigkeit denken. So lange die Idee noch reine, objektive Idee und in keines Geistes Sinn eingegangen ist, bleibt sie ein schlechthin Unbestimmtes, ein Wert- und Bedeutungsloses, wenn sie aber von uns gedacht, wenn sie eine subjektive Idee wird, dann ist es ihr wert- und bedeutungsvoll, daſs sie nicht eine bloſs subjektive, sondern in der objektiven Wahrheit gegründet ist. Alle mathematisch oder ethisch wahren Gedanken sind für uns, bevor sie gedacht werden, Null und Nichts; aber aller Wert des Gedankens beruht in seiner Wahrheit: daſs wir ihn denken, ist der Erfolg unserer Arbeit; daſs er Wahrheit enthält, ist nicht unser Werk. Die objektiven Ideen zu subjektiven, die reinen Ideen zu wirklichen, die an und für sich seiende Wahrheit zum Inhalt wahrer menschlicher Erkenntnis zu machen, das ist die Aufgabe des Lebens, die Geschichte der Menschheit.« Man sollte es freilich vermeiden, die Giltigkeit oder Wahrheit der Gedanken Wirklichkeit zu nennen. Die Allgemeinheit, Giltigkeit, Objektivität, Wahrheit der Ideen beruht auf dem Umstande, daſs sich in allen Intelligenzen gewisse Gefühle der Zustimmung und des Wohlgefallens geltend machen müssen, sobald gewisse Verhältnisse des Denkens (die logischen Axiome) oder Verhältnisse des Willens (die sittlichen und ästhetischen Ideen) vollendet d. h. unparteiisch, willenlos vorgestellt werden.

 Wirklichkeit oder Realität oder Wirksamkeit haben also Ideen nie auſser oder vor, oder abgesehen von denkenden Subjekten, sondern immer nur als Gedanken von Personen, und verwirklicht können Ideen oder Absichten nur werden, wenn sie Gedanken eines denkenden Wesens werden, in welchem der Gedanke als Motiv, als Beweggrund auf das Wollen und Handeln wirkt. Wenn man also fragt, was versteht man unter Ideen in der Geschichte, so ist die nächste Antwort: es sind die Zwecke, welche sich die Menschen setzen. So sind die Ideen dann nur ganz subjektive Gedanken einzelner oder vieler? Subjektiv sind sie, sofern sie selbst keine Existenz oder Realität haben aufser in den Geistern der handelnden Personen, objektiv sind sie, sofern sie in objektiven Verhältnissen wurzeln, also sich immer wieder neu erzeugen, wie dies oben von LAZARUS ausgeführt ist.

Wir weisen also folgende Fassungen der Ideen ab. Einmal die platonische von der selbständigen Realität der einzelnen Ideen als Allgemeinbegriffe. Ferner die pantheistische, welche die platonischen Ideen zu einem mystischen Eins verbindet und Gott nennt. Dieser Gott verschwindet als Ganzes, indem er sich in den Einzeldingen darstellt. Ebenso lehnen wir die Annahme angeborener oder sich spontan erzeugender Ideen im Menschengeiste ab, desgleichen allen logischen Realismus, dem das Allgemeine das Reale ist.

Mit den hier abgewiesenen Auffassungen der Ideen hängt eine Ansicht zusammen, auf die noch ausdrücklich eingegangen werden mufs. Es ist nämlich zu warnen, dafs man nicht dem Volksgeiste noch eine besondere Realität zuschreibt aufser, neben oder über den Einzelgeistern. Real sind nur die Einzelgeister, aber was man den Geist oder Genius der Gesellschaft oder Volksgeist nennt, ist nichts als eine Summe oder Produkt der geistigen Eigentümlichkeiten, welche, wo nicht in allen Gliedern derselben, doch in der grofsen Mehrzahl, namentlich in den die übrigen leitenden Personen vorherrschend sind. So bildet sich ein Gesamtwillen, aus den Einzelwillen, als seinen Elementen. Dies wird verkannt einmal von denen, welchen nur das Allgemeine als real gilt und denen nicht das Allgemeine nur Produkt der Einzelnen ist, sondern umgekehrt alles Einzelne ein Produkt des Allgemeinen. In der HEGELschen Philosophie war es daher natürlich, den Zeitgeist, Volksgeist, Weltgeist als die eigentlichen Realitäten anzusehen, für welche die Einzelgeister nur unbewufste Träger, Darsteller, Vollstrecker sein sollten. Da hiefs es: das Ganze geht den Teilen, der Staat geht den Bürgern voran.

Ferner wo man dem aktuellen Seelenbegriff[1] huldigt, also den Einzelgeist bestehen läfst in einer Summe von Akten, Empfindungen etc. ohne reale Träger, da stellt sich der Satz ein: wieviel Aktualität, soviel Realität. Es ist die der Lehre vom absoluten Werden ge-

---

[1] Über substantiellen und aktuellen Seelenbegriff s. Zeitschrift für Philos. und Pädag. 1896.

läufige Verwechselung von Wirklichkeit und Sein. Wo man also dem Einzelgeist nur ein aktuelles Dasein zuschreibt, kommt man leicht dahin, den Gesamtgeist, weil er wirklich oder aktuell ist, auch dieselbe Realität zuzuschreiben wie den Einzelgeistern, denen ja nur Aktualität nicht Substanzialität zukommt.[1])

Dagegen ist festzuhalten: real ist nur das Individuum; das Wir oder die Gesellschaft ist nur eine Beziehung oder Verbindung der Einzelnen, die von einander wissen und gemeinsame Zwecke verfolgen. Warum bildet sich nun aus den Einzelnen, welche auf demselben Boden wohnen, eine Gesellschaft, ein Staat, warum schliefsen oder halten sie sich zu gemeinsamen Zwecken zusammen? Das ist zunächst die Not, das Bedürfnis der Einzelnen. So wird jeder gezwungen, seine einseitigen, beschränkten Dienste andern anzubieten, um von ihnen Gegendienste zu erlangen. Nicht die Willkür, nicht das sittliche Streben, nicht eine Idee, sondern die Not oder die »wirtschaftlichen Verhältnisse« haben mit Notwendigkeit die Menschen gesellt.

Und die Kraft der Ordnung im Staate ist die Gesamtkraft aus allen den einzelnen Kräften, welche sich in den einzelnen Staatsbürgern regen, um ein Teilchen der allgemeinen Ordnung im nächsten Kreise, worin jeder steht, zu erzeugen und zu erhalten.[2]) Und weil der Volksgeist nur die Summe der Eigentümlichkeiten der einzelnen und die Kraft der Volksgeister nur die Kraft der einzelnen ist, darum kann ein einzelner zuweilen soviel auf das Ganze wirken, nämlich dann, wenn sich die Eigentümlichkeiten des Volkes in dem betreffenden Individuum besonders stark ausprägen. Es erscheint als der verkörperte Volksgeist, dem die andern fast willenlos folgen, der scheinbar von aller äufsern Macht entblöfst, von dem allgemeinen Volkswillen gestützt, Thaten zu vollbringen vermag, denen die sonst mächtigsten Gewalthaber vergebens widerstehn. »Was in dem Laufe eines Menschenlebens ein glücklicher Augenblick ist, da der Mensch sich selbst mit seinen Blicken umspannend und beurteilend, einem Gesetze sich unterwirft, dessen Urheber er selbst ist: eben dies ist in der Geschichte ein grofser Mann, ein Gesetzgeber, ein Weiser, der sein Volk begreift und demselben die Ordnung vorschreibt, deren es bedarf. Er selbst hat sich erhoben aus der Mitte der übrigen; seine Gedanken sind ursprünglich entnommen aus der allgemeinen Ge-

---

[1]) Über diesen Gedanken bei Wundt und bei Schäffle s. Ztschr. f. exakte Ph. XV, 216 ff., XVII, 158 u. XII, 92 f.
[2]) Herbart, Psychol. als Wissenschaft II, 32.

dankenmasse; darum passen sie auch wieder zu dem Denken und Fühlen der andern, sonst könnten sie keinen Einfluſs gewinnen, und am wenigsten nach seinem Tode sich erhalten.[1]

Damit ist aber auch zugleich die Schranke für das Wirken groſser Männer angegeben. Es sei angeführt, was Lamprecht in dieser Beziehung über Karl den Groſsen sagt:

»Es galt für Karl den Groſsen, den groſsen Gegensatz zwischen der noch niedrigen germanischen Kultur der fränkischen Sieger und der gallischen Tradition eines überfeinerten antiken Lebens und zwar mittelst der Kirche auszugleichen. Aber auch die Energie Karls des Groſsen vermochte es nicht, eine neue germanisch-römisch-christliche Kultur aus der Erde zu stampfen. So groſsartig sein Wagnis und so unbegrenzt seine Kraft erscheint: hier kämpft er gegen den Genius der nationalen Geschichte selbst. So sicher gewaltige Geister eine bestimmte Entwickelung um Jahrzehnte fördern oder hemmen können, und so bestimmt sie in diesem Vermögen die Macht besitzen über Glück und Unglück von Tausenden ihrer Zeitgenossen: so wenig sind sie im stande, neue Zeitalter höherer Entwickelung aus eigenen Kräften im Handumdrehen zu schaffen. Die Geschicke der Nationen, denen es überhaupt vergönnt ist, sich auszuwirken, gehen ihren eigenen Weg nach ihren innewohnenden Gesetzen, und auch ihre hervorragendsten Söhne haben dem gegenüber nicht mehr Freiheit eigenen Wirkens als etwa der Durchschnittsmensch Willensfreiheit besitzt gegenüber der kleinen Welt seiner Umgebung.[2]

Auf andere Beispiele wie Joseph II. wird später hingewiesen werden.

Nach Abweisung der falschen Auffassungen der Ideen bleibt uns nur übrig, sie als Gedanken, Zwecke und Motive der einzelnen Menschen anzusehen. Hieran ändert sich prinzipiell nichts, auch wenn man die Ideen betrachtet als Gedanken und Absichten Gottes. Weil man Gott nicht pantheistisch denken darf, so kann er nur gedacht werden als eine Person, die nach Analogie des Menschengeistes, erwägt, wählt, beschlieſst und die Absichten durchführt. Wir haben es hier nicht mit Ideen als mit selbständigen Wesen oder Kräften zu thun, sondern sie müssen gelten als Gedanken eines persönlichen, überweltlichen Geistes.

Ob solche Gedanken die Geschichte regieren, kann niemand wissen, höchstens glauben. Nimmt man den Einfluſs göttlicher Ge-

---

[1] Herbart (Hartenstein) IX, 710.
[2] Deutsche Geschichte. II, 50.

danken an, so kann deren Durchführung gleichwohl immer nur durch die natürlichen Mittel geschehen, sowie man bei der Teleologie im Bereiche der Natur annehmen mufs, dafs die Endursache nichts vermag, was nicht im Bereich der Mittelursache liegt und was also durch diese bewirkt wird. Darum kann wie die Naturforschung so die Geschichtsforschung ganz absehen von dem möglicherweise wirksamen göttlichen Gedanken, denn jede Forschung hat es nur zu thun mit den ihr zugänglichen Ursachen.

Und diese Ursachen sind allein die menschlichen Gedanken. Sie sind die einzigen Ursachen alles geschichtlichen Geschehens. Und in diesem ganz allgemeinen Sinne wird die Geschichte einzig und allein von Ideen regiert, ja sie ist nur Darstellung von Ideen d. h. vom menschlichen Wollen und Handeln. Dabei wird vorausgesetzt, dafs Vorstellen und Wollen, Wollen und Handeln, Handeln und auf die Aufsenwelt einwirken im Verhältnis von Ursache und Wirkung stehen.

Hier begegnet uns ein neues Bedenken bei dem Verhältnis der Idee und der Kausalität. Es ist nämlich eine weitverbreitete Meinung, die mit Kants transcendentaler Freiheit zusammenhängt, als schlössen Kausalität und Idealität d. h. Sittlichkeit einander aus. Kausalität herrsche nur im Materiellen, aber Sittlichkeit erfordere eine kausallose Freiheit, daher könne man nicht von kausaler Wirkung der Ideen reden, und überall wo man zur Erklärung eines Ereignisses mit den materiellen Ursachen nicht ausreiche, da sei ein Fingerzeig vorhanden, dafs hier etwas Ideales im Sinne von Kausallosem vorliege. So steht z. B. bei W. v. Humboldt die Idealität der Kausalität gegenüber und Lazarus bemerkt: bei ihm kann man deutlich sehen, wie ihn die Einsicht in die Unzulänglichkeit aller kausalen (materiellen) Elemente zur Erklärung der edlen und erhabenen Schöpfungen der Geschichte zu den Ideen leitet. Nur dafs er sofort in das Extrem übergeht, die Wirklichkeit der Ideen deshalb aufser und über aller Kausalität zu suchen, anstatt dafs es darauf ankommt, die Ideen selbst als die kausalen Elemente, sie als Glieder mitten in der Kette der Kausalität zu erkennen und dort ihre ergänzende und erhebende Thätigkeit nachzuweisen. Es ist falsch einen Gegensatz zu machen zwischen Teleologie und Kausalität, zwischen Idee und Ursache. Die Idee ist ein von Menschen gewollter Zweck und darum die treibende Ursache, dafs sie verwirklicht wird; denn wer den Zweck will, mufs die Mittel wollen. Die Ideen als Zweckbegriffe, z. B. die Idee einen Hafen anzulegen, oder eine Niederlage auszuwetzen stehen nicht aufserhalb der ursächlichen Verknüpfung der Thatsachen, sondern sind selbst die Ursachen hervorragender Glieder in der Kette der Bedingungen.

Wie schon oben bei Gelegenheit der Antinomie von Freiheit und Notwendigkeit bemerkt ist, ist das sittliche Handeln wie jedes Handeln den psychologischen Gesetzen unterworfen. Ideen entstehen, reinigen oder trüben sich, verbreiten sich, bestimmen den Willen und werden in die Wirklichkeit als persönliche Pflichten, Rechte, staatliche Gesetze, Sitten, Institute etc. eingeführt und erhalten, immer nach Gesetzen der Individual- und Sozialpsychologie. Für eine kausallose Freiheit ist nirgends in der Natur oder Geschichte Platz. Gleichwohl darf man nicht sagen, dafs die Ideen zwingen und uns wider Willen zu handeln nötigen. Die Ideen werden für uns zu Ideen dadurch, dafs wir ihnen Beifall zollen, und die wahre Freiheit besteht eben darin, dafs der Mensch das thut, was er selbst für das Beste oder für eine Idee erkannt hat. Überall wo der Mensch ohne oder gar wider seine bessere Überzeugung handelt, da steht er unter Zwang und Druck, sei es von aufsen oder von innen. Da bestimmen ihn nicht Ideen im sittlichen Sinne, sondern Interessen.

Versteht man aber Idee im weitern Sinne, als Gedanken überhaupt, dann gehören auch die Interessen zu den Ideen, und dann haben natürlich allezeit Ideen in der Geschichte geherrscht. Denn im Verwirklichen der Gedanken besteht alle Geschichte. Aber das Gewollte oder die Ideen kommen nicht immer auf gleiche Weise zur Verwirklichung. Jeder Einzelne hat seine Gedanken, Bedürfnisse, Wünsche, die er jedoch gar oft zurückhalten, mäfsigen oder ganz unterdrücken mufs. In jeder Gesellschaft machen sich gewisse Bedürfnisse geltend. Und soll die Gesellschaft sich nicht auflösen, so müssen auch viele Glieder derselben mindestens die Mafsgebenden, das Bedürfnis haben, die Gesellschaft zu erhalten und darum die eigene Freiheit, Ansprüche, Wünsche zu gunsten anderer beschränken. In jeder Gesellschaft wird es neben den Dienenden Angesehene geben, und beide werden suchen, den Kreis ihrer Rechte zu erweitern. Jede staatlich verfafste Gesellschaft hat das Streben sich zu einer Art Zentralmacht zuzuspitzen etc. Nennt man nun alle diese Bestrebungen, Wünsche, Spannungen, Bedürfnisse, die bewufst oder unbewufst in jeder Gesellschaft vorhanden sind und nach psychologischen Gesetzen vorhanden sein und sich in's Gleichgewicht setzen müssen, Ideen, dann ist jede Gesellschaft von Ideen beseelt. Aber die Verwirklichung derselben hängt sehr von den Umständen ab. In Zeiten äufserer Not müssen die höheren Bedürfnisse schweigen. Aber was vorläufig unterdrückt ist, macht sich bei Gelegenheit wieder geltend und meist um so kräftiger, je gewaltsamer es unterdrückt war. So rechnet Lamprecht zu den dauernden Kräften der Geschichte das stets vorhandene staatliche Machtbewufstsein, sich zu erhalten und zu erweitern, und sagt: das, aber nicht irgend eine mystische Zentralisationsidee treibt hinein in den Erwerb neuer staatlicher Wirkungskreise, kann sich aber, obwohl stets vorhanden, erst geltend machen, wenn die Mittel dazu vorhanden sind.

Und die Mittel? Worin bestehen sie? Wiederum in Ideen, nämlich in Stimmungen, Gedankenströmungen, Richtungen, Einsichten, Bedürfnissen der verschiedenen Zeiten. »Die veränderten Möglichkeiten für die Auswirkung der Energie sind in vielen Fällen durch menschliches Handeln geschaffen, also auch durch menschliches Handeln veränderlich, mithin elastisch. Ihre volle Erkenntnis kann mithin in vielen Fällen zu dem wirksamen Entschlusse, sie zu verändern führen: es können mithin »Ideen« einmal aus den Dingen entwickelt, sehr wohl zur Veränderung der Handlungsmöglichkeiten führen. Die Idee erwächst erst durch Applikation des menschlichen Denkens und Handelns auf die bestehenden Möglichkeiten des Handelns.« Als ein Beispiel führt LAMBRECHT das langsame Wachsen der päpstlichen Macht an. Es genügt nicht, dafs die Idee oder auch die Ansprüche vorhanden sind. Die Idee für sich setzt sich nicht durch. Sobald der Gedanke eines christlichen Gottesstaates gefafst war, seit AUGUSTIN ist ihr Kern vorhanden gewesen, und die Tendenz, diesen Gedanken gegen den Staat in Anwendung zu bringen, mithin die »kirchliche Idee« ist seit mindestens der 2. Hälfte des 8. Jahrhunderts merkbar. Es genügt also keineswegs das Auftreten dieser Idee, um sie zum Siege zu führen. Wir wissen jetzt, dafs das Hervorbrechen und der Sieg der alten kirchlichen Forderungen nur möglich wurde, weil die Kirche sich durch die Entwickelung einer neuen Frömmigkeit der abendländischen Völker, durch eine erstmalige, dem Kulturzustand dieser Völker entsprechende wahrhafte Aneignung der christlichen Religion zu ungeahnter Macht über die Geister emporgehoben sah. Eine bestimmte menschliche Energie ist da. Sie strebt wirksam zu werden. Sie kann das nur innerhalb der ihr objektiv gegebenen Möglichkeiten. Diese Möglichkeiten werden zu ihren Gunsten verändert. Alsbald nützt sie die Gunst der Lage um vorzudringen. (LAMBRECHT.)

Man lasse sich hier durch die Personifizierung der Idee nicht irre führen. Gemeint sind menschliche Gedanken, die nur verwirklicht werden können, wenn sie Anklang also wiederum günstige Gedanken bei einer grofsen Anzahl finden. Denn alles Äufsere mufs erst, um auf den Einzelnen und auf die Völker zu wirken, in den Geist aufgenommen, und die Eindrücke müssen im Geiste nach gewissen Gesetzen verarbeitet werden.

Gegenüber den Reden der sozialen Materialisten von den äußeren Bedingungen, genannt Produktionsweise, die oft so klingen, als seien die Produktionsverhältnisse etwas Wirkendes, abgesehen von den menschlichen Geisteskräften; gegenüber solchen Reden ist es nicht überflüssig, das Selbstverständliche zu wiederholen, daß nämlich alle wirtschaftlichen, geographischen, ethnologischen Bedingungen, geschichtliche Vergangenheit, auch außerordentliche Naturereignisse wie Pest, Erdbeben, Hungersnot erst ins Subjektive, nämlich in Vorstellungen umgesetzt werden müssen, um als Ideen, als Antriebe zum Handeln wirken zu können. Die Thatsachen müssen erst zur Logik der Thatsachen werden, auch die force des choses, die force majeure sind Kräfte, nur sofern die betreffenden Thatsachen für eine größere oder geringere Menge in stärkerem oder schwächerem Maße zu Motiven des Denkens, Fühlens und Wollens werden.

Freilich trüge es viel zur Klarheit bei, wenn man nicht alle Gedanken ohne Unterschied Ideen nennte, sondern nur Gedanken und Bestrebungen für das absolut Wertvolle, das Schöne und das Gute. Man sollte nicht reden von einem Kampfe der Idee der Pflicht gegen die Idee des Nutzens, der Idee der Wahrheit gegen die Idee der Lüge, sondern einfach von einem Kampf der Idee oder des Idealen gegen die Interessen oder den Egoismus. In diesem Sinne gebraucht auch LAMBRECHT zumeist das Wort Idee. So z. B.:

Die Kirche war in der Zeit Ottos I. wie im frühen Mittelalter überhaupt die Trägerin der Ideen. Trat sie zum Staat in ein näheres Verhältnis als bisher, so mußte sich das staatliche Leben mit ganz andern Zwecken und Zielen als bisher erfüllen. Die Kirche war in dieser Zeit ferner die einzige Macht, welche die Einnahmen eines großen Vermögens vornehmlich zu sozialen nicht privaten Zwecken verwandte. Sie stand in dieser Hinsicht auf einem Standpunkte, den Staaten nur in Zeitaltern hoher Kultur zu erreichen pflegen. Sie mußte dem Staate, wurde sie eng mit ihm verquickt, einen Abglanz dieser höhern Aufgaben ermitteln. Sie mußte ihm weit über den altgermanischen Friedenszweck des Mittelalters hinaus als Ideal nahe legen, für Menschlichkeit und Sittlichkeit zu wirken.

Die Fieberschauer unserer mittelalterlichen politischen Geschichte, Investiturstreit und teilweise sogar noch staufische Schicksale sind vornehmlich durch die Schwierigkeiten veranlaßt, welche die Aufnahme christlicher und weltgeschichtlicher Ideen der Volksseele verursachte. (Gemeint sind unter christlichen Ideen die Vertiefung, die sittliche Auffassung der anfangs nur äußerlich angenommenen kirchlichen Gebräuche.) Seit dem 10. Jahrhundert war die deutsche Laien-

welt von keinem grofsen Ideal bestimmter Lebensanschauung mehr
getragen, aufser vom kirchlichen. Längst war das alte germanische
Lebensideal zersetzt, die Kirche war zum einzigen Herd allseitiger
Idealbildung auch für die Laien geworden.¹)

Auch RANKE kann wohl nur die Idee der Sittlichkeit meinen,
wenn er sagt: »man kann die Sachsen bedauern, dafs sie Karl dem
Grofsen unterlagen, aber sie unterlagen einer allgemeinen politischen
und kirchlichen Notwendigkeit. Karl war der Vollstrecker der Welt-
geschichte. Er erfüllte eine civilisatorische Mission, wie einst die
Römer gegen Charthager und Spanier (die noch Menschenopfer
brachten und Menschenfleisch genossen). Er machte der Idee des
Menschengeschlechts weitere Bahn.«²) Was heifst hier die Notwendigkeit? Oder man erwäge, was RANKE über die Zurückdrängung der
Araber durch Karl Martell sagt: »Man darf die Christianisierung
Deutschlands nicht allein unter dem Gesichtspunkte des religiösen
Glaubens und seiner Lehre ansehen, denn so wichtig diese auch sind,
es war eine welthistorische Notwendigkeit, wenn dem Islam, der noch
immer in dem europäischen Kontinent vordrang, ein Gegengewicht
geschaffen werden sollte.« (V, 286.) Würde ein muhamedanischer
Schriftsteller darin auch eine welthistorische Notwendigkeit sehen?
Und RANKE will doch die Sache nicht blofs unter dem Gesichtspunkt
des Glaubens und der Lehre ansehen. Meint er aber den Gesichtspunkt der Moralität? Er setzt offenbar voraus, dafs die Sache der
beiden Karl die gute Sache war. Besitzt aber die Moralität an und
für sich eine Gewalt, sich mit welthistorischer Notwendigkeit durchzusetzen? Warum macht dann der Islam anderwärts noch immer
Fortschritte? Will man sich die Gedanken RANKES verdeutlichen, so
ist wohl gemeint: Gott will das Fortschreiten des Guten oder der
Moralität und darum gab er Karl Martell und Karl dem Grofsen den
Sieg. Aber wollte jemand aus dem Gedanken: Gott will das Gute
und befördert es in der Geschichte, eine welthistorische Notwendigkeit ableiten, der bewiese zu viel. Denn wie oft ist das Gute unter-
legen! Doch diese Aussprüche sind nur angeführt als Zeugnisse, dafs
RANKE unter den siegenden Ideen wenigstens öfters das Sittliche versteht. Auch von dem Idealismus ROSCHERS heifst es: er bestand in
dem Glauben an die grofsen sittlichen Mächte der Geschichte. Er
kennt zuletzt keinen andern Fortschritt, als die moralische Hebung
und Verbesserung der Menschen. Jeden wissenschaftlichen und

---

¹) Deutsche Geschichte II, 151, 194, 297.
²) Weltgeschichte V, 295.

technischen Fortschritt mifst er an seinen Folgen für das geistig-sittliche Leben.¹)

Zum Sittlichen im weitern Sinne gehört auch alles, was über das Privatinteresse hinaus liegt, auch der einseitige Patriotismus. So ist es zu verstehen, wenn bereits E. RENAN und jetzt wieder ROCHEFORT die heutigen Franzosen anklagen, sie hätten sich von den Idealen nämlich den Revancheideen ab-, dagegen den Interessen (der Wirtschaft) zugewandt.

Wenn man also fragt, ob Ideen in der Geschichte walten oder nicht, so kann man nur an sittliche oder ästhetische Ideen denken, nicht an Ideen oder Gedanken im allgemeinen. Denn daran hat auch niemand gezweifelt, noch kann jemand daran zweifeln, dafs die Geschichte eine Geschichte des menschlichen Handelns ist und dafs das Handeln aus Absichten, Neigungen kurz Gedanken oder Ideen im weitesten Sinne besteht.

Wenn man ein für allemal den logischen Realismus und Pantheismus abgewiesen hat und also keine Ideen oder Begriffe als Realitäten abgesehen vom persönlichen Denken²) annimmt und ferner auch keine dem Menschengeiste angeborenen Ideen zuläfst, so hat die Frage, ob Ideen in der Geschichte wirken, nur einen Sinn für denjenigen, welcher auf dem Standpunkt der absoluten Ethik steht. Wer hingegen alles, was man Gutes, Pflicht, Recht, Wahrheit nennt, nur für Verfeinerung des Egoismus hält, der kennt, streng genommen, keine Ideen, sondern nur Interessen. Der leugnet die Wirksamkeit der Ideen und sieht die ganze Geschichte des Denkens, Fühlens, Wollens und Handelns an nur als ein Spiel und Gegenspiel als eine Entwicklung und Verfeinerung des Egoismus oder der Interessen.

So treibt unsere Untersuchung immer wieder zu der Frage: ob absolute oder relative Ethik. Wir stehen auf dem Standpunkt der absoluten Ideen, und haben noch nachzuweisen, dafs die HEGELsche wie die sogenannte evolutionistische Ethik nicht absolute Ideen in sittlichem Sinne, sondern nur Interessen im kleinen wie im grofsen kennen.

Ferner mufs alsdann die Betrachtung über die Weltgeschichte noch einmal aufgenommen werden. Denn nachdem zu zeigen versucht ist, dafs sich die Wirklichkeit nicht nach den abstrakt gedachten Ideen konstruieren läfst, so müssen die Versuche besprochen werden,

---

¹) Geistliche Gedanken eines Nationalökonomen. 1895. XIV.

²) Ich sage mit Absicht: persönliches Denken, nicht menschliches Denken, denn ob noch andere Intelligenzen oder Personen aufser den Menschen vorhanden sind, soll hiermit gar nicht berührt werden.

welche die Ideen aus der Wirklichkeit nämlich den materiellen Verhältnissen aus der Wirtschaft abzuleiten versuchen.

Die philosophischen Grundlagen des Idealismus und Materialismus der Geschichte.

B. Die praktischen Grundlagen.

Will man theoretische und praktische Philosophie mit zwei Worten kennzeichnen, so sind es: erklären und beurteilen, oder Ursache und Wert. Die theoretische Betrachtung sucht das, was ist und geschieht, zu erklären oder die Ursachen dafür aufzufinden. Anders die praktische Philosophie oder die Ethik. Sie bezieht sich auf den Willen, die Handlungen und Gesinnungen und deren Beurteilung. Auch diese gestatten eine theoretische Betrachtung. Es wird nicht blofs gefragt, wie entsteht der Wille, sondern auch wie entsteht das Urteil darüber? Ein moralisches Wesen ist nach DARWIN ein solches, welches im stande ist, seine vergangenen und zukünftigen Handlungen oder Beweggründe mit einander zu vergleichen und sie zu billigen oder zu mifsbilligen.[1]) Wie kommt es nun, dafs der menschliche Wille etwas anderes ist, als tierisches Begehren? Wie kommt es, dafs darüber geurteilt wird, dafs Überzeugungstreue, Liebe, Dankbarkeit gelobt und das Gegenteil getadelt wird? Versuchen die Psychologie, Völkerpsychologie, Kulturgeschichte dergleichen zu erklären, so bewegen sie sich noch immer auf theoretischem Gebiete.

Die praktische Philosophie kümmert es nicht, ob das Wollen oder die Handlungen oder die Sitten und Rechte, auf die sie sich bezieht, theoretisch erklärt sind oder nicht, nicht einmal darum, ob sie wirklich oder nur erdichtet sind, sondern sie beurteilt sie nach dem wahren Werte und fragt: welches Wollen, welche Gesinnung, welche Sitte verdient gelobt zu werden, also nicht was ist, was mufs geschehen, sondern was soll geschehen.

Unter den neueren Philosophen haben nur KANT und HERBART in dieser Weise theoretische und praktische Philosophie als disparate Disziplinen behandelt. Nach ihnen folgt aus dem Sein kein Sollen, und aus dem Sollen kein Sein. Vielmehr kann es geschehen, dafs jemand hinsichtlich der Metaphysik also hinsichtlich der Naturerklärung aus ihren letzten Ursachen auf richtigem Wege wäre, aber hinsichtlich der Ethik irrte, indem er etwa dem Eudämonismus huldigte. Umgekehrt könnte jemand als Metaphysiker etwa dem absoluten Werden ergeben sein und doch zugleich den absoluten Wert der

---

[1]) Abstammung I, S. 143.

ursprünglichen sittlichen Urteile anerkennen. Das letztere ist sogar ein sehr gewöhnlicher Fall, insofern als wie man sagt, mancher besser ist als seine Lehre. Denn die sittlichen Urteile drängen ihren Wert dem sonst Unbefangenen oft auch wider Willen auf. In Wahrheit folgt aus keiner Metaphysik irgend ein Urteil über den Wert einer Person oder einer Handlung. Es ist jedesmal eine Übereilung, wo dergleichen aus theoretischen Sätzen abgeleitet wird. Ein Beispiel dafür ist:

Die Ethik Hegels.

Jede Art des Monismus pflegte das Eine, auf welches alle Naturerscheinungen zurückgeführt werden, auch als das moralisch Beste und ästhetisch Schönste anzusehen. Freilich liegt hier gar keine Folgerung vor.[1]) Ist alles Eins, so folgt für mein Verhalten gar nichts, ebenso folgt aus der Natur des Einen kein irgendwelches sittliches Prädikat. Ob SCHOPENHAUER das metaphysisch Letzte als das Schlechte, ob HEGEL es als das Beste bezeichnet: es ist das eine so willkürlich als das andere. Der gewöhnliche Übergang des Monismus zu ethischen Forderungen ist der FICHTES geblieben. Das angenommene Eine paßt nicht zu der Vielheit und Mannigfaltigkeit der wirklichen Welt, darum — nun sollte man denken: darum darf kein solches Eins angenommen werden, allein der Schluß lautet anders. darum soll die wirkliche Vielheit der Einheit konform gestaltet werden. Das Viele, Einzelne ist das Zuüberwindende, das Schlechte, das Eine ist das Ziel, das Zuerstrebende, das Gute. Darin liegt nun schon, daß das Allgemeine wie das Reale, so auch das Gute ist, ferner wie zwischen dem Allgemeinen und Besonderen nur ein fließender nicht ein absoluter Unterschied besteht, so ist auch zwischen gut und böse keine unverrückbare Grenzscheide, sondern die wahre Tiefe des philosophischen Denkens ist darin zu suchen, daß es die Begriffe gut und böse dialektisch in einander übergehen läßt und eine Einheit sucht. in der alle Unterschiede aufgehoben sind. Weiter ersieht man sogleich, daß wenn das Allgemeine das Gute ist, daß dieses dann in größeren Gemeinschaften viel eher und reiner zur Darstellung kommt. als in kleineren oder gar im Einzelnen. Und endlich deutet das Allgemeine als Reales und Gutes zugleich darauf hin, daß hier das Gute und das Rechte darein gesetzt werden wird, wie weit etwas Macht hat, sich zu verwirklichen und zu behaupten.

Alle diese Sätze, insbesondere daß gut und böse. Macht und

---

[1]) Man vergl. Zeitschr. f. Philos. u. Päd. 1894, I, 348 ff.

Recht nur fliefsende Begriffe sind, werden von HEGEL nach derselben Logik bewiesen, nach der er beweist, dafs zwischen wahr und falsch kein absoluter Unterschied besteht. »Indem das Böse dasselbe ist, wie das Gute, ist eben das Böse nicht Böses, noch das Gute Gutes, sondern beide sind vielmehr aufgehoben, das Böse überhaupt das in sich seiende Fürsichsein, und das Gute das selbstlose Einfache. Indem so beide nach ihrem Begriffe ausgesprochen werden, erhellt zugleich ihre Einheit; denn das in sich seiende Fürsichsein ist das einfache Wissen, und das selbstlose Einfache ist ebenso das reine in sich seiende Fürsichsein. So sehr daher gesagt werden mufs, dafs nach diesem ihren Begriff das Gute und das Böse d. h. insofern sie nicht das Gute und das Böse sind, dasselbe seien, ebensosehr mufs daher gesagt werden, dafs sie nicht dasselbe, sondern schlechthin verschieden sind, denn das einfache Fürsichsein oder auch das reine Wissen sind gleicherweise die Negativität oder der absolute Unterschied an ihnen selbst. Erst diese beiden Sätze vollenden das Ganze, und dem Behaupten und Versichern des ersteren mufs mit unüberwindlicher Hartnäckigkeit das Festhalten an dem andern gegenübertreten, indem beide gleich recht haben, haben beide gleich unrecht, und ihr Unrecht besteht darin, solche abstrakte Formen, wie dasselbe und nicht dasselbe für etwas Wahres, Festes, Wirkliches zu nehmen und auf ihnen zu beruhen. Nicht das Gute oder das andere hat Wahrheit, sondern eben ihre Bewegung. Die Schwierigkeit, die in diesen Begriffen stattfindet, ist allein das Festhalten am »Ist«, und das Vergessen des Denkens, worin die Momente ebenso sind als nicht sind — nur Bewegung sind, die der Geist ist.« Aus diesem krausen Gerede hört jeder soviel heraus, dafs Hegel beweisen will: es ist kein Unterschied zwischen gut und böse. Etwas deutlicher als diese Stelle der Encyklopädie sagt er dies in § 345 der Rechtsphilosophie. Da heifst es mit dürren Worten, dafs wo die Dialektik des Staates in die Weltgeschichte übergeht, alle vorher geführten hohen Reden von den »sittlichen Mächten«, in denen sich der objektive Geist in der Familie, der bürgerlichen Gesellschaft und dem Staat manifestiert, in den gemeinsamen Abgrund eines sittlichen Indifferentismus hinabfallen. »Gerechtigkeit und Tugend, Unrecht, Gewalt und Laster, Talente und ihre Thaten, die kleinen und die grofsen Leidenschaften, Schuld und Unschuld, Herrlichkeit des individuellen und des Volkslebens, Selbständigkeit, Glück und Unglück des Staates und der Einzelnen haben in der Sphäre der bewufsten Wirklichkeit ihre bestimmte Bedeutung und Wert und finden darin ihr Urteil und ihre jedoch unvollkommene Gerechtigkeit. Die Weltgeschichte fällt aufser diesen

Gesichtspunkten; in ihr erhält dasjenige notwendige Moment der Idee des Weltgeistes, welches gegenwärtig seine Stufe ist, sein absolutes Recht, und das darin lebende Volk und dessen Thaten erhalten ihre Vollführung und Glück und Ruhm.« Das heifst (nach Hartensteins Ethik 136): Von Recht und Unrecht, Tugend und Laster, Schuld und Unschuld zu sprechen hat einen Sinn in den beschränkten Sphären des individuellen, allenfalls auch noch des Volks- und Staatslebens; auf dem Gebiete dessen aber, was man gewöhnlich die Weltgeschichte nennt, obwohl es nichts als ein kleines Fragment der Geschichte des Menschengeschlechtes ist, bedeuten jene Unterschiede nichts mehr, in ihr kommt der Weltgeist allemal zu seinem absoluten Rechte. Die Weite des Umfanges, den diese hinter die Gröfse der Geschichte sich verschanzenden Gesinnungslosigkeit einer aufgeblasenen theoretischen Spekulation in Anspruch nimmt, macht das Pathos, mit welchem der sittliche Indifferentismus hier auftritt, weder weiser noch besser. Sie läuft hinaus auf das Wort Spinozas: Recht ist die Macht oder auf das Sprichwort: kleine Diebe hängt man, die grofsen läfst man laufen. Auf nichts anderes läuft auch die sogenannte höhere Geschichtsanschauung Schleiermachers, Schellings, Hegels hinaus: jede Phase der Menschheit in der Geschichte ist ein Moment in der notwendigen Entwicklung der Welt oder, was dasselbe ist, des Geistes oder Gottes, sie ist eine notwendige Durchgangsstufe des Absoluten, ein unvermeidliches Mittel zu weiteren vollkommneren Darstellungsstufen. Weil die ganze Entwicklung eine notwendige, eine im Wesen des Absoluten liegende stufenweise Darstellung desselben ist, so kann ein absoluter Unterschied zwischen gut und böse nicht bestehen, der Unterschied ist immer nur graduell und zeitlich; aber auch von einer zu vollbringenden sittlichen Aufgabe kann nicht die Rede sein; davon zu sprechen, verrät nur den Mangel der wahren Einsicht, die dasjenige, was der einzelne Wille als ein ihm auferlegtes Soll empfindet, allemal schon in Wirklichkeit als ausgeführt erkennt, soweit es allein gegenwärtig überhaupt wirklich werden kann. Das Vernünftige ist allemal schon wirklich und das Wirkliche allemal vernünftig und gut. Erkennt man dies, so steht man auf dem höchsten Standpunkt, dem der absoluten Idee, welche nicht mehr die Idee als ein gesuchtes Jenseits und unerreichtes Ziel in sich hat, sondern die der vernünftige Begriff ist, der in seiner Realität nur mit sich selbst zusammengeht, die daher Sein, unvergängliches Leben, sich wissende Wahrheit und alle Wahrheit ist. (Hegel.)

Nach Hegel ist darum das herrschende Volk Träger der gegenwärtigen Entwicklungsstufe des Weltgeistes, ihm gegenüber sind die

Geister der anderen Völker rechtlos, ihre Epoche ist vorbei, sie zählen in der Weltgeschichte nicht mehr mit.¹) Das Individuum hat nur Wahrheit und Sittlichkeit, insofern als es ein Glied des Staates ist. Ob das Individuum sei, gilt der objektiven Sittlichkeit gleich, sie ist die ewige Gerechtigkeit, gegen die das üble Treiben der Individuen nur ein wogendes Spiel bleibt. Ein Volk braucht sich keine Gedanken über seine Regierung oder Verfassung zu machen, etwa sie zu verbessern. Das Wirkliche ist das Vernünftige, hört das jetzt Wirkliche auf vernünftig zu sein, wird sich das Vernünftige schon von selbst verwirklichen. »Jedes Volk hat die Verfassung, die ihm angemessen ist und für dasselbe pafst.«

Steigt man von den grofsen Staatsgebilden hinab in den Bezirk der Pflichten und Rechte des Einzelnen, so begegnet uns überall der Grundsatz, dafs Macht soviel ist wie Recht. Der besitzt eine Sache mit Recht, welcher seinen Willen hineinlegt und sie behaupten kann. Ebenso aber ist alles Recht schwankend, weil die Macht so oft schwankt. Es kann auch nicht im voraus gesagt werden, welche Person oder welches Volk in einem Streite Recht hat, sondern man mufs erst abwarten, welcher Wille sich als der stärkere behauptet. Jeder hat recht, so lange er stark bleibt. So sind auch HEGELS persönliche Sympathieen immer auf Seite dessen gewesen, welcher der Mächtigste war. Der Hegelianer E. ERDMANN schildert dies so: Als Jüngling hatte Hegel die revolutionäre Ansicht ROUSSEAUS und FICHTES. Dann war eine Zeit gekommen, wo er ähnlich wie SCHELLING den Kaiser Napoleon als die Weltseele zu Pferde bezeichnen konnte. »Auf dem neubayerischen Terrain fixierte sich im Frühjahr 1807 auch der Schwabe, SCHELLINGS Jugendfreund HEGEL und bezeichnete im Mai dieses Jahres, als Redakteur der Bamberger Zeitung, diejenige Gesinnung, aus der später die Befreiung des Vaterlandes vom französischen Joche hervorging, spottend als nordgermanischen Patriotismus. HEGEL redigierte eine Napoleonische Zeitung, welche mit den französisch-bayerischen Interessen die imperialistischen Tendenzen des Napoleonismus vertrat, ohne jede Regung des warmen Interesses für das Geschick Preufsens und seines Herrscherthrones, was der Biograph des späteren preufsischen Hof- und Staatsphilosophen seinen Lesern gern einreden möchte. Gerade in den verhängnisvollen Oktobertagen 1806, da HEGEL aus der norddeutschen Verwirrung seine Blicke sehn-

---

¹) Werke VIII, 433. Rechtsphilos. S. 347. Dazu bemerkt HERBART (XII, 421): Setzt man hier statt des herrschenden Volkes eine herrschende philosophische Schule, so wird man sich manches in HEGELS Schreibart (nämlich den Terrorismus) erklären können.

süchtig auf das neubayerische Paradies seines Jugendfreundes richtete, während der fremde Eroberer in Jenas Mauern eintraf, waren HEGELS Briefe an den ebenfalls in bayerischen Diensten stehenden Freund NIETHHAMMER voll Bewunderung für Napoleon[1]): »Den Kaiser, diese Weltseele, sah ich durch die Stadt hinausreiten, es ist in der That eine wunderbare Empfindung, ein solches Individuum zu sehen, das sich auf einen Punkt konzentriert, auf einem Pferde sitzend, über die Welt übergreift und sie beherrscht ... es ist nicht möglich ihn nicht zu bewundern ... wir wünschen alle der französischen Armee Glück.«[2]) Über beide (über die Bewunderung der Revolution wie Napoleons) ist dann HEGEL hinausgegangen, und die Restaurationsperiode erschien ihm als die größte bis jetzt erreichte Annäherung an die Idee des Staates.[3])

Vielleicht nennen andere dies: den Mantel nach dem Winde hängen. HEGEL ist dabei nur den Spuren des Weltgeistes gefolgt, treu seinem Grundsatz, daſs die Macht das Recht ist. Er macht es freilich zur höchsten Pflicht, in einem Staate zu leben, aber er fügt ausdrücklich hinzu, er meine damit nicht diesen oder jenen Staat, keinen besonderen, sondern den idealen, welcher Träger ist des Weltgeistes. Es kann daher nur vernünftig sein, bloſs in einem solchen Staate zu leben, so lange und insofern er der Träger der gegenwärtigen Entwicklungsstufe des Weltgeistes ist. Insofern er das nicht mehr ist, also sein Recht zu existieren verwirkt hat, ist es nur vernünftig, aus ihm hinauszugehen oder ihn zu stürzen. Die anderen Staaten, die sich als Träger des Weltgeistes fühlen, behalten immer das Recht, einen in der Entwicklung zurückgebliebenen Staat aufzulösen, dem kranken Mann vollends zum Tode zu helfen; und auch die einzelnen Individuen, welche, wie die Geschichte lehrt, wirklich die Macht gehabt haben, einen Staat zu stürzen, behalten ihre Rechtfertigung. Wie sollte man demnach irgend einen kraftvollen und kühnen Mann anklagen wollen, der glaubt Grund zu der Meinung zu haben, daſs der Staat, in welchem er lebt, nicht mehr der Träger des Weltgeistes sei, und der ihm daher sein Recht durch seine Zerstörung angedeihen zu lassen, unternimmt? Siegt seine Empörung, so hat er Recht gehabt, siegt sie nicht — nun dann freilich vae victis. Sein Unterliegen ist das Dokument seines Unrechts.[4])

---

[1]) NOACK, Schelling und die Philosophie der Romantik. II, S. 126.
[2]) Über HEGELS Briefe s. Zeitschr. f. ex. Phil. XVI, S. 333.
[3]) E. ERDMANN, Geschichte der Philosophie. III, S. 488.
[4]) THILO, Theologisierende Rechts- und Staatslehre, S. 253.

Auch die Nachfolger HEGELS haben darüber nicht anders gedacht. Nach ROSENKRANZ müssen die Usurpatoren die Berechtigung zu der von ihnen angemafsten Selbständigkeit durch den Kampf beweisen, ebenso Sklaven, wenn sie sich emanzipieren. Können sie sich faktisch nicht befreien, so sind sie der Freiheit auch nicht wert, sagt MICHELET.[1])

Man bemerkt, da niemand voraussehen kann, wer die gröfsere Macht hat, und ob nicht heute gelingt, was gestern mifslang, so mufs der Versuch immer wieder von Zeit zu Zeit erneuert werden. Es ist die eigentliche Lehre der beständigen Revolution, immer von neuem mufs im Kampf erprobt werden, wer die gröfsere Macht also Recht hat, ob der Fürst oder das Volk, ob die oder jene Partei, ob dies oder ein anderes Volk. Darum hebt ENGELS auch folgende Stelle aus HEGELS Philosophie der Geschichte S. 535 über die französische Revolution hervor: »Der Gedanke, der Begriff des Rechts, machte sich mit einem Male geltend, und dagegen konnte das alte Gerüst des Unrechts keinen Widerstand leisten. Im Gedanken des Rechts ist also jetzt eine Verfassung errichtet worden, und auf diesem Grunde sollte nunmehr alles basiert sein. So lange die Sonne am Firmament steht und die Planeten um sie kreisen, war das noch nicht gesehen worden, dafs der Mensch sich auf den Kopf, das ist auf den Gedanken stellt und die Wirklichkeit nach diesem erbaut. ANAXAGORAS hatte zuerst gesagt, dafs der Nūs, die Vernunft, die Welt regiert; nun aber erst ist der Mensch dazu gekommen, zu erkennen, dafs der Gedanke die geistige Wirklichkeit regieren solle. Es war dieses somit ein herrlicher Sonnenaufgang. Alle denkenden Wesen haben diese Epoche mitgefeiert. Eine erhabene Rührung hat in jener Zeit geherrscht, Enthusiasmus des Geistes hat die Welt durchschauert, als sei es zur Versöhnung des Göttlichen mit der Welt nun erst gekommen.« ENGELS bemerkt dazu: »sollte es nicht hohe Zeit sein, gegen solche gemeingefährliche Umsturzlehren des weiland Professor HEGEL das Sozialistengesetz in Bewegung zu setzen!«

Übrigens sind diese Konsequenzen von einzelnen Nicht-Hegelianern von Anfang an erkannt und genügend hervorgehoben, nicht allein von HERBART, sondern auch von manchen anderen, die freilich gegenüber der herrschenden Philosophie kaum zu Worte geschweige zur Geltung kamen. So heifst es bei SCHUBARTH: Die HEGELsche Philosophie wird revolutionär durch das dialektische Kunststückchen der Negativität als bewegendes Element. Dadurch wird jede Schlechtig-

---

[1]) ROSENKRANZ, Psychologie S. 217. MICHELET, Anthropologie und Psychologie S. 480. Vergl. auch TAUTE, Der Spinozismus als unendliches Revolutionsprinzip. 1848.

keit auf den Thron gesetzt, der gemeinen Gesinnung Vorschub geleistet, als sei sie ein tüchtiges, legitimes Element geschichtlicher Entwicklung, während die wirkliche fleckenlose Tugend eines häuslich beschränkten Lebens z. B. eines Hirten, eines Bauern, wenn sie nicht von dem lauten Lärm der Weltgeschichte begleitet ist, wie das Auftreten eines Cäsar, Robespierre oder Bonaparte aus der Geschichte verwiesen werden und in ihrem Werte sehr bedenklich, lediglich auf sich selbst sich beziehen muſs... Der ungeheuere Beifall, den HEGEL bei seinen Zeitgenossen bereits gefunden hat und noch lange finden wird, hat seinen Grund auſser dem oben Angeführten unstreitig wohl allermeist noch darin, daſs er eben der Gemeinheit, der Schlechtigkeit, der Verwerflichkeit der Gesinnung, die man früher irgend anzuerkennen und von höherer Geltung sein zu lassen sich scheute, durch ein höchst edles Element, die absolute Form der Wissenschaft ihre Rechtfertigung und Berechtigung giebt. Der Pöbel wird dieses Evangelium, nachdem es ihm einmal verkündet worden, nach lange sich nicht nehmen lassen besonders in Zeiten, wie die unsrigen (1844), die so recht dazu gemacht sind, da er zugleich in der Uniform einer gewissen Gebildetheit auftritt, ihm ein gewisses Ansehen zu verleihen und wo man eigentlich Furcht vor ihm hat. Daher zieht man vor, ihn zu liebkosen und ihm durch gewisse Zugeständnisse halb entgegenzukommen, wie z. B. durch eine Philosophie, die sich bequemt, das Schlechte, das Leidenschaftliche als einen wesentlichen und notwendigen Faktor der allgemein geschichtlichen Bewegung gelten zu lassen, damit das positive Resultat derselben zu stande kommen möge.«[1])

Ganz ähnlich urteilt DÜHRING über die der HEGELschen so ähnliche evolutionistische Ethik. »Das Umsichgreifen der unwissenschaftlichen Bestandteile des Darwinismus würden unerklärlich bleiben, wenn man nicht daran dächte, daſs diese schlechteren Lehren von den ihnen entgegenkommenden Brutalitätsgrundsätzen begierig aufgenommen und im Dienst der wohlverwandten Mächte des Tages groſs gezogen würden. Der darwinistisch vorgestellte Daseinskampf ist allgemein das Schlagwort und Beschönigungsmittel der rohesten Selbstsucht, der frechsten Ausbeutungs- und Unterdrückungslust geworden; ja er gilt als Fortschritt, und wer ihn mit Erfolg ausübt, muſs sich selbst ansehen als einen, der sich ein Verdienst um die Vervollkommnung der Art erworben hat.«

Bei der groſsen Bedeutung, welche die HEGELsche Philosophie gerade durch die Vermittelung Preuſsens erlangt hat und zum Teil

---

[1]) SCHUBARTH, Antiprologomena zur Philosophie der Geschichte unserer Tage. 1844.

in seinen Nachwirkungen immer noch hat, ist es für viele vielleicht interessant daran erinnert zu werden, wodurch in Berlin das Ministerium zur Berufung HEGELS bewogen wurde. Zugleich mag man hieran sehen, wie, um ironisch zu reden, materielle Interessen zuweilen auf lange Zeit hinaus die Ideen bestimmen; oder wie sich SCHÄFFLE, der als Minister und Professor dergleichen kennen muſs, sagt: Wer die Kulissengeheimnisse des Universitäts- und Parteilebens kennt, weiſs, mit welch äuſseren Mitteln wissenschaftliche und agitatorische Autoritäten hergestellt und fortgefristet werden.[1])

Es möge also aus der Schrift von Dr. G. EILERS (Königl. Preuſs. Geh. Regierungsrate a. D. und vormaligem Referenten über das Universitätswesen im Ministerium Eichhorn), Meine Wanderung durchs Leben, 1858, IV, 78, folgendes mitgeteilt werden: »ALTENSTEIN traf seine Maſsregeln in der Verwaltung der geistlichen und wissenschaftlichen Angelegenheiten seines Ministeriums nach der Schablone seiner eigenen und zwar, wie es sich später zeigte, wohlbegründeten Anschauung der höheren Sphäre des geistigen Lebens im deutschen Volke. Von der Überzeugung ausgehend, daſs das Spezifische des christlichen Glaubens in der wissenschaftlich gebildeten und denkenden Welt seinen Halt verloren und nur noch in dem zum Denken unfähigen Pöbel wurzele, suchte er einen Philosophen, welcher der denkenden Welt unter der Form des Christlichen eine philosophische Religion bieten könnte, die durch den Schein des Christlichen zugleich dem Volke unanstöſsig sei. Einen solchen fand er in HEGEL. Die Welt weiſs, mit welcher Kraft logischer Verblendungskunst, verbunden mit allertiefster Heuchelei das Werk vollbracht wurde.« Vergl. noch S. 144. Diese Äuſserungen müssen bedeutungsvoll genug erscheinen von einem Manne, dem der Zugang zu den betreffenden Aktenstücken, welche die weitere Aufhellung darüber ergaben, offen stand.[2])

Noch ein anderer Grund sprach für die Berufung HEGELS nach Preuſsen. Preuſsen hatte bekanntlich eine Konstitution versprochen, es glaubte aber Grund zu haben, die Erfüllung dieses Versprechens noch länger hinauszuschieben. Gegenüber den unbequemen Mahnern hoffte man nun in HEGEL einen Philosophen gefunden zu haben, der nach seinen bisherigen Äuſserungen den Absolutismus des Staates verteidigen und philosophisch rechtfertigen würde.

Dies war natürlich gleichfalls eine groſse Täuschung, da HEGEL

---

[1]) Bau und Leben des sozialen Körpers. I, 441.
[2]) HEGELS Grabredner pries ihn »als den Tröster, der uns in alle Wahrheit leitet«. (WILLMANN, Gesch. des Idealismus, III. S. 560.)

weder Absolutismus noch Konstitution grundsätzlich für das Beste hält, sondern eben immer nur gerade das, was wirklich ist, was stark genug ist, sich durchzusetzen und zu behaupten, also den Absolutismus, wenn ihn ein Herrscher aufrecht zu erhalten versteht, den Konstitutionalismus, wenn das Volk ihn zu erlangen weifs.

Nachdem die Herrschaft der HEGELschen Philosophie in Preufsen wirklich geworden war, hat es natürlich nicht an solchen gefehlt, die es bewiesen, dafs dies auch vernünftig sei. So behauptete z. B. E. ERDMANN in einem Schriftchen: Preufsen und die Philosophie, eine Solidarität zwischen der (HEGELschen) Philosophie und dem preufsischen Wesen in einer Weise, dafs es heifst: Preufsen würde sein Wesen verleugnen, wenn es nicht die (HEGELsche) Philosophie hegte und pflegte.[1]

Auf diese HEGELsche oder auch SCHELLINGsche Ethik[2] stützt sich vornehmlich der neuere Idealismus der Geschichte. Er kennt streng genommen keine sittliche Beurteilung. Ihm ist das Grofse, Herrschende, Mächtige das Berechtigte oder Sittliche, so lange und so fern es mächtig ist.

Auch der Materialismus der Geschichte, der nur Interessen, keine Ideen in der Geschichte, wie im Handeln der Einzelnen zuläfst, gründet sich ausgesprochenermafsen auf HEGEL. Allein er würde damit heutzutage weder Zustimmung noch viel weniger so grofse Verbreitung gefunden haben, wenn er nicht der Ethik huldigte, welche unter dem Namen des Evolutionismus so vielfach Eingang gefunden hat. Dabei ist schon im voraus zu bemerken, dafs der Evolutionismus nur eine neue Einkleidung der HEGELschen Ethik ist oder allgemein der relativen Ethik, welche nur den Nutzen oder die Macht als sittliches Prinzip kennt.

Ethik des Evolutionismus.

Die Grundzüge der Ethik des Evolutionismus sind kurz folgende: Die Menschen traten anfangs nicht nach eignem Belieben zu einer Gesellschaft zusammen noch bestimmten sie nach ihren Ideen und Wünschen die Einrichtungen und Gesetze der Gesellschaft, sondern umgekehrt. Die ersten sozialen Verbände sind ein notwendiges Ergebnis des Zusammenwohnens. Bei den verschiedenen Versuchen,

---

[1] Mehr darüber siehe ALLIHN, Das Grundübel der wissenschaftlichen und sittlichen Bildung in den gelehrten Anstalten des Preufsischen Staates. 1849. — Derselbe: Die Umkehr der Wissenschaft in Preufsen. 1855.

[2] Vergl. darüber Zeitschr. f. ex. Phil. I, S. 364.

den sozialen Verband aufrecht zu erhalten, erwiesen sich einige Einrichtungen sozial förderlich, andere antisozial. Nur diejenigen sozialen Verbände waren dauernd, in denen die Einrichtungen sozial fördernd und also die einzelnen Glieder ihnen gehorsam waren, weil sie so am wirksamsten für ihr eignes Wohl sorgten. Was nun sozial wirkt, was sich als Bedingung zur Wohlfahrt und Erhaltung des Ganzen und darum der Einzelnen bewährt, das heifst gut und wird als solches gelobt. Es ist also nicht so: das Gute ist sozial fördernd, das Böse ist antisozial, sondern umgekehrt: das Soziale ist gut und ist gut nur, weil und solange es die Gesellschaft fördert. Das Antisoziale ist böse. Ohne soziales Leben hätte der Mensch gar nicht den Unterschied von gut und böse, von recht und unrecht. Nicht die Gesellschaft wird von den Ideen des Guten und Rechten bestimmt, sondern die Gesellschaft bestimmt die Ideen d. h. sie bestimmt, welche Einrichtungen, welche Handlungen gut und welche böse sind; aber solche Bestimmungen hat man sich für den Anfang nicht willkürlich und mit Bedacht erwählt zu denken, sondern als notwendige Frucht des Zusammenlebens. Das Antisoziale ging zu Grunde und es blieben nur Verbände übrig, in denen sozialfördernde Einrichtungen bestanden, gelobt und befolgt wurden.

Man sieht hieraus, den Evolutionismus kennzeichnet dreierlei. Einmal das Betonen der Gesellschaft gegenüber dem Interesse für den Einzelnen. Zweitens das Ausmerzen des weniger Angepafsten und das Überleben des Angepafsten, also die Übertragung des Darwinismus auf den sozialen Organismus. Drittens die Ableitung des Sittlichen oder Guten aus dem Nützlichen. Auf diese drei Punkte mufs näher eingegangen werden.

Individuales und soziales Geistesleben.

Man bringt gar oft in Gegensatz: Individualpsychologie und Sozialpsychologie. Bei der Darstellung der gewöhnlichen Psychologie hat man das Individuum im Auge. Das, was das Individuum von aufsen aufnimmt, setzt man dabei voraus und verfolgt nur näher, wie der Einzelgeist das von aufsen Aufgenommene sich aneignet, wie sich der Einzelgeist dadurch bildet und weiterbildet. Die Gesetze zu entwickeln, nach denen dies im Durchschnitt bei den normalen Menschen geschieht, darin sieht die Individualpsychologie ihre Hauptaufgabe. Wie gesagt: das von aufsen Aufgenommene wird dabei vorausgesetzt und nicht weiter erwogen wie und woher es kommt, weil dies für alle Individuen im grofsen und ganzen dasselbe ist. Diese Fragen sind aber gerade die Hauptfragen für die Sozialpsychologie. Diese sieht zunächst davon ab, wie das einzelne Individuum das von aufsen Gebotene verarbeitet; sie fragt, was wird dem Individuum von aufsen gegeben? Da ist zunächst noch vor aller sinnlichen Wahrnehmung die individuelle Anlage, das ist ein Erbteil von Eltern und Grofseltern nach Nationalität etc., also ein Stück sozialen Lebens der Vergangenheit. Nun kommen die Sinneswahrnehmungen und mit ihnen die sogenannten Jugendeindrücke, auch Sprache, Sitte, Religion etc. Wiederum ein Stück der sozialen Stellung. Dann die absichtliche Erziehung und die unabsichtliche Erziehung des ganzen Lebens. Überall sieht man, wie das geistige Leben des Individuums ganz und gar im sozialen Leben wurzelt und durch soziale Einflüsse bedingt ist. Darum hat HERBART gewifs recht, wenn er so oft betont, eine empirische Psychologie getrennt von der Geschichte des Menschengeschlechts geben zu wollen, sei unmöglich. Der Mensch ist nichts aufser der Gesellschaft. Den völlig Einzelnen kennen wir gar nicht, wir wissen nur soviel mit Bestimmtheit, dafs die Humanität ihm fehlen würde. In dem Einzelnen setzt sich eine geistige Produktion fort, deren Anfang nicht in ihm liegt. Jeder Einzelne ist seinem Ich nach ein Spiegel seiner Umgebung.[1]) Ein Mensch kein Mensch.

Man sieht: Die Individualpsychologie ist eine Abstraktion, sie abstrahiert von der Art, wie das von aufsen Gebotene an den Einzelnen herankommt. Eine ebensolche Abstraktion ist die Sozialpsychologie, sie abstrahiert von der Art, wie das Individuum das von aufsen Gebotene verarbeitet. Beide Arten der Psychologie sind durchaus keine Gegensätze, sondern stehen im Verhältnis der gegenseitigen Ergänzung, stellen nur verschiedene Seiten des Menschengeistes dar. Die Psychologie bedarf aber noch weiterer Abstraktionen. Sie betrachtet z. B. die Gefühle oder das Vorstellen, und doch sind thatsächlich beide Erscheinungen immer oder doch fast immer verknüpft. Sie betrachtet die einzelne Vorstellung, die als einzelne nie gegeben ist, nach Inhalt und Ton, was getrennt nicht einmal gegeben sein kann. Am weitesten treibt die mathematische Psychologie die Abstraktion; sie forscht nach den Gesetzen im Verhalten zweier oder dreier Vorstellungen rein nach quantitativen Gesichtspunkten.

Gleichwohl sind solche Abstraktionen überaus nützlich, ja notwendig; und zwar so, dafs man die synthetische Darstellung damit beginnt, weil das Abstrakte doch das relativ Einfachste ist und

---

[1]) HERBART, Einl. § 150, (KEHRBACH VI, 22, HARTENSTEIN VI, 22, 31. IX. 186, 397 etc.)

hiervon die Gesetze am leichtesten und sichersten abgeleitet werden können, um dann das Zusammengesetztere, also das der wirklichen Erfahrung Näherliegende zu erklären. So wie das Fallen eines bestimmten Körpers in der Luft nur genau bestimmt werden kann, nachdem vorher das Fallgesetz für das Fallen im luftleeren Raum gewonnen ist.

Falsch würde die Sozial- oder die Individualpsychologie dann werden, wenn man dabei vergessen wollte, dafs jede nur die eine Seite des Menschen darstellt, wenn man also die eine oder die andere für die ganze Psychologie nehmen oder ausgeben wollte.

Ebenso wie HERBART stets Sozial- und Individualpsychologie in das richtige sich ergänzende Verhältnis gesetzt hat, so auch Sozial- und Individualethik. Die Individualethik sucht die einfachsten Willensverhältnisse auf, über welche ein Urteil ergeht. Da findet sie z. B. das Verhältnis zwischen Einsicht und Wollen als innere Freiheit oder Unfreiheit in Einem Individuum. In Wirklichkeit giebt es ein solches Individuum als vereinzeltes nicht. Jedes Individuum mit nur einigem geistigen Leben ist das Ergebnis gesellschaftlichen Zusammenlebens mehrerer. Damit ein Mensch wollen kann, damit er gar sein Wollen beurteilt, dazu mufs eine sehr lange Geschichte dieses Individuums und seiner Vorfahren vergangen sein, dazu mufs man sich zuvor in den mannigfaltigsten Beziehungen zu anderen bewegt haben.

Oder wenn man die Idee des Wohlwollens oder des Rechts aus dem Verhältnis zweier Personen gewinnt, so ist das auch eine Abstraktion. Nirgends treten nur zwei Personen zu einander in ein Verhältnis. Man denke an Robinson und Freitag auf der einsamen Insel. Jeder von ihnen trägt doch in sich, was er durch andere geworden ist, die Beziehungen zu denen, durch welche ihr Geist gebildet und ausgebildet ist. Diese Rücksichten bestimmen auch thatsächlich ihr Wollen und Urteilen. Wie oft heifst es: was würde der Vater dazu sagen, was würde Gott denken! etc. Wie viel weniger ist es mitten im wirklichen Leben mit seinen nicht blofs zurückliegenden oder gedachten, sondern aktuellen Beziehungen möglich eine Person oder auch zwei zu isolieren. In Wirklichkeit finden Verhältnisse, welche HERBARTS sittlichen Ideen zu Grunde liegen, niemals in dieser Einfachheit statt. Gleichwohl ist es für die wissenschaftliche Darstellung nötig, wie in der Psychologie mit einer oder zwei Vorstellungen, so in der Ethik mit den denkbar einfachsten Verhältnissen zu beginnen. In Wahrheit ist darum HERBARTS Ideenlehre eine Abstraktion aus den viel komplizierteren Verhältnissen des sozialen Lebens. Man kann auch in dem wirklichen Leben nicht scheiden und sagen: hier gelten die Einzelideen, die Individualethik, dort die abgeleiteten Ideen oder die Sozialethik, sondern im wirklichen Leben giebt es immer nur Sozialethik, nur sind da die Verhältnisse bald zusammengesetzter, bald einfacher und stehen im letzteren Falle den ursprünglichen Ideen näher. Übrigens gelten diese Betrachtungen nicht allein für die HERBARTsche Ideenlehre; jede Moral, in welcher Form sie auch gegeben werde, wird damit beginnen müssen, die einfachsten Verhältnisse der Menschen zu einander voran zu stellen, also das Abstrakte, und dann erst zu den der Wirklichkeit näher stehenden, zusammengesetzteren Verhältnissen fortzuschreiten oder das Einfache darauf anzuwenden, wie man auch in der Harmonielehre verfährt.

Unter den philosophischen Ethiken dürfte keine nach beiden Seiten hin als Individual- wie als Sozialethik so gleichmäfsig ausgebaut sein, als die HERBARTS und seiner Schule. HERBART selbst hat gleich von Anfang beide Seiten in seiner 1808 erschienenen praktischen Philosophie zur Darstellung gebracht. Wenn gleichwohl HERBART zuweilen nur als Individualethiker beurteilt ist, so liegt dies zumeist daran, dafs das 2. Buch seiner praktischen Philosophie, sowie die vielen anderen dahin gehörenden Arbeiten nicht gekannt oder nicht beachtet wurden. In Wahrheit hat HERBART die Sozialethik nicht allein viel früher als viele andere und ausführlicher dargestellt, sondern hat, wie THILO sagt, gleichsam das Programm einer richtigen Sozialpolitik geschrieben, wie sie erst jetzt den Staaten allmählich zum Bewufstsein kommt. Und nicht dies allein, sondern er hat es auch deutlich genug gezeigt, wie zunächst die sozialen Wohlfahrtseinrichtungen würden aufgenommen werden, dafs nämlich das nächste Erzeugnis des Wohlthuns nichts anderes ist, als Wohlsein und Genufs, und dafs der Genufs neue Wünsche also Unzufriedenheit erzeugt.[1]

Ebenso wie HERBART haben auch die idealistischen Philosophen SCHELLING, HEGEL, SCHLEIERMACHER u. a. die grofsen Gemeinschaften, Geschichte und Staat als Gegenstände der Ethik betont, allerdings einseitig betont, so dafs sie keinen Übergang fanden zur Individualethik, sondern den Einzelnen immer nur als Träger oder Produkt des realen Allgemeingeistes betrachten und beurteilen konnten.

Durch die Betonung der Sozialethik und Sozialpsychologie bringt

---

[1] Das 2. Buch von HERBARTS praktischer Philosophie hat seine besondere Schwierigkeiten schon darum, weil er zur Zeit des napoleonischen westfälischen Königreiches manches »einhüllen« mufste. Vergl. über dies Buch THILO in der Zeitschr. f. ex. Phil. XVIII u. XV, 207 ff.

also der Evolutionismus keinen neuen Gesichtspunkt in die ethische oder psychologische Betrachtung. Auch nicht dadurch, dafs er lehrt: die ethischen Beurteilungen sind erst durch das soziale Leben entstanden. Jede Beurteilung, wie überhaupt alles geistige Leben, also alle ethischen Unterschiede können nur in menschlicher Gemeinschaft hervortreten, in welcher die Einzelnen mit ihren Willen zu anderen in Beziehung treten. Post sagt: »ein isoliert aufwachsender Mensch würde wohl denken, aber er würde von einem sittlichen Bewufstsein nichts in sich spüren. Das ist lediglich ein Produkt des geselligen Zusammenlebens.« Davon ist nicht richtig, dafs ein isoliert aufwachsender Mensch denken würde. Denken, wie alles geistige Leben ist auch ein Produkt der menschlichen Gesellschaft, der andere Satz aber, dafs Sittlichkeit und Rechtsbewufstsein erst aus dem gesellschaftlichen Leben hervorgeht, ist selbstverständlich wenigstens für solche, die keine angeborenen oder sich spontan erzeugenden sittlichen Begriffe annehmen.

Auch das endlich, dafs die Bildung von sozialen Verbänden nicht etwas Willkürliches, sondern etwas Naturnotwendiges sei, ist längst bekannt und anerkannt. Das mag man sagen gegen diejenigen, welche geglaubt oder doch gelehrt haben, die Menschen seien anfangs nach Belieben zu einer Gemeinschaft zusammengetreten und haben mit Bedacht einen Staatsvertrag geschlossen. In dem Stücke sind die Philosophen HEGELscher wie HERBARTscher Richtung immer einig gewesen, dafs die staatliche Gemeinschaft eine Naturnotwendigkeit war. Die Not, das Bedürfnis zu leben und sich zu erhalten fordert ein Zusammenleben. Der Staat ist daher zunächst ein Naturprodukt. Wo eine gröfsere Menge wirklicher lebendiger Kräfte in eine Einheit zusammengeht, wo also Menschen auf einem Boden mit einander leben, da kann es nicht anders geschehen, als dafs dieselben ohne Absicht und Willen sich mit einander im umgekehrten Verhältnis ihrer Stücke ins Gleichgewicht setzen und darnach verschmelzen. So bildet sich anfangs jeder staatliche Verband. Doch ist damit nur der theoretische Begriff des Staates angedeutet, was der Staat ist; es mufs noch der praktische hinzukommen, was der Staat sein soll. Aber von dieser Unterscheidung später.

Zunächst sollte nur hervorgehoben werden, dafs sich der Evolutionismus durch Betonen der Gesellschaft, als eines notwendigen Naturproduktes und als der Bedingung der sittlichen wie überhaupt der geistigen Bildung nicht unterscheidet von den bisherigen Theorieen; ja er ist noch weit zurück geblieben hinter HERBARTS genauen und ausführlichen Erörterungen über Staat und Gesellschaft.

Etwas Eigentümliches jedoch bekommt der Evolutionismus durch die Übertragung des Darwinismus auf den sozialen Organismus und die dadurch bedingte Rücksichtnahme auf die Ergebnisse der neuen ethnologischen Forschungen über die rechtlichen und sittlichen Verhältnisse der rückständigen Völker. Der Darwinismus, auf das Sittliche angewandt, wird für eine wesentliche Ergänzung der früheren Ansichten gehalten. Man sagt etwa: Spinoza und namentlich Hegel haben auch gelehrt, dafs unsere höchsten sittlichen Ideen von dem natürlichen Bestreben abstammen, vermöge dessen jedes Geschöpf sich zu erhalten sucht. Aber sie haben auf dieser Bahn nur erst Anfang und Endpunkt angegeben und höchstens dazwischen gleichsam Fähnchen und Stangen aufgesteckt, um zu zeigen, in welcher Richtung die Entwicklungsbahn weiter auszubauen sei. Zeigten sie nur das Dafs, so zeigt eben der Darwinismus das Wie, nämlich wie die Entwicklung vor sich gehen mufste und vor sich gegangen ist. Hier, sagt man, wird dargethan, wie von den Trieben, durch welche die Tiere bestimmt werden, ihnen Zusagendes aufzusuchen und Nachteiliges zu vermeiden, eine gerade Linie ohne Unterbrechung und ohne anderweitige Einflüsse zu jenen Wertschätzungen führt, welche den ethisch am höchsten entwickelten menschlichen Individuen bei Unterscheidung von gut und böse eigen sind; oder wie der Mutualismus d. h. der Umstand, dafs oft mehrere Tiere zuweilen ganz verschiedener Art sich gegenseitig ohne ihren Willen Vorteile bieten sich zum gegenseitigen Wohlwollen bei den Menschen verklärt habe, wie hingegen das Schmarotzertum bei Pflanzen und Tieren Anfang und Ursache alles Eigennutzes und Übelwollens der Menschen sei. Also die Entstehung des Gewissens, des Rechts aus tierischen Trieben, das ist es, was der Darwinismus für die evolutionistische Ethik leisten soll. Gehen wir darauf ein und zwar namentlich an der Hand von Schäffle, der wie mir scheint, hier am ausführlichsten ist.[1])

Der Darwinismus in der Ethik.

Der Ausgangspunkt des Darwinismus ist die Variabilität, also die Thatsache, dafs jeder Organismus, ja jeder Teil, jede Zelle nicht immer genau dieselbe Entwicklung einhält, sondern zuweilen mehr oder weniger davon abweicht, also variiert. Diese Thatsache wird meist ein Streben zu variieren genannt. Wendet man dies auf den sozialen Organismus an, so ist sofort zu bemerken, dafs verglichen mit dem pflanzlichen und tierischen Organismus der Sozialkörper weit lockerer zusammengesetzt ist. Auch bei der abgeschlossensten

---

[1]) Bau und Leben des sozialen Körpers I—IV, 1875—1878.

Horde und der strammsten Disziplin wird ein menschliches Individuum nie in dem Mafse von dem Oberhaupte oder dem Gesamtwillen beherrscht, als ein Molekül in der Zelle, oder die Zelle im Organismus, oder die Biene im Stocke determiniert ist. Dies liegt daran, dafs die Regsamkeit eines menschlichen Geistes weit gröfser ist, und also dessen vollständige Determinierung auch eine weit gröfsere Anzahl von Ursachen erfordert, als dies etwa bei einer blofsen Zelle der Fall ist. Je zahlreicher aber die Bedingungen sind, die bei irgend einem Ereignis zusammenwirken müssen, um so gröfser ist auch die Möglichkeit einer Abänderung derselben oder der Variabilität. Letztere ist darum auch bei dem Sozialkörper weit gröfser, als bei den Einzelorganismen, und zwar dergestalt, dafs auf den Sozialkörper äufsere Umstände einen weit gröfseren und durchgreifenderen Einflufs haben müssen. Schäffle sagt selbst I, 8: »den einfallenden Kräften der äufseren Umgebung bietet der soziale Körper einen unermefslich viel breiteren Spielraum zahlloser Möglichkeiten von besonderen Änderungen dar, und die einfallenden äufseren Kräfte selbst, mit welchen der ungeheure soziale Körper für sein universellstes Einzelleben in Wechselwirkung tritt, wirken in unabsehbar mannigfaltigeren Kombinationen auf denselben ein.« Schon hieraus ergiebt sich, wie mifslich es ist, etwas erklären zu wollen, was an sich viel einleuchtender ist, als das zur Erklärung Angenommene. Gerade die Variabilität ist so unbegrenzt, wie sie gefafst wird, bei Pflanzen und Tieren nicht gegeben. Sie findet hier nur innerhalb verhältnismäfsig enger Grenzen statt und ist, sich selbst überlassen, immer dem Rückschlag preisgegeben.

Dieser letztere fehlt nun wieder dem Sozialkörper fast ganz, wenigstens verglichen mit der Art, wie er die Pflanzen und Tiergattungen beherrscht. Rückschläge oder Reaktionen zu früheren Zuständen sind ja auch der Gesellschaft nicht fremd, aber einmal geschehen sie nie mit der Regelmäfsigkeit als dort, und dann nie so unbedingt, denn die Reaktion ist sehr selten oder eigentlich nie reine Wiederholung eines der vorangegangenen Zustände, die Zwischenstationen sind nie ganz verloren gegangen, sondern bestimmen stets in irgend einer Weise den Zustand mit, welchen man Reaktion nennt. Hier pafst wiederum die Darwinsche Theorie viel besser auf den Sozialkörper als auf den tierischen Organismus, denn was hier der steten Entwicklung, Fortbildung und Konservierung der Variation meist hindernd in den Weg tritt, nämlich der Rückschlag, das ist beim Sozialkörper keineswegs in dem Mafse vorhanden. Überhaupt sollte man bedenken, dafs von Entwicklung, wie sie bei Menschen statthat, in der

Pflanzen- und Tierwelt nicht die Rede sein kann. Hier geht alle Entwicklung den Kreislauf und führt von selbst nie weiter. Eine Weiterentwicklung findet nur statt, wo der Mensch die Bedingungen der Entwicklung ändert. Zieht aber der Mensch seine Hand ab, so erfolgt der Rückschlag. Entwicklung im wahren Sinne herrscht nur in der Menschenwelt. Eine Entwicklung im Sinne der Descendenz anzunehmen für das ganze Reich der Organismen, ist nicht Thatsache, sondern Postulat der Theorie.

Das Hauptmittel zur Weiterentwicklung ist nun bekanntlich der Kampf ums Dasein, d. h. um die Lebensbedingungen. Dieser Kampf bewegt sich bei den Pflanzen und Tieren um die elementarsten Bedürfnisse, Nahrung und Fortpflanzung. Weit zahlreicher sind die Streiterregungen für den Menschen und die Gesellschaft. Aufser den leiblichen Bedürfnissen nennt Schäffle noch die Pleonexie, das mehr haben und mehr gelten wollen als andere, sodann den Idealismus, d. h. die uninteressierte Liebe des Einzelnen zum Ganzen oder die Begeisterung für Vollkommenes. II, 289. Dieser Idealismus keimt, nach ihm zunächst im eignen Interesse, denn selbst dem geringsten Hordengenossen wird der Wert, nein die Notwendigkeit des Grundsatzes klar: Einer für alle und alle für Einen. II, 70. Aber dabei bleibt der Idealismus nicht stehen, sondern er klärt sich ab zur reinen uninteressierten Liebe für das Ganze und macht dadurch getrieben die gröfsten und folgenreichsten Anstrengungen, für Verbesserung und Fortbildung der überkommenen Zustände zu sorgen, denn die gröfsten Männer haben die Welt nicht blofs durch Gewalt weiter gebracht, sie waren mehr oder weniger Idealisten. Ihnen verdankt man den bahnbrechenden Fortschritt. II, 289. »Wir haben mit Nachdruck hervorgehoben, dafs die Auslösung neuer bisher in der Welt nicht dagewesener Ideen, die als völlig neu etwas Wunderbares haben, bis jetzt nicht rein mechanisch erklärt werden können, und haben deshalb selbst den Glauben an Inspiration zusammenwirkender endlicher Geister aus einem allerdings völlig unbekannten dritten Woher der Ideen nicht benehmen wollen.« II, 486. Der Verfasser meint hier wohl vorzugsweise das Aufleuchten der sittlichen Ideen, deren Entstehung übrigens nichts Wunderbares an sich hat, wenn durch die Umstände die betreffenden Willensverhältnisse hervorgebracht sind, und der menschliche Geist insoweit sich ausgebildet hat, dafs er einer unbefangenen Beurteilung fähig ist. Doch dies nur beiläufig, wir wollten nur hervorheben, wie viel mannigfaltiger Schäffle selbst die Ursachen zur Rivalität und zum Fortschritt in der Gesellschaft angiebt, als im Tier- und Pflanzenreich, und wie dürftig es sich ausnimmt, wenn diese Mannigfaltigkeit jenen verhältnismäfsig wenig Veranlassungen zum Kampfe subsumiert werden soll.

Bei dem Kampfe ums Dasein erfolgt nun weiter der eigentliche Fortschritt durch Anpassung; indem der Sieg stets dem besser ausgestatteten Exemplare, dem stärkeren, klügeren, schöneren zufällt, dieses sich erhält und seine Eigentümlichkeit vererbt, während die minder gut ausgestatteten Exemplare aus dem Dasein allmählich verschwinden. Für den Sozialkörper läuft dies auf die bekannte Thatsache hinaus, dafs der Staat oder das Volk, welchem die meisten Mittel zu Gebote stehen, und welches die Umstände am geschicktesten zu benutzen weifs, die schwächeren besiegt und wenn auch nicht vernichtet, so doch sich dienstbar macht. Bei der Tier- und Pflanzenwelt hat nun die so geschehende Zuchtwahl mit mancherlei Schwierigkeiten zu kämpfen, denn es versteht sich keineswegs immer von selbst, dafs jedesmal allein das besser ausgestattete Exemplar sich erhält und sich vor Vermischung mit geringeren Exemplaren hütet, die anderen aber ausgemerzt werden, noch viel weniger, dafs sich auf diese Weise Organe, wie etwa die Zitzen ausbilden, deren erste Ansätze dem einzelnen Tiere zunächst gar keinen Vorteil bringen, sondern erst nach voller Ausbildung, also nach vielen Generationen nützlich werden. Hier und in vielen anderen Fällen wird die Zuchtwahl gar oft beschrieben, wie ein persönliches Wesen, welches immer auf das Wohl und den Fortschritt der Gattung bedacht auch den kleinsten Vorteil wahrzunehmen und zu benutzen weifs. Was nun hier der Selektionstheorie fehlt, nämlich die »bewufste Anpassung«, II, 167, das ist in der Menschenwelt vorhanden. Die Anpassung geschieht in der menschlichen Gesellschaft nicht allein durch Macht und instinktive List, sondern vorzugsweise durch Überlegung, die absichtlich sich den Umständen anbequemt und diese sich dienstbar macht, durch gegenseitigen Vertrag und endlich durch Idealismus im obigen Sinne. II, 413. Hier haben wir abermals eine ganze Anzahl von Erklärungsmitteln mehr, als die Theorie bietet, welche man zur Erklärung heranzieht.

Dafs wir es hier mit einer Übertragung menschlicher Erscheinungen auf tierische zu thun haben und nicht umgekehrt, ersieht man recht deutlich aus dem Streben, die »bewufste Anpassung« auch auf Tiere, Pflanzen und Moleküle zu übertragen. Eine unbewufste Anpassung würde in vielen Fällen nicht zum Ziele führen, darum wird von vielen Darwinianern gesagt, dafs sich die Tiere mit einem meist mehr als menschlichen Verstande in ihren Instinkten klüglich und bewufst den Verhältnissen angepafst hätten. Haeckel und andere legen sogar den einfachen chemischen Elementen geistiges Leben bei und meinen, dafs die Elemente bewufsterweise Verbindungen schliefsen oder vermeiden. Oder man erwäge folgenden Satz aus MORELLIS La Filosofia monistica S. 29: Auch der ersten Monere, die auf ihre Weise die Berührungen mit den benachbarten Körpern perzipiert hat, hat sich, sicherlich in unendlich geringerem Mafsstabe, das metaphysische Problem des Nicht-Ich dargeboten, das die metaphysische Spekulation zum ausschliefslichen Eigentum des menschlichen Bewufstseins gemacht hat.

Was weiter die Vererbung betrifft, so nimmt DARWIN diese als Thatsache hin, wobei natürlich unerklärt bleibt, sowohl das, was sich vererbt, als das, was sich nicht vererbt, wie z. B. das Geweihe und die Mähne, die bei einigen Gattungen nur auf die männlichen Exemplare vererbt werden. Anders im sozialen Körper. Hier ist die Vererbung oder die Übertragung des Gedankenkreises von einer Generation auf die folgenden durch die mancherlei Mittel der Unterweisung etwas vollständig Durchsichtiges, so dafs dieses viel eher ein Licht auf die organisch leiblichen Vererbungsprozesse zu werfen geeignet ist, als diese auf jene. Aufserdem reicht die Vererbung in geistiger Beziehung viel weiter; denn bei den Tieren und Pflanzen bemerkt SCHÄFFLE II, 209, geschieht die Übertragung nur auf die unmittelbaren Nachkommen, in der Gesellschaft aber von jeder sozialen Einheit auf die andere, indem jedes Individuum auf die anderen absichtlich oder unabsichtlich seine eignen Gedanken übertragen kann, wofür jedenfalls das Wort Vererbung keine recht geeignete Bezeichnung, vielmehr Tradition gebräuchlich ist.

Ebensowenig passend ist es mit P. BARTH zu sagen: Erziehung ist die geistige Fortpflanzung eines Volkes.[1]) Wohl überträgt oder vererbt durch tausend Kanäle jedes Geschlecht seine Bildung auf das kommende. Unsere ganze geistige Existenz, sagt HERBART, ist gänzlich von gesellschaftlicher Art, auf jeden Einzelnen wird davon mehr oder weniger übertragen.[2]) Allein nicht jede Übertragung ist Erziehung. Nur diejenige Vererbung oder Übertragung des Bildungsgutes nennt man Erziehung, welche absichtlich und planmäfsig geschieht und wobei nicht alles ohne Unterschied, sondern nur das Wertvolle übertragen wird. Erziehung im eigentlichen Sinne ist nur ein ganz besonderer Fall der geistigen Vererbung. Man könnte also höchstens sagen: Erziehung ist eine (nicht die) geistige Fortpflanzung.

---

[1]) REINS encyklop. Handbuch II. 33.
[2]) HERBART, W. Hartenstein IX, 204, 186.

Endlich ist noch ein Problem zu lösen, nämlich warum so viele Exemplare trotz ihrer mangelhaften Anpassung sich doch erhalten und fortpflanzen ohne fortzuschreiten, während man erwarten sollte, dafs nur Auslese übrig bleibe. Dies ist nun für die Gesellschaft sehr leicht beantwortet. Es ist einmal die Schuld der einzelnen Parteien, welche den rechten Zeitpunkt der Anpassung träge versäumten und also rückständig wurden, II, 61, 445, sodann schont die Grofsherzigkeit der Sieger hier und da das Schwache und läfst es bestehen.

Hier sind wiederum Erklärungsmittel angewendet, die wohl auf die Menschen, nicht aber auf Pflanzen und Tiere passen, und daher kann eine Theorie, die zunächst nur die letzteren Beziehungen im Auge hat, auch keine Erklärung für das Klarere geben.

Was ist nun das Resultat der Übertragung des Darwinismus auf den sozialen Körper? Dafs die Selektionstheorie gar nichts in der Gesellschaft erklärt, sondern nur — oft nicht einmal recht passende — Kategorieen, Rubriken, Namen giebt für Dinge, die längst ganz abgesehen vom Darwinismus bekannt sind.

Der letztere pafst viel besser, als auf die Pflanzen- und Tierwelt, auf den lockeren, äufseren Einflüssen so zugänglichen, zur Veränderung geneigten sozialen Körper. Und von letzterem ist in der That auch die Theorie Darwins entnommen. Dieser erklärt selbst: »als ich durch einen glücklichen Zufall das Buch von Malthus über die Bevölkerung las, tauchte der Gedanke der natürlichen Zuchtwahl in mir auf.« Und Haeckel gesteht: »Darwins Theorie vom Kampf ums Dasein ist gewissermafsen eine allgemeine Anwendung der Bevölkerungslehre von Malthus auf die Gesamtheit der organischen Natur.« II, 46. Der Ertrag des Darwinismus hinsichtlich des sozialen Körpers besteht streng genommen in nichts als in dem Satze, dafs die Not durchschnittlich der Sporn zum Bessern ist für den Einzelnen wie für das Ganze. Dieser Satz ist zwar höchst bedeutungsvoll, aber auch ebenso bekannt und alt. »Materielle Not, Eitelkeit, Ehrgeiz, sind unter allen die kräftigsten Triebfedern des Menschen und die mächtigsten Hebel zu wahren bedeutenden Leistungen« sagt z. B. Waitz (Anthropologie, I, 233). Und wenn Schaeffle meint, das habe man früher wohl auch gewufst, aber doch nur als Thatsache, nicht das Warum, IV, 477, so ist auch dies nicht richtig. Um einzusehen, dafs im Kampfe ums Dasein durchschnittlich der besser Ausgestattete siegt, dazu bedarf es keiner besonderen Erklärung, am wenigsten läfst sich der Darwinismus darauf ein, eine solche zu geben. Jedenfalls dürfte es denjenigen, welche näher auf Herbarts mathematisch-psychologische Theorie eingehen, zutreffender erscheinen, was dieser zur Begründung des Satzes vorbringt: »Im Staate wie im menschlichen Geiste weicht die Masse der schwächeren Kräfte dem Übergewichte einiger verhältnismäfsig stärker hervorragenden.«

Die Vergleichung der menschlichen Gesellschaft mit einem pflanzlichen oder tierischen Organismus ist uralt, wohl so alt, als man über Staat, Volk und Gesellschaft nachgedacht hat. Aber diese Vergleichung zeigt auch mannigfache Unterschiede. Darüber mögen einige Sätze von HERBART mitgeteilt werden: Mit dem Keime ist für eine Pflanze oder Tier ganz bestimmt die fernere Evolution vollständig gegeben; dergestalt, dafs man den Keim wohl pflegen oder verderben, die Evolution wohl einigermafsen beschleunigen oder verzögern, nicht aber dauernd verändern kann.... Solche Bestimmtheit der Form ist weder in dem menschlichen Geiste, noch im Staate zu finden. Vielmehr gilt vom Geiste wie vom Staate der Satz, dafs sie sich bestimmten Organismen zwar allmählich und ins Unendliche fort nähern, sie aber niemals völlig erreichen; oder kurz: Physiologie zeichnet die Asymptote für Psychologie und Staatswissenschaft. Es ergiebt sich nämlich allerdings aus dem System aller Vorstellungen im Individuum und im Staate eine bestimmte Assimilationsweise für neu hinzukommende Vorstellungen, samt den aus ihnen entstehenden Gefühlen und Begierden; aber jede Assimilation verändert zugleich das Assimilierende und giebt dadurch den künftigen Assimilationen eine neue Richtung. Hierauf beruht die Möglichkeit der Erziehung, von der man sehr unrichtige Begriffe hegt, wenn man sie der Gärtnerei vergleicht; denn während die letztere blofs die vorbestimmte Evolution der Pflanze fördert, greift die erstere allerdings in das Innere des Keimes ein, indem sie dem Menschen Gedanken, Gefühle und Bestrebungen einimpft, die er ohne sie niemals erlangt hätte.... Und hiermit hängt unmittelbar der Unterschied zusammen, dafs Pflanzen und Tiere eine angemessene Zeit des Wachstums, Bestehens und Welkens haben; hingegen die Staaten sich bald schnell bald langsam entwickeln, und dafs ebensowenig in der Abnahme der Staaten, wie in ihrem Wachsen bestimmte Perioden herrschen, vielmehr oft ein wechselndes Rückgehen und Vorwärtsgehen, wo nicht gar eine Art von Wiedergeburt in ihnen zu bemerken ist.... Es sind in der That nicht sowohl die successiven als die simultanen Merkmale des Staates und der Organismen, die. zwischen beiden eine Vergleichung rechtfertigen. Wie die Organe, von denen die Organismen ihren Namen führen, wie Lunge und Herz, Magen, Muskeln und Nerven zum Leben zusammenwirken, so arbeiten bekanntlich im Staate die verschiedenen Stände, zwischen denen die gemeinsam obliegende Arbeit geteilt ist, zum Bestehen und Gedeihen der Gesellschaft einander in die Hand. Um aber diese Vergleichung durchzuführen, reicht es nicht hin, einen bestimmten Staat mit einer bestimmten Art von Tieren oder Pflanzen zusammenzustellen, sondern man muſs beinahe die ganze Naturgeschichte durchlaufen vom Polypen bis zum Menschen oder vom Pilz bis zur Eiche, um den Staat, der eigentlich nie etwas Bestimmtes ist, sondern der stets wird und schwebt und vorwärts oder rückwärts geht, mit dieser seiner ganzen Veränderlichkeit als einen Organismus denken zu können. Denn beim Ursprung der Staaten war ohne Zweifel die Teilung der Arbeit in ihnen höchst unvollkommen, gerade wie die Teilung der organischen Funktionen bei den niederen Tieren und Pflanzen; aber in dem aufblühenden Staate sondern sich die Stände immer weiter, sie nehmen Mittelglieder zwischen sich auf, denen die Sphäre ihres Thuns immer enger begrenzt wird; wie wenn den Tieren ohne Herz allmählich Herz und Lunge, denen mit wenigen Nervenknoten allmählich ein Rückenmark einwüchse. So ist der menschliche Geist und der Staat zwar niemals ein bestimmter Organismus, aber er organisiert sich fortwährend.«[1]

Was hier HERBART nur ganz bedingungs- und vergleichsweise ausspricht, daſs nämlich dem Tiere mit wenig Nervenknoten allmählich ein Rückenmark einwüchse, das behauptet der Darwinismus positiv und benutzt dann diese Behauptung, um dergleichen Fortschreiten zu höheren Formen in den Staaten und Völkern zu erläutern, wohl gar zu erklären, während auch hier die Sache umgekehrt steht. Im sozialen Körper ist das Fortschreiten zu höheren Formen Thatsache, und davon nimmt man die Analogie her für die behauptete Evolution der tierischen und pflanzlichen Organismen.

Was sollte die Anwendung des Darwinismus auf den sozialen Körper eigentlich leisten? Es sollte dadurch erklärt werden, wie unsere jetzigen Begriffe von Moral und Recht als ein notwendiges Erzeugnis des geselligen Zusammenlebens entstanden sind. Die obigen Erörterungen sind dagegen angestellt, um zu zeigen, daſs bei dem in Rede stehenden Versuche nicht die Verhältnisse des Organismus auf die sozialen Verbände übertragen sind, sondern umgekehrt, diese auf jene. Gesetzt nun aber, man betrachtete den sozialen Organismus lediglich als ein Naturprodukt in dem Sinne, daſs jeder einzelne Mensch nur den einen Trieb hätte, sich selbst zu erhalten, welche

---

[1] HERBART, Über einige Beziehungen zwischen Psychologie und Staatswissenschaft 1821. Werke HARTENSTEIN IX, 212 und VI, 46.

Art der Moral würde sich daraus ergeben? Was würde folgen aus der geradlinigen Weiterentwicklung des Mutualismus und Parasitismus?

Moralprinzip des Darwinismus.

Carlyle hat einst die Sittlichkeit, die allein auf das Selbstinteresse gebaut ist, durch folgende Preisaufgabe verspottet: Gegeben ist eine Welt voll Schurken, es soll gezeigt werden, wie aus vereinigten Bestrebungen derselben die Tugend entspringe.[1]) Der Evolutionismus versucht diese Aufgabe zu lösen. Die Lösung besteht nun in nichts anderem als in den allbekannten Gedanken, die schon die alten Sophisten bei Plato in den verschiedensten Wendungen zur Sprache bringen: der Mensch könne nicht besser für sich selbst sorgen, als wenn er, soviel unumgänglich nötig sei, auf andere Rücksicht nähme. Diese klügliche Rücksichtsnahme oder Benutzung der anderen für seine eignen Interessen: darin bestehe die ganze Moralität.[2])

Bei diesen Versuchen kommt nun alles darauf an, einzuschärfen, daſs das, was man Moralität nennt, also namentlich die Sorge für andere, der Altruismus nichts anderes sei als kluge und notwendige Wahrnehmung der eignen Interessen. Jhering sagt in diesem Sinne: »Bei allen anderen Leistungen, welche der menschliche Geist im Laufe der Jahrhunderte beschafft hat, fällt der Endpunkt des Entwicklungsprozesses in die Richtungslinie des ersten Anfangs. Aber bei der historischen Erhebung des Egoismus zur Sittlichkeit bildet der Schluſspunkt des Entwicklungsprozesses den diametralen Gegensatz des Anfangspunktes: Der Egoismus ist in sein gerades Gegenteil umgeschlagen, er hat sich selbst negiert. Die Geschichte bildet aus dem Teige, dem Thone, den die Natur ihr geliefert, dem natürlichen Menschen, dem Tiere ein Wesen höherer Art, welches das gerade Widerspiel des ursprünglichen bildet: den sittlichen Menschen. Der Egoist ist das Werk der Natur, der sittliche Mensch das der Geschichte. Wissen und Wollen des Sittlichen, das sittliche Gefühl und die sittliche Gesinnung sind das Werk der Gesellschaft. . . . Die Selbstverleugnung läſst sich nicht als ein Wesen höherer Art vom Himmel zu uns herab, um dem öden Treiben des erdgeborenen Egoismus ein Ende zu machen, sondern sie ist auf Erden geboren, vom Stamme und Fleische des Egoismus, das Produkt eines Prozesses innerhalb des Egoismus selber. Der Punkt oder die Gelegenheit, bei der letzterer sie aus sich entläſst, ist der Konflikt zwischen dem Gemein- und

---

[1]) Helden und Heldenverehrung S. 77 u. 117.
[2]) Jhering, Zweck im Recht II, 117, 224.

Individual-Interesse. Der Gemeinsinn ist, wenn wir den Vergleich der Entwicklungsgeschichte des Eies hierher ziehen dürfen, das Furchungsprodukt des Egoismus — die Selbstverleugnung in diesem Verhältnis ist nur eine eigentümliche Art der Selbstbehauptung.«

Darauf bemerkt STEINTHAL (Ethik 215) mit Recht: Die [Selbstverleugnung meine ich dagegen, mag immerhin auf Erden geboren sein (ist sie ja doch ein Erzeugnis des menschlichen endlichen Geistes), muſs sie darum vom Stamme und Fleische des Egoismus sein? Wie könnte sie dann wohl aus einem Prozesse innerhalb des Egoismus hervorgehen?... Lohn und Strafe mögen dahin wirken, daſs der Mensch das Individual-Interesse dem Gemein-Interesse unterordne, und wenn er klug ist, wird er es so einzurichten wissen, daſs er beide Interessen derartig vereinigt, daſs er die seinigen fördert, indem er das Fremde fördert und umgekehrt. Das aber ist nicht Selbstverleugnung und ist gar keine eigentümliche Art der Selbstbehauptung oder gar das diametrale Gegenteil des Egoismus, sondern Egoismus schlechthin, höchstens die kluge Art. Der Gemeinsinn so verstanden ist gar keine veredelte Form des Egoismus, sondern schlechthin Egoismus. Der Gemeinsinn ist hier kein anderer, als er etwa bei Gründung von Hagel- und Feuerversicherungen thätig. Der einzelne tritt in eine solche Versicherung ein, nicht etwa um anderen zu helfen, sondern um sich von den anderen helfen zu lassen. Dafür muſs er sich allerdings einige Opfer auferlegen. Aber er erwägt, ob er dabei seine Rechnung findet, ob das Geschäft für ihn vorteilhaft ist, nicht ob er den anderen Vorteile gewährt. Das letztere kann übrigens bei einem wohlwollenden Manne auch geschehen, aber gerechnet wird dabei lediglich auf das eigne Interesse. JHERING schildert selbst die Gesellschaft, die lediglich durch eignen Vorteil zusammengehalten wird: Sie ist nichts als die Ordnung des Bagno der Galeerensträflinge: gesichert, solange die Peitsche in Sicht, aufgelöst, sobald diese aus den Augen ist. Sind wir sicher, daſs das Auge des Gesetzes uns nicht wahrnimmt, so können wir alles thun, was unser Vorteil, unsere Lust, unsere Leidenschaft mit sich bringt; das Gesetz, das uns nicht sieht, existiert für uns nicht, sein Arm reicht nicht weiter als sein Auge. Bin ich sicher, daſs der Gläubiger den Beweis der Schuld nicht führen kann, so leugne ich sie ab; treffe ich meinen Feind an einsamer Stelle im Walde, so räume ich ihn aus dem Wege; jedes Verbrechen, das mir Vorteil bringt oder Genuſs verspricht und von dem ich sicher bin, daſs niemand mich desselben überführen oder beschuldigen wird, ist dann nicht bloſs möglich, sondern vom Standpunkt des Egoismus psychologisch unabwendlich! »Der Verständige wird aus Furcht vor Strafe keine Ungehörigkeit begehen«, meinte schon der alte Lustlehrer ARISTIPP.

Nachdem nun eine Gesellschaft Egoismus und Altruismus, Parasitismus und Mutualismus einigermafsen ins Gleichgewicht gesetzt hat, wie wird man die Handlungen der einzelnen beurteilen? Natürlich nur nach dem Vorteil oder Nachteil. Mord, Ehebruch, Raub etc. wirken antisozial, sind schädlich und darum böse. Wäre unsere Lebensform aber anders gebildet, etwa wie die der Stockbienen, welche sich zur bestimmten Zeit der Drohnen entledigen, so meint DARWIN, würden wir uns für verpflichtet halten zu morden und dann den Mord als sozial und darum gut befinden.[1]) Deshalb ist auch ROLPH der Ansicht, dafs der vorgeschichtliche Mensch, der noch keine gesellschaftlichen Rücksichten zu nehmen hatte um so wichtiger d. h. besser handelte, jemehr er seine Genufssucht und Begehrlichkeit ausbildete. Der gesellschaftliche Mensch mufs sich freilich mancherlei Zwang auflegen, hat dafür aber auch die Vorteile der Kultur. Wer jedoch als Civilisierter unter Wilden lebt, handelt sittlich nämlich vorteilhaft, wenn er sich den Sitten der Wilden anpafst. Könnte unsere Gesellschaft umgestaltet werden, »würde sie sich bei der Lüge wohler befinden, als bei der Wahrheit, so würden beide ihren Platz zu tauschen haben und es würde die Lüge gesellschaftlich d. h. sittlich geboten sein«. (JHERING.) Wenn man sich denken könnte, dafs Mord, Ehebruch, Diebstahl unter veränderten Verhältnissen vorherrschend werden könnten, so würden sie aufhören schlecht zu sein.[2])

Es ist ersichtlich, wie man sich das sogenannte sittliche Urteil über die Handlungen der Menschen oder das Gewissen entstanden denkt. Erst wird die Handlung den gesellschaftlichen Verhältnissen angepafst und dann wird diese angepafste Handlung gelobt und dieses Lob als Empfehlung den kommenden Geschlechtern überliefert. Das Urteil gilt also zunächst als eine von den einzelnen Handlungen gewonnene Abstraktion, gewissermafsen als eine Kopie des Geschehenen. Dies beschreibt JHERING in folgender Weise (II, 10). Alle sittlichen Normen und Einrichtungen haben nach meiner Überzeugung ihren letzten Grund in den praktischen Zwecken der Gesellschaft, letztere sind von einer so unwiderstehlichen zwingenden Gewalt, dafs die Menschheit nicht der geringsten sittlichen Beanlagung bedurft hätte, um alles, was sie erfordern, hervorzubringen. Die Macht des objektiv Sittlichen d. h. der in Form der drei gesellschaftlichen Imperative:

---

[1]) DARWIN, Abstammung des Menschen II, 128.
[2]) WILLIAMS, A Review of the system of Ethics founded on the Theory of Evolution. 1893, S. 253.

Recht, Moral, Sitte verwirklichten Ordnung der Gesellschaft beruht auf einer praktischen Unentbehrlichkeit, das subjektive sittliche Gefühl ist nicht das historische Prius, sondern das Posterius der realen durch den praktischen Zweck geschaffenen Welt, und erst, wenn derselbe auf der unabhängig von ihm entstandenen Welt sich gebildet hat, und wenn es zu Kräften gekommen ist, erhebt es seine Stimme, um dasjenige, was es in der Welt gelernt hat, an der Welt zu verwerten, den Mafsstab, den es ihr auf dem Wege der unbewufsten Abstraktion allgemeiner Grundsätze entlehnt hat, auf sie selber zur Anwendung zu bringen d. h. Anforderungen zu stellen, dafs sie die Prinzipien, welche sie bisher nur unvollkommen realisiert hat, vollkommen durchführe — es ist das Kind, das, wenn es herangewachsen, die Mutter nach ihren eignen Lehren meistert.«

Dies kann man ohne weiteres zugeben. Zunächst bildet sich die Gesellschaft und ordnet sich nach Not und den augenblicklichen Bedürfnissen, so gut es geht. Hier wird geurteilt: recht und gut ist, was diesen unsern Sitten entspricht. Nun aber ist es keineswegs so, dafs der urteilende Geist allein an die gegebenen Verhältnisse in seinem Urteil gebunden wäre; er wird seinen Mafsstab nicht lediglich den vorhandenen Zuständen entlehnen, oder von ihnen durch Abstraktion gewinnen, wie es nach JHERING den Anschein hat. So wenig als der Maler bei Darstellung des menschlichen Gesichts nur an das Porträtieren der Wirklichkeit gebunden ist; des Menschen Phantasie ist sehr lebendig. Sie bleibt nicht an dem Gegebenen haften, sie kombiniert, sie abstrahiert und idealisiert; sie wird gar oft das Vorhandene verwerfen und tadeln, sich dagegen der Möglichkeit von andern Sitten und Rechten hingeben, die gelobt werden könnten.

Der menschliche Geist erwacht und bildet sich allerdings an den von aufsen gegebenen Empfindungen, aber alsdann stellen sich unter den so gewonnenen Vorstellungen Gebilde, Gefühle, Wünsche, Begriffe etc. ein, die als solche nicht in der Aufsenwelt gegeben sind. So sind die gesellschaftlichen Verhältnisse zunächst die Ursache, dafs überhaupt geurteilt wird; aber das Bestehende kann sowohl gelobt als getadelt werden, und kann zunächst in der Phantasie so gestaltet werden, wie es sein müfste, um gebilligt zu werden. So bilden sich Mafsstäbe zur Beurteilung des Gegebenen; diese Mafsstäbe sind wohl aus den gegebenen Verhältnissen gewonnen, aber sind nicht lediglich Kopieen der Wirklichkeit. Das herangewachsene Kind, um mit JHERING zu reden, beurteilt die Mutter nicht lediglich nach deren Lehren, sondern prüft, billigt und verwirft deren Lehren und sucht das unvollkommen realisierte zu vervollkommnen, und so kann man im Bilde fortfahren: warum soll eine verständige Mutter nicht auf eine kluge Tochter hören? Warum soll sich die Wirklichkeit nicht nach den gemachten Erfahrungen und gewonnenen Idealen umändern lassen? Die Fragen sind bei Naturvölkern und noch mehr bei Kulturvölkern sehr frühzeitig erwacht: wie soll die Wirklichkeit gestaltet werden? Etwa nur damit sie meinem Interesse diene? oder den Interessen weniger? oder aller? Nur den vorübergehenden Interessen oder den bleibenden? Insofern entspringt die Ethik wohl der Empirie, aber ihre Vorschriften entnimmt sie nicht lediglich der Empirie, sie sagt nicht nur, was ist oder geschehen ist, wie die Menschen sich verhalten haben, sondern wie sie sich verhalten sollen, um dem unparteiischen Urteil, und so dem eignen höhern Bedürfnis zu genügen. Die moralischen Vorschriften sind nicht ein uns von aufsen aufgedrungener Mafsstab, sie liegen nicht in der Natur des einzelnen Menschen für sich, sondern entspringen den Bedürfnissen der Gesellschaft.

JHERING ist hier in einem falschen psychologischen Sensualismus befangen. Er stellt sich den Geist als einen passiven Spiegel der Aufsenwelt vor, der nur wiedergiebt, was er aufgenommen hat, nur die thatsächlichen Verhältnisse zurückspiegelt, also auch nur das lobt, was sozial vorteilhaft ist. Auf diesem Standpunkt meint man dann, wenn doch der Spiegel noch etwas anderes zeigt (andere Urteile), so müfsten diese aus einer ganz anderen Welt in den menschlichen Geist hinein kommen. Und weil man dies mit Recht vermeiden möchte, so soll dann die Geistesthätigkeit auch im Urteilen auf das blofse Wiedergeben, Kopieren der wirklich gegebenen Verhältnisse beschränkt sein. Allein das heifst den Geist viel zu tot und passiv sich vorstellen. Man kann wohl zugeben, dafs alles, was wir im Geiste haben und verarbeiten, in letzter Linie aus der Sinnenwelt stammt. Aber die aus ihr gewonnenen Vorstellungen erzeugen durch die Wechselwirkung unter einander neue Gebilde, ohne dafs eine höhere oder auch nur andere Macht als die der Vorstellungen selbst thätig ist. So erzeugen die gleichzeitig aufgefafsten Töne durch ihr Zusammenwirken etwas Neues, das Gefühl der Dissonanz oder Konsonanz, was in keinem der einzelnen Töne liegt. So baut sich das ganze geistige Leben aus sehr einfachem Material auf, nämlich aus den sinnlichen Empfindungen. Und so bleibt auch das Urteil keineswegs für immer gebunden, wie sich das JHERING denkt. Das Zusammenleben der Menschen fordert gewisse Regeln, Einschränkungen, Thätigkeiten, unter denen eben ein Zusammenleben möglich ist. Allmählich erhebt sich aber der oder jener aus dem Volke zu der Frage: welchen Grund haben die von uns beobachteten Sitten und Rechte? Das geschichtlich Gewordene ist doch nirgends ganz unveränderlich, ist auch nirgends ganz das Werk eines Gesetzgebers, weicht von dem, was andere für recht halten, nicht unerheblich ab, ist für die einen drückend etc., kurz: mufs das Bestehende so sein wie es ist? Wenn man es abändern kann, wie müfste es dann eingerichtet werden? Der Unterschied zwischen dem wirklichen und dem idealen Rechte macht sich geltend. Die Frage erhebt sich nach dem, was sein soll. Im allgemeinen wird darauf geantwortet: Sitte und Recht soll sich nach den Bedürfnissen richten.

Nun unterscheidet man niedere und höhere Bedürfnisse. Zunächst macht sich der eudämonistische Standpunkt geltend. Er fordert, dafs Recht und Sitte zum mindesten möglichst wenig drücken und dazu helfen, die niedern, in die Augen fallenden Bedürfnisse zu befriedigen. Schon hier erhebt sich eine Verurteilung der Unordnung, und der Wert einer friedlich geordneten Gemeinschaft mufs erkannt werden.

Die höheren Bedürfnisse erfordern weiter, dafs jeder zur ruhigen Überlegung Gekommene, jeder Unparteiische nicht geradezu durch die vorhandenen Sitten und Rechte in seinem Gefühle gekränkt werde, sondern vielmehr mit Billigung und Genugthuung darauf hinblicken könne. Wie mufs eine Gesellschaft eingerichtet sein, dafs in ihr auch die höheren Bedürfnisse, nicht blofs der Kunst und der Wissenschaft, sondern die des unparteiisch Urteilenden befriedigt werden?

Ebenso wie sich der Darwinismus die erste Entstehung und Befestigung des sittlichen Handelns und Urteilens denkt, ebenso soll nach ihm der sittliche Fortschritt geschehen sein, nämlich durch immer vollkommenere Anpassung an die Verhältnisse. Nur die am besten Angepafsten d. h. nach ihm die Besten blieben übrig und empfanden das anfangs zwangsweise Rücksichtnehmen auf andere durch lange Gewohnheit als Lust.

Der sittliche Fortschritt durch Anpassung.

Indem man sagt: die best Angepafsten bleiben übrig, bringt man meist einen der Theorie fremden Mafsstab hinzu. Es müfste heifsen: das Übrigbleibende ist das best Angepafste, und dieses ist darum das sittlich Beste. DARWIN bemerkt: Es ist äufserst zweifelhaft, ob in demselben Stamme Nachkommen kameradschaftlich gesinnter Eltern in gröfserer Anzahl aufgezogen wurden als Kinder selbstsüchtiger und verräterischer Eltern. Wer bereit war, eher sein Leben zu opfern, als seine Kameraden zu verraten, wie es gar mancher Wilde gethan hat, der wird oft keine Nachkommen hinterlassen, die seine edle Natur erben konnten. Die tapfersten Leute, welche sich stets willig fanden, sich im Kriege an die Spitze ihrer Genossen zu stellen und welche bereitwillig ihr Leben für andere in die Schanze schlugen, werden im Durchschnitt in einer gröfseren Anzahl umgekommen sein, als andere Menschen. Es scheint daher kaum wahrscheinlich, dafs die Zahl der mit solchen Tugenden ausgerüsteten Menschen durch die natürliche Zuchtwahl d. h. durch das Überlebenbleiben des Passendsten erhöht werden könnte.[1])

Man sieht, wie hier DARWIN von Tugenden spricht von Tapferkeit, Grofsmut und von Lastern wie Verräterei ganz abgesehen von seiner Theorie. Der Theorie nach sollte er gar nicht fragen, ob die Tugend der Tapferkeit dienlich sei, sich im Kampfe ums Dasein zu erhalten, sondern sollte sagen: Tapferkeit, wenn sie sich nicht zu behaupten weifs, ist gar keine Tugend. Lobenswert oder tugendhaft ist nur das Angepafste. Ja nach der Theorie durfte er gar nicht von Menschen reden, die grofsmütig ihren Vorteil, ja ihr Leben für andere in die Schanze schlagen. Denn wie soll denn aus dem blofsen Egoismus eine solche uneigennützige Gesinnung sich gebildet haben? Die Antwort mufs immer sein: Durch Übrigbleiben des Passendsten. Aber noch ehe der Kampf ums Dasein beginnt, in dem sich solche Tugenden sollen ausbilden, wird hier schon die Tugend auf dem höchsten Gipfel als grofsmütigste Selbstaufopferung für andere angenommen. Und will man einmal eine solche Tugend ursprünglich voraussetzen, so stirbt sie wie DARWIN eben sagt, sofort aus, sobald sie im Kampf sich erhalten sollte.

Was hier DARWIN sagt, ist sehr wahr und ist von der Geschichte gar oft bestätigt. So teilt L. RANKE mit, dafs zur Zeit Alexanders des Grofsen es. etwa nur noch tausend Spartanerfamilien gab, von denen viele Mitglieder körperlich kriegsuntüchtig waren. So war in den römischen Bürgerkriegen unter Sulla und Cäsar der gröfsere Teil der altrömischen Männer umgekommen, welche tüchtig gewesen waren, Partei zu ergreifen und eine Führerrolle zu spielen. Als die Sarazenen in Spanien eindrangen, bildeten die Westgoten gleichsam die Kriegerkaste. Nachdem sie aber infolge innerer dynastischer Entzweiungen fast vernichtet waren, stiefsen die Araber auf keinen nachhaltigen Widerstand.[2]) Man hat die sogenannten blonden Langschädel in der Regel als eine körperlich und geistig bevorzugte Rasse an-

---

[1]) Abstammung I, S. 170.
[2]) RANKE, Weltgeschichte III, 218.

gesehen. Aber dadurch dafs ihre Angehörigen in der Regel die Führer aller Bewegungen waren, sind sie in Frankreich in den Hugenottenkriegen, in der Revolution und sonst fast ganz, in Deutschland zum grofsen Teil ausgerottet. Die Kurzschädel haben sich ohne Zweifel den Verhältnissen besser anzupassen verstanden.

In allen diesen Fällen hat eine Auslese durch Ausmerzung der anderen stattgefunden, aber als Auslese ist nicht das Tüchtigere übrig geblieben, sondern vielmehr das Mittelgut, denn es ist unzweifelhaft, sagt WALLACE, dafs es der Mittelmäfsige, wenn nicht der Niedrigstehende, sowohl in Bezug auf Moral als Intelligenz ist, welcher am besten im Leben fortkommt und sich am stärksten vermehrt.[1]) Indessen dürfte man der Theorie nach gar nicht so urteilen, sondern müfste einfach sagen: das Übriggebliebene ist, weil übrig geblieben, auch das Bessere. Was wirklich ist, ist vernünftig. Dann aber ist nicht zu begreifen, wie nun doch die Bewunderung von Mut, Uneigennützigkeit, Gemeinsinn, Aufrichtigkeit etc. bei den Menschen entstehen konnte. Das Urteil soll nach der Theorie nur ein Niederschlag der Thatsachen sein, also bewundert sollte nur das werden, was sich als angepafst behauptet. Es wäre demnach zu begreifen, wie ein Odysseus aber nicht wie ein Achilles oder Hektor zum Ideal werden konnte. Wie konnte doch so oft die causa victa Catonis bewundert werden!

Es giebt noch eine andere Gedankenreihe, warum die Anpassung nicht dahin führt, das Bessere züchten. Gesetzt es wäre so, dafs durch kluge Ausbildung des Egoismus Mitgefühl, Gemeinsinn, Hochherzigkeit etc. entstanden, wohl gar herrschend geworden wäre. Von da ab wird nun geschont, man hat Mitleid mit dem Schwachen, man erhält das weniger gut Angepafste. Das Mitgefühl, sagt DARWIN I. 174, ist wider den Verstand, allein wir können es nicht hemmen, ohne den edelsten Teil unserer Natur herabzusetzen. Wir müssen daher die ganz zweifellos schlechte Wirkung des Lebenbleibens und der Vermehrung der Schwachen ertragen. So bleibt also das Zurückgebliebene leben und pflanzt sich fort. Die ganze künstlich herbeigeführte Höherentwicklung vernichtet sich selbst. Soll also durch Zuchtwahl eine Höherbildung herbeigeführt werden, so darf diese Höherbildung ja nicht bis zur Uneigennützigkeit führen; sie mufs immer ausgesprochener Egoismus bleiben, der nur sich im Auge hat, andere aber, stärkere wie schwächere bekämpft. Dieser Kampf wird nach

---

[1]) Entwicklung der menschlichen Rassen und das Gesetz der natürlichen Auslese. S. 330.

der Theorie zur Folge haben, dafs das Schwache untergeht, das Stärkere besteht und sich fortpflanzt. Das Stärkere mufs aber immer stark bleiben im Egoismus und sich fern von Schonung des Schwachen halten. Darum klagen schon jetzt manche Darwinianer das Entwicklungsgesetz an; dafs es aufser dem unverantwortlichen Mifsgriffe, den Menschen der Haarbekleidung und der natürlichen Schutzwaffen, deren sich die höheren Tiere noch erfreuen, wie Hörner und Klauen zu berauben, auch die noch schlimmere Thorheit beging, ihn an den gesellschaftlichen Zwang und an spiefsbürgerliche Rechtschaffenheit zu gewöhnen.

Es liefs sich übrigens von vornherein nicht anders erwarten, als dafs man aus dem Egoismus niemals sein Gegenteil wird ableiten können. Die Versuche seit den alten Sophisten, seit SPINOZA, HEGEL sind oft genug gemacht. Man kann aus dem Egoismus wohl Handlungen ableiten, die den sittlichen äufserlich ähnlich aussehen, aber nie Handlungen, die in einer uninteressierten, wohlwollenden Gesinnung ihre Quelle haben.

Wie nun an die HEGELsche Ethik die Frage herantrat: folgt daraus Herrschaft der Massen oder Herrschaft weniger, so auch an den heutigen Evolutionismus. Anfangs meinte man, Thron und Altar durch Hilfe des HEGELschen Machtprinzips stützen zu können, bis endlich die naheliegende Einsicht gewonnen wurde: nach HEGEL ist immer nur das Mächtige berechtigt, mag die Macht nun in den Händen der Fürsten oder der Massen sein. Dieselbe Antwort erteilt auch der Evolutionismus: was sich im Kampf ums Dasein erhält, ist das best Angepafste. Und das nennt man das sittlich oder gesellschaftlich Berechtigte.

Aristokratische und demokratische Folgerungen des Darwinismus.

Auf dem Münchener Naturforschertage 1877 warf bekanntlich VIRCHOW dem Darwinismus vor, er führe zur Sozialdemokratie. HAECKEL wendete dagegen ein, das Gegenteil sei der Fall: die Sozialdemokratie erstrebt Gleichheit für alle an, der Darwinismus zeigt nicht nur die grofse Ungleichheit, sondern auch deren Notwendigkeit. In der organischen Welt und also auch unter den Menschen ist die gröfsere Mehrzahl aller Geborenen zum schnellen Untergang, oder doch zur Unselbständigkeit, zum Dienste bestimmt. Statt dessen will die Sozialdemokratie, dafs alle den Kampf ums Dasein siegreich bestehen. Allein der Kampf ums Dasein führt nur zum Überleben und zur Herrschaft des best Angepafsten, also zu einer aristokratischen Auslese.

In diesem Sinne ist gar oft in verschiedener Weise die DARWINsche Evolution für eine Aristokratie in Anspruch genommen. So setzt z. B. AMMON auseinander: Die Gesellschaftsordnung der Menschen beruht auf der Arbeitsteilung und auf der Differenziierung der Individuen. Die natürliche Auslese bringt die einzelnen auf ihren richtigen Posten. Indem die Begabtesten allmählich höhere Schichten, Klassen, Stände bilden und hier die Eigenschaften forterben, wird die Gelegenheit zur Züchtung immer höher Begabten gegeben. Die soziale Hebung ist nur durch Auslese der Tüchtigsten möglich. Die Tüchtigsten haben den gröfsten Vorteil im Kampf ums Dasein, nehmen die einflufsreichsten Stellen ein. Je höher die Anforderungen (etwa in den Staatsprüfungen) gestellt werden, desto enger wird der Kreis der Höchstgestellten, desto gröfser die Zahl derer, die diesen Anforderungen nicht genügen, die herabsinken zu blofsen Tagelöhnern, noch tiefer zu Landstreichern und Verbrechern. Freilich je höher die Anforderungen gestellt werden, um so nervöser werden auch die, welche ihnen genügen, ihr geistiges Kapital wird verbraucht, pflanzt sich nicht auf die Nachkommen fort. Vielmehr müssen immer wieder aus dem nervöstüchtigen Bauernstand neue Gröfsen sich herausarbeiten etc.[1])

Dabei setzt AMMON voraus, dafs die Emporkommenden auch immer oder doch meistens die geistig und sittlich Tüchtigsten sind. Nach DARWINS Befürchtung und vielfach gemachten Erfahrungen ist das oft nicht so. Sondern viele der geistig und sittlich Tüchtigsten werden von den Strebern, den Kapitalkräftigsten, den Blendern, kurz von denen überrannt, die sich am besten anzupassen verstehen.

Nun braucht man nur fortzufahren: es ist zu wünschen, dafs der Kampf ums Dasein, der die Entwicklung der Tierwelt zustande gebracht hat, auch im Leben der Menschen fortwirke. Man mufs das Recht des Stärkeren anerkennen, man mufs es in Ordnung finden, dafs auch unter den Menschen die Stärkeren die Schwächeren ausbeuten, verdrängen, vertilgen. Wenn der Hecht den Gründling verschlingt und zwar nach gottgeordnetem Recht, warum soll ich nicht den Schwachen ausbeuten, so überlegen mit denselben Worten[2]) FALSTAFF und SPINOZA. Man mufs den menschlichen Egoismus schrankenlos walten lassen, mufs der Brutalität alle Thore der menschlichen Gesellschaft öffnen, mufs Rücksicht und Erbarmen als übel angebrachte Sentimentalität als Hemmschuh des Fortschritts mit allem Nachdruck verbannen. Dann werden nur die Stärksten, die Übermenschen oben-

---

[1]) AMMON, Gesellschaftsordnung in ihrer natürlichen Grundlage. 1894.
[2]) Siehe Zeitschrift für Phil. u. Päd. 1894, I, 350.

auf kommen. NIETZSCHE, sagt einer seiner Anhänger, hat diese Ethik gefunden, erfunden, wie ihr wollt, jedenfalls, er hat sie zuerst verkündigt. DARWIN ist der Anfang und NIETZSCHE das Ende dieses Weges. Ganz einfach so: nach dem Gesetz der natürlichen Auslese, daſs das Tüchtigste überlebt und sich fortpflanzt, das, was den Lebensbedingungen am besten angepaſst ist, nach diesem Gesetz hat sich alles, was lebt, entwickelt. So ist aus dem Wurm der Mensch geworden — und Wurm genug ist noch in ihm. Sollte er das Ziel sein und der Zweck? Der Mensch, die Überflüssigen, die viel zu Vielen? Ja, dann möchte es wohl recht sein, den Thron unter dem Pöbel aufzurichten und den Pöbel selbst auf den Thron zu setzen. Dann lohnte es sich nicht, in den Garten der Ehe zu gehen, auf neue Bäume zu warten und auf neue Frucht. Nun aber ist der Mensch kein Ziel und kein Ende, sondern eine Brücke, ein Übergang, ein Bogen gespannt zwischen Tier und Übermensch. Daſs der Übermensch lebe, ist das Ziel. Darum sprechen Zarathustra und die Seinen: wir aber wollen, daſs der Übermensch lebe![1]) Die Natur hat uns den Trieb und die Fähigkeit zu rascher Vermehrung eingepflanzt. Sie drängt unzählige menschliche Wesen ins Dasein, aber nur klein ist die Anzahl derjenigen, welche sich darin erhalten. Durch die Not und das Elend einer nach Existenz dringenden Masse, will die Natur das Aufsteigen einer Minderheit zu den Gipfeln der körperlichen wie der geistigen Kultur bewirken.[2])

Damit man nun nicht das Jüngste für das Neueste hält, möge einiges aus PLATO angeführt werden, was dieser schon als die vulgäre Meinung von den Sophisten vortragen läſst: der Unterschied zwischen gut und böse, gerecht und ungerecht ist ein Erzeugnis der sozialen Verhältnisse. Von Natur nämlich ist der Egoismus, das Unrechtthun das Erwünschte, ein Gut, und Unrechtleiden oder für andere sich einschränken ein Übel. Insofern aber dieses letztere jenes erstere übertrifft und in einer Gesellschaft von Menschen, worin ein jeder nur Unrecht thun, aber kein Unrecht zu erleiden (sich in nichts einzuschränken) willens ist, ohne Zweifel doch niemand dem letzteren entgehen und mithin seinen eignen Willen nie vollständig und allein erreichen würde, so hat man es für vorteilhaft gehalten, sich in der, beide Fälle, von denen man den einen nicht will, den andern nicht kann, ausschlieſsenden Formel zu einigen, nämlich weder Unrecht zu thun noch Unrecht zu leiden, und nichts

---

[1]) A. TILLE, Von Darwin bis Nietzsche. 1895.
[2]) NEURATH, Volkswirtschaftliche und sozialphilosophische Essays. 1880, S. 53.

anderes als der gesellschaftliche Ausdruck dieser Formel ist das Recht. Von dieser Ansicht schreiben sich die Gesetze und die Verträge, das Verbotene und Erlaubte her, sowie die Ausdrücke »gesetzlich und gerecht«, so dafs die Bedeutung des letzteren eigentlich darin besteht, zwischen zwei Extremen, nämlich einerseits dem Besten d. h. Unrechtthun, und andererseits dem Schlechtesten d. h. Unrechtleiden, die Balance d. h. mit der Gerechtigkeit und Gesetzlichkeit begnügt man sich deshalb auch eben nur unfreiwillig und aus Not: der ihr entsprechende soziale Zustand ist ein durch das Unvermögen, einzig und allein, wie es sein sollte, Unrecht thun zu können, erzwungener, da es offenbar ein Wahnsinn wäre, wenn jemand, der immer nur Unrecht zu thun die Macht hätte, sich dieser begeben und sich in der genannten Weise, wonach nämlich weder Unrechtthun noch Unrechtleiden sein soll, mit den anderen einigen wollte. Und wo jemand kann, weicht er auch von dieser Regel zu seinem Vorteile ab. Wo zwei etwas Gemeinsames unternehmen, zieht der Gerechte, der sich willig in jene Regeln fügt, dem Ungerechten gegenüber stets den Kürzern; wo die Vermögenssteuer erhoben wird, hat der Gerechte mehr zu zahlen als der Ungerechte. Am augenscheinlichsten leuchtet die Richtigkeit dieser Ansicht ein, wenn man die extremen Fälle betrachtet, in denen die vollendete Ungerechtigkeit mit dem gröfseren Glücke verknüpft ist und alle diejenigen, die sich zu keinem Unrecht verstehen wollen, mit dem gröfsten Elend davon kommen. Solche extreme Fälle treten dann ein, nicht etwa wenn jemand blofs ein Stückchen fremden Eigentums mit List oder Gewalt stiehlt — denn ein solcher wird ja bald gestraft — sondern wenn jemand mit hinreichender Kühnheit und Macht gleich die ganze Bürgerschaft mit all ihrer Habe und mit einem Griff in den Sack steckt und darauf von allen, die dies erlitten oder davon erfuhren, als der Glücklichste und Beneidenswerteste ob seiner That gepriesen wird. Also um die Sache ihrer wahren Gestalt nach kurz auszudrücken: was man Gerechtigkeit nennt, ist keine Tugend, sondern eine dumme Gutmütigkeit, und was Ungerechtigkeit heifst, kein Laster, sondern eine kluge Wohlberatenheit. Die sogenannte Gesetzlichkeit oder Gerechtigkeit der Unterthanen ist ein Gut, aber nicht für sie, die Thäter und Inhaber, sondern für den Oberherrn, der Gesetze giebt, die für ihn nützlich sind, wie ein Schaf- und Rinderhirt seine Tiere mästet und hütet, nicht zum Nutzen der Tiere, sondern für sich.

Der herangewachsene Löwe (der Übermensch), den man als Knaben durch Zaubersprüche, durch Gaukeleien aller Art und durch Lüge, dafs ein gleiches Mafs für alle notwendig sei, gleichsam zu dieser Art erdichteter Vortrefflichkeit und Gerechtigkeit anschulte, tritt allen diesen Kram mit Füfsen und läfst, früher unser Sklave, jetzt seiner Fesseln frei und als unser Herr das Recht der Natur im schönsten Glanze erscheinen.[1]) Darum liegt es im Interesse der sogenannten oberen Zehntausend und ihrer Beherrscher, das niedere Volk möglichst stark sich vermehren zu lassen, damit diese zahlreichen Nachkommen sich gegenseitig Konkurrenz machen, billig arbeiten und abhängig bleiben. Nur so ist eine Art von Übermensch möglich.

Wir haben die evolutionistische Ethik nach der einen Seite hin verfolgt, nach Seite der Aristokratie; von denselben Prinzipien aus ist auch eine sozusagen demokratische Richtung als natürlichste Konsequenz gezogen. Da heifst es: der Mensch ist nicht ein unvernünftiges Tier. Er kann die Gesetze und Bedingungen der Entwicklung durchschauen und darum teilweise umformen. Eine vernünftige, zweckmäfsige Veränderung der äufseren Daseinsverhältnisse wird auch eine Umgestaltung der geistigen und sittlichen Eigenschaften und Neigungen der Menschen zur Folge haben.

So hebt FERRI (Sozialismus und moderne Wissenschaft) hervor, der soziale Evolutionismus habe längst die Utopien aufgegeben. Die Menschen sind ungleich, und die Ungleichheit der Menschen kann niemals ganz aufhören. Es ist auch nicht wahr, dafs der Sozialismus eine materielle positive Gleichheit von Arbeit und Genufs für alle Bürger verlangt; allein die Ungleichheit kann und wird bei einer bessern sozialen Ordnung erheblich abnehmen. Nicht alle Menschen können dieselbe Arbeit thun, auch nicht in einem sozialistischen Staate, dessen Organisation auf eine Milderung der angeborenen Unterschiede ausgeht; aber das sollte nicht sein, dafs manche Menschen überhaupt nicht arbeiten und viele andere zu viel und gegen zu geringen Lohn. »Das Wesentliche ist, dafs alle Mitglieder der Gesellschaft arbeiten, wie im einzelnen Organismus alle Elementarorganismen (die Zellen) ihre besonderen Funktionen erfüllen müssen, die mehr oder weniger bescheiden erscheinen mögen, wie die der Knochenzellen gegenüber den Ganglien oder Muskelelementen, deren Leben und Leistung für eine normale Funktion des Organismus aber gleich unentbehrlich sind. Und wie in einem Organismus keine Zelle ohne zu arbeiten leben kann, weil sie genau in demselben Mafse, in dem sie arbeitet, auch Nährstoffe an sich zieht, so darf auch im sozialen Organismus kein Individuum leben, ohne zu arbeiten, gleichviel, was

---

[1]) Nach STRÜMPELL, Geschichte der griechischen Philosophie II, 102 ff. PLATO, Staat 343 und GORZIAS 483.

es arbeitet. Der Sozialismus, weit entfernt, alle Persönlichkeit zu erdrücken, will vielmehr die natürliche Ungleichheit im Darwinistischen Sinne für die Reform des individuellen und sozialen Lebens zu einer freien und fruchtbaren Entwicklung des menschlichen Lebens verwerten, indem er jedem mit der Sicherheit einer menschenwürdigen Existenz die Freiheit zur Entwicklung und Ausbildung der körperlichen und geistigen Persönlichkeit gewährt.

Auch der zweite Einwand, zwischen Darwinismus und Sozialismus bestehe inbetreff des Kampfes ums Dasein ein unlösbarer Gegensatz, beruht nach Ferris Ausführungen auf falscher Voraussetzung. Der Kampf ums Dasein ist ein dem Leben der Menschheit immanentes Gesetz, das die beständige Triebkraft des sozialen Lebens bleiben wird, aber trotz seiner Beständigkeit seinen Inhalt allmählich ändert und eine mildere Form annimmt; das zahlenmäfsige Verhältnis der Opfer zu den Siegern im Daseinskampfe gestaltet sich immer günstiger. Nur einem sentimentalen Optimismus entspringt die Annahme, dafs Verbrechen und andere Volkskrankheiten völlig aus der Welt schwinden würden; wohl aber werden sie bedeutend abnehmen, wenn ein sozialistisches Regime durch das Kollektiveigentum jedem Menschen eine menschenwürdige Existenz sichert. Ein anderes Gesetz aber der natürlichen und sozialen Entwicklung im Sinne Darwins, das Gesetz der Solidarität und gemeinsamen Arbeit der Einzelnen, wird bewirken, dafs der Kampf ums Dasein immer weniger brutale, mehr vergeistigte und humane Formen annimmt und seine Ziele immer höhere Ideale werden.

Inbetreff der Selektionstheorie betont Ferri nachdrücklich, dafs sie nicht, wie bisher vielfach von Sozialisten und Nichtsozialisten unexakt angenommen sei, das Überleben der »Besten«, sondern nur der »meist Angepafsten« bedeute; und wenn man ihm nun entgegenhalten wolle, dafs dennoch auch die Auslese der »Passendsten« einen aristokratisch wirkenden Vorgang bedeute, der mit der nivellierenden Neigung des Sozialismus unvereinbar sei, so antwortet er, dafs der Sozialismus allen Individuen die ungehemmte Entwicklung der eignen Persönlichkeit gewähren werde, und wenn dann allerdings die Besten den Kampf ums Dasein siegreich bestehen, so wird der Darwinistische Sozialismus nur die Fortsetzung und die Veredlung der natürlichen Selektionsgesetze repräsentieren. Ferner sei der Behauptung einer ins Unendliche gesteigerten aristokratischen Auslese der Hinweis auf ein anderes Naturgesetz entgegenzuhalten, das nivellierend wirke und das Gleichgewicht wiederherstelle: die Vererbung sei die grofse Gleichmacherin, die alles, was sich hoch erhebt, zum Untergange führt.

»Alles, was die natürlichen Kräfte monopolisieren will, verstöfst gegen das oberste Naturgesetz, das allen Lebenden den Gebrauch und die Beherrschung der natürlichen Existenzmittel, Luft und Licht, Wasser und Erde, giebt.«

Was nun die Menschen zu einer besseren Fürsorge für andere treiben wird, das hat Kidd (Soziale Evolution) weiter ausgeführt, nämlich das Wohlwollen in der Form der christlichen Religion. Die alten Völker, sagt er, hatten diese nicht, sie haben nur den Egoismus und den Intellekt entwickelt und sind darum untergegangen. Aber Ehrfurcht, Pflichtgefühl, Altruismus, anerzogen durch das Christentum, bestimmen in den heutigen Völkern, wenn sie nicht untergehen wollen, die besitzenden, herrschenden Klassen immer mehr in ihren Ansprüchen zurückzuweisen, anderen immer mehr Zugeständnisse zu machen und also immer mehr Gleichheit und zuletzt volle Demokratie nach allen Seiten hin herbeizuführen. Die Rassen werden siegen, welche das beste ethische System besitzen und befolgen.[1]

Die grofse Lücke in dieser Betrachtung liegt am Tage, nämlich woher diese selbstlose, zurückweichende Gesinnung? Ist freilich Uneigennützigkeit, religiöse Ehrfurcht vorhanden und zwar wenn nicht bei allen, doch bei den meisten, den Einflufsreichsten vorhanden, dann wird eintreten, was Kidd auseinandersetzt, nämlich eine allmähliche Ausgleichung. Aber das ist doch eben die Frage, wie entsteht aus blofsem Egoismus ein solcher Altruismus? Kommt nicht etwas anderes hinzu, was man Idealismus, Liebe, Religion oder sonstwie nennen mag, so wird Egoismus bleiben, was er ist und andere ausbeuten, wie er kann, wie ein Hirt seine Herde. Man wird sagen: Kidd hat aber doch die Erfahrung vielfach für sich, der Altruismus, die Religion, die Liebe lassen doch thatsächlich die sogenannten oberen Zehntausend in ihren Ansprüchen zurückweisen; die sittlich tüchtigeren Völker bleiben doch auch so oft Sieger über die sittlich niederen. Mag er hier Recht haben, aber er hat nicht Recht als Darwinianer. Er trägt die Ethik in seine Betrachtungen hinein, aber er gewinnt sie nicht daraus. Er wird nie nachweisen können, dafs eine sittliche Religion, oder der Altruismus als sittliche Gesinnung ein natürliches Erzeugnis des rücksichtslosen Kampfes ums Dasein, oder der Anpassung an die Umstände ist.

Fragt man, ob aus der evolutionistischen Ethik ein aristokratisches oder demokratisches Prinzip folgt, so steht die Sache genau so, wie bei Hegel. Prinzipiell folgt weder das eine noch das andere, sondern

---

[1] Über Kidd vergl. Zeitschr. f. Philos. u. Pädag. 1897, IV, 146.

es folgt nur die Weisung: versucht es! ob die Masse oder ob eine Minderzahl zur Herrschaft und also zum Genufs gelange, hängt allein davon ab, wer im Kampfe Sieger bleibt, wer sich den Umständen am besten gewachsen und angepafst zeigt.

So wie sich die Darwinistische Ethik nach den beiden Seiten der aristokratischen und demokratischen entwickeln läfst, so auch hinsichtlich der Wirtschaft nach Seite der manchesterlichen Selbstregulierung und der antimanschesterlichen Centralisierung. H. SPENCER folgert aus dem Darwinismus das Manschestertum so weit, dafs er keinerlei staatliche Fürsorge für irgend welche Schwache, oder überhaupt für soziale Bedürfnisse gestatten möchte, kaum einen staatlichen Schutz des Ganzen nach aufsen durch ein Heer. Er glaubt das alles würden Privatgesellschaften besser besorgen und dabei würde immer nur das Tüchtigste ans Ruder kommen, das weniger Angepafste aber verschwinden.

Anders die Sozialdemokraten. Sie möchten alle wirtschaftlichen Angelegenheiten für jeden Einzelnen von einer Centralstelle aus leiten.

Dabei ist nicht aus dem Auge zu lassen, dafs beides Manchestertum wie Centralleitung nur Mittel sind für einen bestimmten Zweck. SPENCER giebt diesen Zweck meist an mit den bekannten Worten möglichst grofses Glück für möglichst Viele. Dagegen sprechen die Sozialdemokraten nach dem Vorgang von MARX und ENGELS fast nur von einer möglichsten Förderung der gesellschaftlichen Produktion.

Käme es allein auf die Vermehrung der Produktion an, so dürfte wohl das Manchestertum das geeignetste Mittel dazu sein, vielleicht sogar Sklaventum, wenigstens war nachweislich die Produktion der Insel Haiti zur Zeit der mit Sklaven bebauten Plantagen weit gröfser als nach Aufhebung der Sklaverei. Aufserdem würde es der Förderung der Produktion dienlich sein, wenn bei der weitestgehenden Arbeitsteilung jeder einzelne Mensch gleichsam nur ein Werkzeug in der Verrichtung mechanischer Arbeit würde ohne jede Individualität, ja wenn man sich der nur konsumierenden, aber nicht produzierenden Alten und Schwachen entledigte.

Von den Zielen der Sozialisten soll am Ende dieses Abschnittes ausführlich gehandelt werden. Aber man mag das Ziel für das Zusammenleben der Menschen aufstellen, wie man will, als Glück für den Einzelnen oder für die Gesamtheit oder Förderung der Produktion, die Entscheidung, was dazu tauglicher sei, ob das Gehenlassen des Manchestertums oder alle Produktion von einer Centralstelle aus zu regulieren, diese Entscheidung wird sich nur immer von Fall zu Fall geben lassen, oder von Prinzipien aus, die man anderswoher nimmt.

Man kann aber nicht sagen, dafs der Darwinismus in gerader Linie zum Manchestertum führe oder dagegen sei, ebensowenig, dafs eine Centralgewalt eine notwendige Folge sei. Übrigens würden die Marxisten hinzusetzen: diese Entscheidung ist gar nicht in unsere Hände gegeben, nicht einmal das Ziel können wir wählen, sondern es ist ein notwendiger Erfolg der bisherigen Wirtschaft, dafs sie auf möglichste Förderung der Produktion und Kollektivierung aller Produktionsmittel hinausläuft.

Wenn man aus den ethischen Betrachtungen des Evolutionismus über die Gesellschaft Pflichten oder doch Ratschläge für den Einzelnen ableiten will, so ist bald zu bemerken, dafs hier wie bei HEGEL, über dem Allgemeinen der Einzelne fast vergessen ist, und es hinterher nur empfohlen werden kann, sich, so gut es geht, dem Ganzen anzuschliefsen, wenn man sich nicht stark genug fühlt, es sich dienstbar zu machen. Ist nur das Wohl des Ganzen dasjenige, welches erstrebt werden soll und was den Wert der Handlungen verstimmt, so hat nur das ins Grofse gehende und erfolgreiche Thun sittlichen Wert. Der Erfinder des Einpökelns der Heringe, der so vielen Brot gegeben, oder der Erfinder des schmerzverhindernden Chloroform — sie mögen ihre Erfindungen in der eigennützigsten Absicht gemacht haben — sind um ihrer wohlthätigen Folgen willen die sittlichen Helden. Auch jedes Mittel ist recht, wenn der Erfolg vielen Nutzen bringt. Auf die Gesinnung kann gar kein Wert gelegt werden. Für den Einzelnen, dem keine Macht zu Gebote steht, gilt, was PAULSEN sagt: »Das Ausschlaggebende in der Beurteilung des Wollens und Handelns ist immer die Rücksicht auf die Wohlfahrt des Ganzen. Nun soll freilich der Einzelne die Regeln für sein Thun nicht durch Ausrechnung der voraussichtlichen Wirkungen seiner Handlungen finden; denn die Berechnung des Nützlichen ist im einzelnen Falle nicht durchzuführen, viel sicherer und der Wohlfahrt zuträglicher ist es, sich im allgemeinen der herrschenden Sitte anzuschliefsen oder (d. h. nämlich) dem Gewissen zu folgen, welches ja nichts anderes ist, als das Sein der Sitte im Bewufstsein des Einzelnen.« Oder WUNDT: »Es kann sich ereignen, dafs die gewöhnliche Pflichterfüllung zum Unrecht und die Auflehnung gegen die bestehende Rechtsordnung zur sittlichen That wird. Freilich sind nur Charaktere von hoher sittlicher Energie und Einsicht, in denen sich der umfassendere sittliche Gesamtwille zu klarem Bewufstsein durchdrungen hat, zur Lösung solcher Konflikte berufen. Die gewöhnliche Charakterbildung mufs sich auch mit der gewöhnlichen Pflichterfüllung begnügen.«

In diesen Ausführungen von PAULSEN und WUNDT wird eine zwiefache Sittlichkeit gelehrt; eine für Menschen gewöhnlichen Schlages, deren Pflicht es ist, sich ohne weiteres der herrschenden Sitte anzuschliefsen, denn das ist das Klügste und Bequemste für den Einzelnen, und für die Gesellschaft ist es auch am zuträglichsten, wenn Ruhe die erste Bürgerpflicht ist. Eine andere Sittlichkeit giebt es für Kraftgenies, Übermenschen und solche, die es glauben zu sein oder zu werden. Diese mögen über die Stränge schlagen.

Das ist offenbar der Nullpunkt der Sittenlehre, wenn sie nichts weiter zu sagen hat, als: mach's wie die andern! Da sieht man, wie aus der kosmischen Sittenlehre, die eingangs die ganze Welt und die Ordnungen umspannt, die im ganzen Weltall namentlich dem Reiche der Organismen herrschen, zur philisterhaften spiefsbürgerlichen Klugheitslehre wird. Ja dies geschieht nicht einmal in dem Sinne, dafs wenigstens für alle oder doch die Mehrzahl eine gleichmäfsige Regel empfohlen würde, vielmehr wie den kräftigeren Geistern ihre eigne Bahn nach ihren Neigungen gestattet wird, so im Grunde für jeden einzelnen, der am besten beurteilen kann, was ihm dienlich ist, »so hat nach PAULSEN der Engländer eine andere Moral als der Chinese oder der Neger, der Kaufmann eine andere als der Beamte etc.[1]

Das ist nicht anders, als wenn man ein normales Münz- und Gewichtssystem für ein Land als verbindlich aufstellen wollte, zugleich aber jedem gestattete, seine besondern Gewichte und Münzen zu benutzen.

Darum meint auch H. MÜNSTERBERG: Nur der starke, pflichtbewufste Sinn des wahrhaft Gebildeten kann ohne Schaden eine derartige Moral verarbeiten, der Halbweise kann ihr manches sophistische Argument für seinen sittlichen Leichtsinn entlehnen.[2]

Überhaupt sollte man sich doch nicht verhehlen: entweder giebt es eine Moral, oder es giebt keine.

Giebt es eine, dann ist sie für alle verbindlich und Abweichen davon ist eben unmoralisch. Nicht aber so, dafs die eine Handlung moralisch ist und ihr Gegenteil in ganz demselben Sinne auch, als könnte der eine diese, der andre eine andere Moral lehren und befolgen; als könnte es neben dem gangbaren Einmal Eins noch ein anderes geben, das auch richtig wäre. Eine andere Moral geben oder

---

[1] Vergl. dazu ENGELS Antidühring III, 303: »FEUERBACHS Moral ist auf alle Zeiten zugeschnitten und eben deswegen ist sie nie und nirgends anwendbar. In Wirklichkeit hat jede Klasse, sogar jede Berufsart ihre eigne Moral.«

[2] Der Ursprung der Sittlichkeit 1889, S. 135.

erfinden wollen, das wäre nach dem Ausdruck des Evolutionisten H. SPITZERS, als ob man das Erdniveau verändern wollte.[1])

Die Darlegungen über die HEGELsche und die evolutionistische Ethik hatten den Zweck einmal darzuthun, dafs der Idealismus der Geschichte sich auf ethischem Gebiet, wie auf theoretischem an HEGEL oder SCHELLING, der Materialismus der Geschichte sich an den Evolutionismus anschliefst, ferner dafs die Ethik HEGELS und die des Evolutionismus vollkommen die gleiche ist. Wie es in der theoretischen Philosophie im Grunde genommen nur das Entweder - oder giebt: absolutes Werden oder durchgängige Kausalität, so giebt es in der Ethik nur die beiden Ansichten: das Sittliche entweder als das blofs Nützliche, d. h. das relativ Wertvolle oder das absolut Wertvolle zu betrachten. Der relative Standpunkt ist wohl der ältere, dem erst Sokrates wissenschaftlich entgegentrat. In der Praxis ist natürlich das Sittliche niemals ganz unbekannt gewesen. Der relative Standpunkt hat sich im Laufe der Zeit seit den Sophisten in nichts geändert oder bereichert und kann auch keine Weiterbildung erfahren. Als ethisches Prinzip gilt der Nutzen nämlich Befriedigung der Begierden, und als Mittel dazu Macht und List. So bei SPINOZA und HEGEL. Auch der neuere Evolutionismus hat nichts weiter dazu gethan, als das Prinzip an der reichen Fülle ethnologischer und naturwissenschaftlicher Beispiele zu erläutern.

Ein Hauptfehler liegt darin, dafs dabei praktische und theoretische Philosophie nicht gesondert werden, sondern der Versuch gemacht wird, die praktische aus der theoretischen abzuleiten, so dafs auch die praktische nicht beurteilen, sondern erklären soll. Stellt man sich einmal auf diesen Standpunkt, so wird man finden, dafs die Betrachtungen auch in dieser Beziehung nicht genügen, dafs sie nämlich die praktischen Urteile, Gesinnungen und Handlungen nicht aus dem Prinzip des Nutzens allein erklären können. Ich habe dies ausführlich im 2. Bande der Zeitschrift für Philosophie und Pädagogik mit Rücksicht auf die neueren Arbeiten behandelt und glaube dort dargethan zu haben: alle Völker kennen den Gegensatz von Nutzen und Pflicht; aus dem blofsen Nutzen würde sich nicht erklären lassen das Wertlegen auf die Gesinnung oder den ganz im Innern eingeschlossen bleibenden Willen, nicht das Wohlwollen, wenn 'auch

---

[1]) Vergl. zu dem Ganzen aufser den angeführten Schriften noch CATHREIN: Die Sittenlehre des Darwinismus. Eine Kritik der Ethik SPENCERS 1885. SCHNEIDER: Die Sittlichkeit im Lichte der Darwinschen Entwicklungslehre 1895. GUTBERLET: Der Mensch 1896. KALER: Die Ethik des Utilitarismus 1885. PETTKOFF: Das Ziel der Erziehung und der Evolutionismus in der Ethik 1895.

vielleicht das Wohlthun, nicht die Wahrheitsliebe, nicht die Dankbarkeit, nicht die innere Freiheit oder Überzeugungstreue. Ferner ist kein Volk ohne Schmuck, ohne Beginn der Kunst, welche geübt wird ohne jede Rücksicht auf Nutzen. Diese Thatsachen lassen sich nicht aus der Rücksicht auf den Nutzen oder auf die Wohlfahrt, sei es des Einzelnen, sei es der Gesamtheit erklären, sondern nur im Sinne der absoluten Ethik. Sagt man aber: sittlich zu handeln macht den Menschen Freude, befördert also sein Wohlbefinden, so gilt das nur von dem bereits sittlich hochentwickelten Menschen; allein eben darum handelt es sich ja, nämlich zu zeigen, wie der Mensch diese Stufe der sittlichen Bildung erreicht hat, dafs er Freude am Sittlichen hat. Dafs diese Entwicklung nur sehr langsam und vollkommen natürlich also psychologisch erklärbar vor sich gegangen ist, darüber möge man die Ausführungen sehen in meiner Schrift: Das Ich und die sittlichen Ideen im Leben der Völker. Da ist auch ausgeführt, dafs die Annahme einer allmählichen natürlichen Entwicklung der sittlichen Ideen im Urteilen und Handeln der Menschen der Absolutheit der Ideen keinen Eintrag thut. Übrigens legen fast alle Evolutionisten unwillkürlich Zeugnis wider sich und für die absolute Ethik ab, sofern fast alle in den Gang der blofsen Nützlichkeit ursprüngliche sittliche Urteile und Tendenzen, wie eine Art Lückenbüfser, eingreifen lassen.

Zu den schon früher angeführten Beispielen möge noch H. Spencer hinzugefügt werden. Spencer erörtert den unlauteren Wettbewerb, der aus dem von ihm vertretenen Manchestertum notwendig folgt. Diesem unlauteren Wettbewerb tritt er, ohne den Widerspruch zu verschleiern, entgegen mit der Autorität der Moral. Er bezeichnet es als sittliche Pflicht des Menschen, dafs er von seiner allfälligen persönlichen oder sonstigen Überlegenheit keinen Gebrauch mache, der darauf abziele, andere normale Vertreter seines Berufes zu ruinieren und dadurch den eignen Verdienst auf eine abnorme Höhe zu steigern; bei allem Kraft- und Machtbewufstsein solle der Mensch vielmehr nach dem Grundsatz sich richten: leben und leben lassen. Es erscheint ihm als recht und angemessen, dafs der Starke neben der schonenden auch helfende Barmherzigkeit übe gegenüber dem Schwachen, dafs er diesen zu stützen, zu fördern, zu heben trachte. Und zwar soll diese helfende Barmherzigkeit den Starken nicht durch die soziale Ordnung abgezwungen werden, sondern soll aus seinem eignen Willen hervorgehen.[1]) Es braucht wohl nicht darauf aufmerksam ge-

---

[1]) Boesch, Die entwicklungstheoretische Idee sozialer Gerechtigkeit. Eine Kritik und Ergänzung der Sozialtheorie H. Spencers. 1896, S. 135.

macht zu werden, wie hier gleich einer elementaren Macht sittliche Urteile und Forderungen von der schonenden und helfenden Barmherzigkeit zum Vorschein kommen, die sich niemals aus dem Prinzip des Nutzens und der Macht erklären lassen.

Übrigens wenn Wohlfahrt das alleinige Ziel des Menschen ist, so sollte man sich hüten, ihn zur Sittlichkeit zu erziehen. Denn der Sittliche leidet am meisten, indem er in sich und um sich soviel Unsittlichkeit und Leiden sieht, das er nicht abzustellen vermag. Wäre er gleichgiltiger, also weniger sittlich, so litte er weniger darunter. In die Tugend, sagt daher HERBART, kommt immer ein starker Zug des Leidens hinein.

Endlich möge eine längere Stelle aus der Abhandlung von LAZARUS über die Ideen in der Geschichte mitgeteilt werden: Aus selbstsüchtigem Trug oder herrschsüchtiger List die veredelte Gestalt der menschlichen Gesellschaft hervorgehen lassen, das heifst ja mehr als eine Schöpfung des Seienden aus dem Nichts, eine Schöpfung des Idealen aus seinem Gegenteil klauben. Gewifs haben Herrschsucht, Arglist und thörichter Selbstbetrug oft genug den falschen Schein der Idee an die Stelle ihrer wirklichen Erscheinung gesetzt, aber das täuschende Nachbild setzt eben das wahrhafte Urbild voraus. Es würde niemand Liebe heucheln, wenn nicht Liebe als etwas Lobenswertes gelte. Und dann konnte Verblendung und Absicht wohl irrige und verwirrende Dogmen schaffen, nicht aber auch die gläubige Hingabe an sie, welche, irregeleitet, doch aus idealem Antriebe entspringt.

Noch andere haben den Gedanken ausgesprochen, in welchen alle Betrachtungen dieser Richtung schliefslich immer einmünden müssen, den Gedanken, dafs durch den Zusammenstofs der Interessen durch die Berechnung des Egoismus jene wunderbare Institution von idealer Gestaltung, wie sie die menschliche Gesellschaft durchflechten, zustande gekommen sind. Versuche man es aber mit der theoretischen Analyse, all jenen Heroismus der Hingebung, der Aufopferung, jene eigentümlichen Erscheinungen der Begeisterung für Freiheit und Recht, die alle Fesseln der Naturtriebe durchbrechen, das, was Ehre heifst und Tapferkeit als ein blofses Gebälk, zusammen gezimmert aus egoistischen Interessen darzustellen! Versuche man es, die Urkraft der Sonne der Idee zu leugnen und das edle Feuer der Freundschaft oder der Vaterlandsliebe, des Forschungseifers und der erziehenden Belehrung aus der Reibung selbstsüchtiger Strebungen zu erklären! Wie fein diese Theorie auch ausgedacht sei, immer und immer wird die innere Erfahrung — und auf Erfahrung will sie doch gegründet sein — die innere Erfahrung aller Edelgesinnten dagegen protestieren und die kunstvoll getürmten Eispaläste einer kalten Reflexion stürzen schmelzend dahin vor dem Sonnenblick eines reinen, idealen Wollens.

Und wir brauchen nicht einmal so hoch zu greifen; wer möchte zu behaupten wagen, er habe eine richtige psychologische Analyse gemacht, wenn er etwa eine Erscheinung wie die, dafs die Postkondukteure auf den Alpenpässen im Winter tagelang mit Lebensgefahr sich abmühen, um die Regelmäfsigkeit des Verkehrs zu erhalten, allein aus egoistischen Interessen erklärt? Oder wenn unsere Forstschutzbeamten so oft ihr Leben einsetzen gegen Wilddiebe, gegen die sie so leicht ein Auge zudrücken könnten? Werden wir hier nicht den Schimmer der Idee erkennen, welche eben als Pflichttreue einem solchen Menschen ins Herz scheint?

Beachten wir ein solches Faktum, wie es sich neuerdings (1864) ereignet hat: Mehrere Sträflinge brechen aus einem Gefängnis, indem sie den Winteranfang benutzen, um über den zugefrorenen Graben der Festung zu entkommen. Entdeckt, werden sie von den Gefangenwärtern verfolgt, es gelingt ihnen jedoch das jenseitige Ufer zu erreichen; die Wärter wollen nachsetzen, scheuen aber vor der erschütterten und eben brechenden Eisdecke zurück; nur einer von ihnen wagt es, aber er bricht ein; da kehrt einer der entflohenen Sträflinge zurück und rettet seinem Verfolger das Leben. Wenn alle Rechtsbegriffe unter den Menschen, wenn der ganze Bau der bürgerlichen Gesellschaft nur auf dem geschlichteten Widerstreit der egoistischen Interessen gegründet wäre; wenn jeder das Leben des andern nur schont, weil dabei allein die Gesellschaft bestehe, also auch sein Leben geschützt werden kann: dann war jener Mensch, der seines Häschers Leben nicht nur schont, sondern mit Gefahr des eignen rettet, nicht mehr und nicht weniger als ein Narr. Freilich ins Gefängnis zurückgeführt, mag er sich selbst gesagt haben: Du warst ein Narr! wollte aber die Wissenschaft auch dies Urteil über ihn sprechen, dann würde sie nur beweisen, dafs sie nicht im stande ist, jenes Licht der Idee zu erkennen, von welchem ein flüchtiger Strahl hingereicht hat, das Gemüt dieses armen Schächers zu einer Grofsthat zu entzünden.

Es ist verkehrt und sogar gefährlich, das Sittliche, wie eine Art von Versicherung auf Gegenseitigkeit zu gründen. Wenn das sittliche z. B. rechtliche Handeln der Beitrag ist, wofür der Einzelne von der Gesellschaft gegen das Unrecht der anderen wie gegen Feuerschaden gesichert wird: dann mag es mancher vorziehen, die Prämie zu sparen und auf Ersatz zu verzichten.

Die Förderung allgemeiner Wohlfahrt aber, um die eigne Wohlfahrt dadurch zu vermehren, ist, wenn eine Thatsache, wahrscheinlich keine von weiter Ausbreitung; der auf eigne Wohlfahrt gerichtete Sinn wird den kürzeren Weg, sie auf Kosten anderer zu erringen, immer vorziehen, im besten Falle aber in seiner national-ökonomischen Tugend das nichtige Schattenspiel eines reinen Wohlwollens darbieten.«

Die Frage, ob der Mensch völlig uneigennütziger Motive und also einer reinen Tugend fähig sei, ist uralt und ist von jeher verschieden beantwortet worden. Sie wird bereits im Buch Hiob gestellt und im bejahenden Sinne gelöst. Im verneinenden Sinne wird die Frage entschieden von vielen der alten Sophisten und vielen Anhängern ARISTIPPS und EPICURS. Was diese etwa gegen die Möglichkeit einer reinen uninteressierten Tugend vorbringen, trägt in WIELANDS Agathon Hippias vor. Unter den neuern suchen besonders MANDEVILLE und HELVETIUS darzuthun, dafs reine Liebe zum Guten nur eine Chimäre sei. Die Eigenliebe, heifst es, ist das einzige Motiv für alles menschliche Handeln, sie spricht alle Sprachen, spielt alle Rollen, selbst die der Uneigennützigkeit. Das fühlbare Ziel aller Bewegung ist Selbsterhaltung der Wesen. Dieses Streben nennt der Physiker gravitation sur soi, der Moralist: amour de soi. Ebenso sieht MARX überall, selbst in der Wohlthätigkeit und im Wohlwollen nur egoistische Motive, nämlich die Befriedigung der Selbstliebe, den Kitzel des Übermuts und Amüsement.

Was dagegen gesagt ist, hat wohl am ausführlichsten REINHARD besprochen.[1]) Wer so gering von der moralischen Natur denkt, hat sich zu fragen, ob er auch immer genau und unparteiisch genug beobachtet hat, denn die reine Tugend, wenn es solche giebt, wird sich nie hervordrängen; ob er auch alle Stände der menschlichen Gesellschaft hinlänglich kennt, denn, sagt CHAMFORT: Die an Höfen leben oder für Polizei zu sorgen haben, glauben die Menschen zu kennen und kennen nur den Auswurf derselben. Man beurteilt aber eine Stadt nicht nach den Gossen oder ein Haus nicht nach den Kloaken; ob seine Forderungen nicht übertrieben sind, dafs er etwa eine Tugend verlangt, die jeder Empfindung des Wohlgefallens und der Neigung entgegengesetzt sei; ob er billig genug sei, gewöhnliche Schwachheit von vorsätzlicher Bosheit zu unterscheiden; ob er nicht schuld sei, dafs sich bessere Menschen von ihm zurückziehen und er gar nicht im stande ist, sich in deren Geist zu versetzen. In dieser Beziehung sagt FICHTE: Wohl kann der Edle wissen, wie dem Unedlen zu Mute ist, denn wir alle werden im Egoismus erzeugt und geboren und

---

[1]) REINHARD, System der christlichen Moral 1810, IV, 1—119.

haben in ihm gelebt, und es kostet Mühe und Kampf, diese alte Natur in uns zu ertöten. Keineswegs aber kann der Unedle wissen, wie dem Edlen zu Mute ist, indem er nie in dessen Welt gekommen, und durch sie den Durchgang gemacht hat, wie der Edle durch die seinige allerdings hindurch mufste.[1]

Es würde auch nicht soviel geklagt werden über ungerechte Schicksalsschläge, und es würden nicht soviel Versuche gemacht sein, Gott darüber zu rechtfertigen, dafs es der Tugend übel, dem Laster wohl gehe, wenn man nicht voraussetzte, dafs es reine Tugend gäbe.

Und wenn es so wäre, bemerkt KANT, dafs reine Tugend nie wirklich wäre, müfste man doch an sie glauben und sie erstreben. Man braucht eben kein Feind der Tugend, sondern nur ein kaltblütiger Beobachter zu sein, der den lebhaften Wunsch für das Gute nicht sofort für dessen Wirklichkeit hält, um (vornehmlich mit zunehmenden Jahren und einer durch Erfahrung teils gewitzigten, teils zum Beobachten geschärften Urteilskraft) in gewissen Augenblicken zweifelhaft zu werden, ob auch wirklich in der Welt wahre Tugend angetroffen werde. Und hier kann uns nun nichts vor dem gänzlichen Abfall von unseren Ideen der Pflicht bewahren und gegründete Achtung gegen ihr Gesetz in der Seele erhalten, als die klare Überzeugung, dafs, wenn es auch niemals Handlungen gegeben habe, die aus solchen reinen Quellen entsprungen wären, dennoch hier auch gar nicht davon die Rede sei: ob dies oder jenes geschehe, sondern die Vernunft für sich selbst, und unabhängig von allen Erscheinungen, gebiete, was geschehen soll, mithin Handlungen, von denen die Welt vielleicht bisher noch gar kein Beispiel gegeben hat, an deren Thunlichkeit sogar der, so alles auf Erfahrung gründet, sehr zweifeln möchte, dennoch durch Vernunft unnachläfslich geboten sei und dafs z. B. reine Redlichkeit in der Freundschaft um nichts weniger von jedem Menschen gefordert werden könne, wenn es gleich bis jetzt gar keinen redlichen Freund gegeben haben möchte, weil diese Pflicht als Pflicht überhaupt vor aller Erfahrung in der Idee einer den Willen durch Gründe a priori bestimmenden Vernunft liegt.[2]

Infolge der neuern Verhandlungen über »geborene Verbrecher« ist vielfach der leibliche erbliche Einflufs auf den Charakter überschätzt und der Glaube an die Macht des Willens und seine Beeinflussung durch ideale Mächte gering geworden. Doch bemerkt selbst LOMBROSO (der Verbrecher S. 120): »Wir haben recht oft vollkommen

---

[1] FICHTE, Grundzüge des gegenwärtigen Zeitalters, S. 72.
[2] Grundlegung der Metaphysik der Sitten. S. 27.

gute und anständige Kinder angetroffen, die von ruchlosen Eltern stammten, unter 45 Kindern mit erblicher Belastung waren 12 also 26,66 Prozent gut.«

Der Spielraum der moralischen Bildungsfähigkeit verengert sich allerdings mit jedem weitern Lebensjahre, aber wir wissen nie, wieweit er sich noch erstreckt, und niemals wird eine sittliche Besserung ganz unmöglich. Der Versuch einer sittlichen Beeinflussung von Seiten anderer und einer sittlichen Selbsterziehung ist nie völlig aussichtslos. Der Strafanstaltsdirektor H. v. VALENTINI sagt sogar: Mit den Gefangenen aus den Reihen des Volkes und aus ihnen ist alles zu machen, was man mit und aus ihnen machen will. Ich selbst habe es in sehr schwierigen Lagen erprobt, ich spreche aus Erfahrung ... nicht das Bajonett und die Furcht, sondern einzig und allein der freie Wille, der gute Wille, das Ehrgefühl der infamierten Verbrecher sah ich sie beherrschend.[1]

»Die moralose und darum unmoralische Wirtschaftstheorie, die nur den Eigennutz als Triebfeder kennt, ist die gefährlichste Lüge, die je von der Wissenschaft ausgesprochen ist, zum Glück aber auch eine, deren innerer Widerspruch leicht entdeckt werden kann, denn sie führt zu der Alternative: entweder ist der Eigennutz auch auf dem Gebiet des Staats- und Rechtslebens das Entscheidende — damit wird aber eine unsittliche Grundlage aller menschlichen Ordnung aufgestellt und zum positiven Angriff auf sie fortgeschritten — oder man löst die natürliche Einheit des Menschen in verschiedene von einander unabhängige Kräfte auf und macht ihn im Rechtsleben zum Idealisten, in der Wirtschaft zum Materialisten. Die wirklichen Motive der Wirtschaft sind: der Trieb der Selbsterhaltung, der politische Gemeinsinn, das nationale Rechtsgefühl.«[2]

Soviel zu der Frage, ob der Mensch uneigennütziger, idealer Motive seines Handelns fähig sei.

Nun möge noch ein Überblick über die Ziele der Sozialisten folgen.

Die Ziele der Sozialisten.

Am Ende seines Werkes[3] über Proudhon teilt DIEHL die Vertreter des Sozialismus, Kommunismus und Anarchismus so ein: 1. Der

---

[1] Das Verbrechertum im preußischen Staate. 1869. S. 226.
[2] W. ARNOLD, Recht und Wirtschaft nach geschichtlicher Ansicht. 1863.
[3] In CONRADS Sammlung national-ökonomischer und statistischer Abhandlungen 1896 u. 1897.

soziale Materialismus (MARX, ENGELS etc.). 2. Der soziale Eudämonismus (BABEUF, CABET, DEZAMY, BAKUNIN etc.). 3. Der soziale Idealismus (PLATO, ARISTOTELES, FICHTE, RODBERTUS, PROUDHON, COMTE etc.).

Beginnen wir mit der letzten Klasse. Sie bietet schon darum prinzipiell die wenigsten Schwierigkeiten, weil hier der uns geläufige Standpunkt der Moral oder des Gewissens mit seinen unbedingten Forderungen vertreten wird. Die sittlichen Urteile und Forderungen gelten nicht als bloße Eingebungen der Zweckmäßigkeit, des Nutzens, der Gewohnheit oder äußerer Gesetze, sondern als absolute, seien es angeborene, seien es erworbene Kundgebungen der menschlichen Natur im Gegensatz zum Eudämonismus oder Egoismus. Zumeist wird die Idee der Gerechtigkeit an die Spitze gestellt. Und als Zweck der menschlichen Gesellschaft gilt es: die Gerechtigkeit zu verwirklichen. »Die Gerechtigkeit, sagt PROUDHON, ist das Gefühl unserer Würde im Menschen, sie ist allem Egoismus entgegengesetzt und übt einen Zwang aus, der allen anderen Gefühlen vorangeht. Sie ist ein Produkt des Gewissens, das ein integrierender Teil jedes Menschen ausmacht. Vor jeder Idee von Recht und Pflicht sagt uns das Gewissen: Diese Dinge billige ich und diese nicht. Die Gerechtigkeit als eine Fähigkeit der Seele führt uns spontan zum Guten und zur Tugend, bevor wir die Begriffe des Moralischen und der Tugend erworben haben, und dieses Gefühl genügt zu unserer Rechtfertigung und Vervollkommnung, ohne daß ein Einfluß von außen her nötig ist. Es ist nicht wahr, daß das Recht sich für jeden einzelnen auf das Interesse begründe. Recht und Interesse sind grundverschieden. Aus dieser Idee der Gerechtigkeit folgert nun PROUDHON sein Gesellschaftsideal, das einer Art von Anarchismus gleicht, folgert er auch ganz bestimmte Sätze z. B. daß jeder den vollen Lohn seiner Arbeit erhält u. a. Es ist bekannt, daß die Vertreter eines Staatsideals auf Grund derselben Gerechtigkeit oder der absoluten Moral zu sehr verschiedenen Ergebnissen gelangen, ja man kann sagen: es hat wohl kaum einen Staat gegeben, dessen Einrichtungen man nicht vom Standpunkt der Gerechtigkeit zu rechtfertigen versucht hätte. Nicht nur PLATO und ARISTOTELES haben die Sklaverei als gerecht verteidigt, weil den Sklaven als einer untergeordneten Menschenklasse ihr Recht würde, wenn sie dienen müßten. Auch im Namen einer christlichen Gerechtigkeit hat man Sklaverei, Ketzerverbrennung, Verfolgungen und Unterdrückungen, Beraubungen aller Art als sittlich erlaubt ja geboten zu rechtfertigen versucht.

Doch das interessiert uns jetzt nicht, es kam nur darauf an, hervorzuheben, dafs hier prinzipiell eine sittliche Idee, nämlich die Gerechtigkeit anerkannt wird.

Das scheint bei der zweiten Klasse, dem sozialen Eudämonismus nicht der Fall zu sein. Diehl führt zahlreiche Citate aus französischen Sozialisten an, die alle darauf hinauslaufen, was ein grofser Teil der englischen Moralphilosophen als das höchste Ziel angeben, nämlich: das möglichst gröfste Glück aller: Glück und Wohlbefinden, wenig Arbeit, viel Lebensgenufs sind die Endziele des sozialen Lebens. Hierin findet Diehl gegenüber dem Idealismus, dessen Ziel Gerechtigkeit ist, ein anderes Ziel, die Arbeit wird als Last betrachtet, die möglichst vermindert werden mufs, sie hat keine sittliche Bedeutung und verliert die Wichtigkeit der Pflichterfüllung für die Gemeinschaftszwecke.

Allein ist dies so, wenn das Prinzip der Herbeiführung des möglich gröfsten Glückes aller von allen gleichmäfsig angestrebt wird? Man hat doch ein Prinzip zunächst in vollem Ernst zu nehmen, ob die Vertreter desselben wirklich alle Konsequenzen daraus gezogen haben, soll späterhin untersucht werden.

Man denke sich eine Gesellschaft, von der jedes einzelne Glied erfüllt ist von dem Wunsche für das Beste aller andern und daran alle seine Kräfte setzt — das ist das Höchste, was man sich denken kann, das ist weit mehr als Gerechtigkeit, das ist reines Wohlwollen, das ist selbstverleugnende Liebe gegen alle ohne Ausnahme. Der Einwand liegt nahe zu sagen: es ist ja aber nur äufserer Lebensgenufs, was angestrebt wird; allein man vergesse nicht: dies geschieht für andere. Das ist aber der gröfste Unterschied, den es überhaupt in dieser Beziehung giebt, ob ich bestrebt bin, mein Wohl zu befördern — das ist Egoismus, oder das Wohl anderer — das ist Wohlwollen und bleibt Wohlwollen auch wo ich zunächst nur das äufsere Wohl des anderen im Auge habe.

Allein auch der Gedanke nur an äufseren Lebensgenufs wird eigentlich von dem Prinzip ausgeschlossen. Freilich liegt es nahe zu fragen: soll denn der Verbrecher unbestraft bleiben, soll man helfen, dafs der Böse sein Glück, der Lüstling, der Träge seine Lust findet? Doch das wird von dem Prinzip abgewiesen. Nach ihm strebt jeder das Glück der anderen an, denkt nicht an sein Glück auf Kosten anderer. Egoisten giebt es in einer solchen Gesellschaft nicht. Giebt es deren noch, so mufs es das Streben der anderen sein, sie aus Egoisten zu Wohlwollenden zu machen, damit jeder ohne Ausnahme das Glück aller anstrebe. Soll jeder auf das Glück aller bedacht sein, so ist jeder vom Wohlwollen beseelt. Und vom Wohlwollen beseelt sein, das ist der höchste, der erwünschteste, der sittlichste Seelenzustand, der sich denken läfst. So mufs also jeder bestrebt sein, jeden andern wohlwollend oder tugendhaft zu machen, soviel er kann, denn nur in diesem Falle streben alle das Glück aller an. Wiederum ist das Streben, den anderen wohlwollend zu machen, oder echte Liebe in ihm zu pflanzen, das Höchste, was angestrebt werden kann. Da ist nicht mehr ausschliefslich vom äufsern Lebensgenufs die Rede, dieser ist durchaus nicht ausgeschlossen, aber das letzte Ziel für jeden ist, jeden anderen mit der edelsten Gesinnung des Wohlwollens zu beseelen. Hier ist Pflichterfüllung im höchsten Mafse, ja mehr als Pflichterfüllung, sofern Pflicht immer einen innern Widerstand voraussetzt, der überwunden werden soll; aber wo das Wohlwollen, die Liebe spricht, da wird freiwillig, gern und vollkommen gethan, ohne jeden innern Zwang, was sonst die Pflicht fordert. Hier wird der Wert der Arbeit in ihrer sittlichen Bedeutung nicht verkannt, es ist vielmehr der höchste Gesichtspunkt aus dem die Arbeit betrachtet werden kann, nämlich als ein Dienst für andere, andere glücklich, weise und tugendhaft zu machen, denn das alles liegt in dem Satze: aller Glück anzustreben. Was man sonst zum Ruhme der Arbeit sagt, dafs sie den Arbeitenden erzieht, dafs sie die Kulturgüter erhält und vermehrt, dafs sie die Mittel für das Wohlwollen gewährt, das alles ist in dem Prinzip, alle glücklich zu machen eingeschlossen. Man lese die Schilderung die HERBART von dem Verwaltungssystem und dem darin herrschenden Geiste des allgemein verbreiteten Wohlwollens giebt!

Ich weifs wohl, so haben es die meisten Vertreter dieses Prinzips nicht gemeint, und dafs dies eine Utopie ist. Aber sicherlich geht man zu weit, wenn man sagt, es habe keiner der Vertreter dieses Prinzips es in diesem Sinne aufgefafst. Sicherlich war das Streben derer, die für das Glück aller schwärmten, gar oft völlig rein und frei von Egoismus; für ihre eigne Person übernahmen sie alle Plackereien und hatten wohl meist nicht die Hoffnung, dafs sie selbst, die Zeit allgemeinen Glücks erleben würden. Wie gerne ginge ich zu Grunde, wenn die Menschheit frei würde, wenn das Volk endlich von edlen Lehrern erleuchtet, von grofsherzigen Führern geleitet würde, sagt PROUDHON. Man unterschätzt ihre Gesinnung, wenn man sie sozialen Eudämonismus nennt, denn Eudämonismus ist nur ein anderes Wort für Egoismus. Egoismus ist aber sicherlich manchem jener Vertreter in dieser Beziehung fern gewesen. Man müfste also hier das Wort Eudämonismus in einem entgegengesetzten Sinne nehmen, nämlich als das Streben für fremdes Glück.

Für viele Vertreter des höchsten Glückes für alle gilt freilich das Wort Eudämonismus, sie haben nur eignes Glück im Auge, wenn sie das Glück aller als Ziel angeben.[1]) Doch ehe dieser Gedanke erörtert wird, ist noch nötig, die Frage zu beantworten: ist es Egoismus, wenn ein Staat sich selbst zu erhalten sucht? Es scheint auf der Hand zu liegen: was für den einzelnen Pflicht ist, nämlich sein eignes Glück hintansetzend für anderer Glück zu sorgen, das müfste auch für die Staaten und deren Lenker gelten, es sei Egoismus sich selbst zu erhalten und feindliche Angriffe abzuwehren. Darüber bemerkt GEYER: Auch hier kann es vorkommen, dafs der Egoismus der Staatslenker andere und vielfach sich selbst zu täuschen sucht durch die Annahme einer Pflicht, während in Wirklichkeit Selbstüberhebung, Neid oder Habgier die Triebfedern des Handelns sind. Allein in der That ist, abgesehen von jenen Fällen der blofs vorgespiegelten Pflicht, der »gesunde Egoismus« des Staates, mit welchem derselbe alle seine Kräfte aufbietend, sich selbst zu erhalten trachtet gegenüber jeder von aufsenher kommenden Störung nicht zu vergleichen mit dem Egoismus des Einzelnen. Jener staatliche Egoismus ist Pflicht, wenn der Bestand des Staates noch einen Wert hat für seine Angehörigen. Ein Gemeinwesen, welches als geordnete Zusammenfassung der in ihm vereinigten Kräfte seinen Bürgern zunächst gesicherten Genufs der materiellen Lebensbedingungen und auf dieser Grundlage die Möglichkeit des Strebens nach den höchsten menschlichen Zielen gewährt, kann sich nicht selbst aufgeben, ohne die schwerste Schädigung und Verletzung seiner Angehörigen. Sie verlassen wäre Treulosigkeit, sie zu schützen fordert das Wohlwollen und die Treue. Dies betont auch HOLTZENDORFF indem er sagt: Die Verschiedenheit in den Forderungen der Staatsmoral im Vergleich zur Privatmoral zeigt sich zuvörderst darin, dafs das Selbsterhaltungsrecht

---

[1]) Sagte doch BEBEL auf dem Hamburger Sozialdemokratentage 1897 frei heraus: »Es hinge gewifs gern mancher von uns den Sozialdemokraten an den Nagel, wenn er plötzlich reicher Bourgeois werden könnte. »Selbst wenn die (sozialdemokratischen) Führer noch so klar einsehen, dafs die Ausführung ihrer Pläne das Volksvermögen um die Hälfte verringern würde, so werden sie deswegen doch nicht davon abstehen, falls sie selbst bei der Verteilung der andern Hälfte mehr als doppelte Portionen zu gewinnen hoffen. Es ist eben falsch, den verständigen Eigennutz schon für ein zureichendes Prinzip des Gemeinwohls anzusehen. Und die Behauptungen der ältern Nationalökonomik, welche von so vielen Reichen als hinlänglich betrachtet werden, um wenigstens alle ehrlichen und einsichtsvollen Sozialisten zu bekehren, so z. B. dafs neue Kapitalien nur durch Ersparnis gebildet werden können, dafs der redliche Sparer der ausschliefsliche Schöpfer des von ihm gebildeten Kapitales sei u. dergl. m. sind vor den Einwürfen der tiefern wissenschaftlichen Forschung unhaltbar. (ROCHER.)

des Staates ein ganz anderes in seiner Geltung sein mufs, als dasjenige des einzelnen Menschen, dem die Pflicht der Aufopferung für die höchsten sittlichen Zwecke vorgeschrieben ist. Sich für den Staat dahin geben auf dem Schlachtfelde, sich selbst der Erhaltung des Nächsten opfern, sind höchste Anforderungen der Sittlichkeit an den Einzelnen. Vom Staate kann dies niemals gefordert werden, weil eine Erhaltung die ideelle Grundlage der rechtlichen Existenz aller Staatsbürger ist. Nur in dem einen Falle könnte der Staat seine eigne Auflösung beschliefsen, wenn er sich selbst in einem rechtlich und national homogenen Organismus höheren Ranges auflösen wollte, dessen Zwecke mit den seinigen identisch und gleichzeitig mit vollkommneren Mitteln besser erreichbar sein würden. Von einer absoluten Verpflichtung des Staates sich territorial unverletzlich und souverän zu erhalten, kann somit heutzutage nicht mehr gesprochen werden. Regelmäfsig gilt indes ganz gewifs der Satz, dafs der Staat zu seiner Selbsterhaltung um der Gesamtheit willen verpflichtet ist... Wir möchten, setzt GEYER hinzu, noch eine zweite Ausnahme hinzufügen. Die Pflicht der Selbsterhaltung besteht für den Staat, wie schon angedeutet, nur unter der Voraussetzung, dafs sein Dasein wirklich einen idealen Wert für seine Angehörigen hat. Bietet sich einem von innerlich unheilbarer Fäulnis ergriffenen Staatswesen die Gelegenheit, durch Anschlufs an einen gesund aufblühenden Staat zu retten, was etwa noch von idealen Gütern in ihm vorhanden ist, dann weifs die Moral einem solchen Staatswesen nichts zu sagen von der Pflicht der Selbsterhaltung. Der Trieb, sich selbst zu erhalten — mag freilich auch in ihm lebendig sein, wie sich ja auch in dem einzelnen dieser Trieb sträubt gegen die Pflicht der Selbstopferung.

Wie unsere völkerrechtlichen Verhältnisse leider noch liegen, ist es im allgemeinen richtig, wenn JHERING sagt: einem Volke, dem man ungestraft eine Quadratmeile entziehen kann, wird man auch die übrigen nehmen bis es nichts mehr hat. Darum wird in einem scheinbar unbedeutenden Angriff auf sein Recht der Staat in der Regel einen Angriff auf seine Existenz erblicken können und sich aufgerufen fühlen, zur pflichtmäfsigen Selbsterhaltung, welche freilich nicht ohne weiteres durch das äufserste Mittel, den Krieg, angestrebt werden darf.[1])

Man hat hierbei den Gedanken abzuwehren, als wäre die Staatsmoral eine andere als die Privatmoral, die eine forderte, die andere

---

[1]) GEYER in der Besprechung JHERINGS Schrift: Der Kampf ums Recht. Der Gerichtssaal. 1873. Heft 7. S. 31 ff.

verböte die Selbsterhaltung. Allein so ist es nicht. Selbsterhaltung ist auch für die einzelnen an sich weder gut noch böse, sie kann erlaubt, sie kann geboten, sie kann verwerflich sein. Das kommt ganz darauf an, ob dies egoistisch für sich oder rechtlich und wohlwollend für andere geschieht. Denn Selbstaufopferung im Dienst der idealen Güter bedeutet ja auch weiter nichts als einen Dienst für andere.

Nicht anders verhält es sich mit der staatlichen Selbsterhaltung. Die Lenker des Staates sollen die Bürger schützen. Treue und Wohlwollen würde aber verletzt, wenn sie dies nicht thäten. Das Wort Selbsterhaltung kann hier irre führen, es scheint hier dem Worte nach Egoismus vorzuliegen, wo doch der Sache nach gar nicht daran gedacht werden soll. Selbsterhaltung des Staates ist hier Sorge für die Bürger. Selbst ein Angriffskrieg kann Ausdruck dieser Fürsorge für die Seinigen sein. Zögern mit dem Angriffe wäre zuweilen Grausamkeit. Aber ist das nicht Grausamkeit gegen die Angegriffenen? Hier gilt das bekannte Wort: die Liebe kennt zwar keine Ausnahmen, aber Unterschiede. Selbst das neue Testament sagt: wer die Seinigen, sonderlich seine Hausgenossen nicht versorgt, der hat den Glauben verleugnet. Es liebt aber, sagt KANT, mancher die Tartaren, für die er nichts zu opfern braucht, um sich zu entbinden von der Pflicht der Fürsorge für die Seinigen. Ist ein Staat vor die Notwendigkeit gestellt, entweder sich, d. h. die Seinigen oder ihm Fremde zu schonen, so ist das erstere Pflicht. Das Wohlwollen als Gesinnung ist darum auch für die Angegriffenen nicht ausgeschlossen, aber es kann in einem solchen Entweder — oder nicht zur That werden. Der Schutz der Seinigen ist die nähere Pflicht, darum hat KANT recht, der keinen Unterschied zwischen Staats- und Privatmoral zuläfst: »ob zwar Politik für sich selbst eine schwere Kunst ist, so ist doch die Vereinigung derselben mit der Moral gar keine Kunst«, heifst es bei ihm.

Mit dem Vorstehenden sollte gezeigt werden, dafs in beiden Fällen nicht von Eudämonismus oder Egoismus die Rede ist, einmal wo der Staat Selbsterhaltung übt und ebensowenig da, wo das Prinzip oder die Idee aufgestellt wird: gröfstes Glück für alle.

Allein, wie gesagt, in sehr vielen Fällen verbindet sich Egoismus damit, ja oft ist es nur ein anderer Ausdruck für: sein eignes Glück durch Hilfe der anderen suchen.

Wo es so steht, dafs jeder allein an sein eignes wohlverstandenes Interesse denkt, wenn er andere schont, andern hilft, also durch das Glück anderer sein eignes befördern will, da ist der individualistische

Standpunkt nur scheinbar verlassen. Die Sorge für andere ist nur ein Umweg, nur ein Mittel zum eignen Wohl, und nur solange man meint, dafs dies Mittel zum Ziele führt, dafs nämlich die persönlichen und gesellschaftlichen Interessen zusammentreffen, wird dieser Umweg, nämlich Schonung der anderen eingeschlagen werden, im anderen Falle wird der Egoist unmittelbar nämlich ohne Rücksichtnahme auf andere auf sein Ziel, das eigne Interesse losgehen. Auch dann, wenn die sogenannten altruistischen Gefühle auf blofser physiologischer Erregung, wie des Mitleids oder auf blofser Gewöhnung beruhen, sucht man damit doch immer nur egoistische Neigungen zu befriedigen. Welchen Gegensatz, bemerkt HUME, in dessen Fufsstapfen die Vertreter des wohlverstandenen Interesses alle wandeln, welchen Gegensatz man auch zwischen den selbstischen und sozialen Gefühlen und Dispositionen gewöhnlich annehmen möge, in Wirklichkeit sind sie einander nicht mehr entgegengesetzt, als die selbstischen und die ehrgeizigen, die selbstischen und die rachsüchtigen, die selbstischen und die Gefühle der Eitelkeit. HUME meint, die gesellschaftlichen Bestrebungen sind nur eine Unterabteilung der selbstischen, wie Ehrgeiz nur eine besondere Form der Selbstsucht ist. Es ist schon oben davon die Rede gewesen, wo STEINTHAL die Selbsttäuschung JHERINGS aufdeckte, als werde die Selbstsucht dadurch, dafs sie durch Rücksicht auf andere ihre eignen Interessen verfolgt, zur uninteressierten Gesinnung.

Nun sind ja derartige Versuche sehr oft gemacht, die Förderung des Wohles anderer als die unvermeidliche Bedingung des eigenen Wohls zu erweisen und mit einer Art von logischem Schein zu zeigen, dafs dies kein Egoismus ist. Viele folgen hier MILL, der etwa so schliefst: jeder Mensch strebt nach seiner eignen Glückseligkeit, folglich streben alle zusammen nach der allgemeinen Glückseligkeit. Das Ziel alles menschlichen Strebens ist demnach das allgemeine Beste. Der Trugschlufs liegt hier in dem Worte »allgemein«. Es wird dadurch der Schein erweckt, als strebte jeder einzelne nach der allgemeinen Glückseligkeit und so nach der Glückseligkeit anderer, während jeder doch nur nach seinem eignen individuellen Glück strebt und dieses Streben als allgemein d. h. als von allen gehegt angesehen wird. CARNERI sucht diese Umdeutung im Sinne der HEGELschen Logik zu fassen, die in dem Allgemeinen das Reale und Ideale zugleich erblickt. »In dem Allgemeinen, meint er, in der Gattung wird die Idee lebendig, welche nicht nur das Individuum als zur Gattung gehörig charakterisiert, sondern durch welches das Individuum als zur Gattung gehörig geworden ist.« Ein solcher

Gattungsbegriff als ein reales Band der gesonderten Individuen setzt den logischen Realismus der allgemeinen Begriffe voraus.[1]

Hiernach ist die Menschheit als Gattung ein einziges reales Wesen, was ich also dem einzelnen Menschen thue, thue ich dem ganzen Menschengeschlecht. Durch eine solche metaphysische Deutung suchte schon MILL seinen Betrachtungen nachzuhelfen. Am bekanntesten ist es, wie SCHOPENHAUER dadurch das Mitleid begründen wollte, dafs ja alle Wesen im Grunde real identisch seien, jedes Wesen, wenigstens jeder Mensch leide an seiner eignen Natur, wenn ein anderer leide, denn der andere ist kein anderer, der andere bin ich selbst, ich bin mitleidig, eigentlich mitleidend im allereigentlichsten Sinne.

Einen etwas wunderlichen Ausdruck giebt diesem vielverwendeten Gedanken TEICHMÜLLER (das Wesen der Liebe 1879). »Setzen wir, die Welt bestände aus lauter materiellen Atomen oder aus materiellen HERBARTschen Realen, die wie jedes unbedingt, selbständig sind, so könnte es keine Liebe geben, denn die Liebe setzt eine innerliche Beziehung des einen auf das andere voraus. Mithin mufs Atomismus eine falsche Weltanschauung sein, wenn es wirklich Liebe in der Welt giebt.[2]

Indes leuchtet es doch sofort ein, dafs wenn ich identisch bin mit den anderen und aus dieser Erkenntnis heraus handle, ich gar nicht wohlwollend oder liebevoll sein kann. Niemand kann gegen sich selbst wohlwollend sein, dergleichen nennt man Selbstliebe. Zum Wohlwollen gehört ein anderer, der ich selbst nicht bin. Die Liebe sucht nicht das Ihre, sondern was des andern ist. Der Gedanke an die Identität der Gattung Mensch macht alle Menschenliebe zur Selbstliebe. Kommt alles, was ich einem Individuum thue, der ganzen Gattung zu gute, nun dann will ich aufs beste für mich selbst sorgen und sorgen lassen, so sorge ich damit am besten für die ganze Menschheit, die sich ja auch in mir darstellt!

Sagt man: jeder Mensch strebt nach Glückseligkeit, so meint man natürlich: nach seiner eignen Glückseligkeit. Es soll heifsen: jeder menschliche Willensakt wird durch das Gefühl der künftigen Lust oder Unlust hervorgerufen. Nun aber vergifst der Eudämonismus einen Unterschied von Lust und Lust zu machen, er nennt Lust auch die Freude oder das Wohlgefallen an ästhetisch-schönen oder sittlich-löblichen Verhältnissen. Das ist aber ein grofser auch durch

---

[1] Vergl. dazu KALER: Die Ethik des Utilitarismus. S. 52.
[2] S. Zeitschrift f. ex. Phil. XII, S. 97.

die Erfahrung gegebener Unterschied, ob z. B. ein Neger seinen Kahn zweckmäfsig baut oder ob er ihn mit Schmuck verziert, der zur Brauchbarkeit des Kahns gar nichts beiträgt. Vergifst man diesen Unterschied, so lehrt der Eudämonismus: es wird gehandelt nur um der Lust willen; soll ich für andere sorgen, so mufs die Lust des andern erst meine Lust oder Unlust werden. Das ist nun wohl bei den sympathetischen Gefühlen der Fall. Da identifiziert sich wenigstens für Augenblicke der Mitleidige mit dem andern, dessen Not er sieht. Darum aber ist auch das rein sympathetische Mitleid noch nichts Sittliches, ist nur der Boden, auf dem die sittlichen Gefühle des Wohlwollens gedeihen können. Das Wohlwollen unterscheidet sich vom Mitleid dadurch, dafs das Fühlen mit dem andern zu einem Fühlen für den andern wird. Der andere mufs eben als ein anderer, von mir verschiedener erkannt werden. Sonst sucht der Mitleidige ja doch immer nur seine Unlust los zu werden oder seine Lust zu vermehren. Noch deutlicher wird es, dafs wir uns bei dem Streben nach Glückseligkeit noch ganz auf dem Boden des Egoismus befinden, wenn wir die Frage untersuchen, wie sich der Mensch danach vernünftigerweise zu den sympathetischen Gefühlen zu stellen, ob er dieselben auszubilden und zu pflegen, oder aber einzuschränken habe. Das Ziel, das er dabei vor Augen haben mufs, ist die gröfstmöglichste Summe von Lust und die geringste von Unlust. Nun wird aber doch niemand behaupten, dafs es das Streben des Menschen sei, die gröfstmöglichste Summe von Lust überhaupt aufzuhäufen — komme sie zu gute, wem sie wolle — das wäre wieder Wohlwollen gegen Unbekannte — sondern der Eudämonismus kann nur immer an das Glück denken, das dem danach Strebenden zu gute kommt. Glückseligkeit, die niemand zu gute kommt, die nicht empfunden wird, ist ein Unding. Wer Glück für den einzigen Beweggrund des Wollens ansieht, kann nur sein Glück im Auge haben. Fremde Lust kann für ihn nur dann Zweck sein, wenn sie der Grund, das Mittel seiner eignen Lust ist.[1])

Unter diesen Umständen aber ist es das beste, die etwa natürlicherweise vorhandenen Mitgefühle immer mehr einzuschränken, immer gleichgiltiger gegen anderer Wohl und Wehe zu werden. Je empfänglicher der Mensch ist gegen fremdes Leid, um so mehr Unlust hat er. Diese mufs der Eudämonismus fliehen. Mitfreude aber an anderer Freude ist zumeist kein so natürliches Gefühl als das Mitleid. Zur Mitfreude mufs wohl fast jeder Mensch erst er-

[1]) KALKER a. a. O. S. 52.

zogen werden.¹) Außerdem aber bietet die Welt weit mehr Anlaß zum Mitleid als zur Mitfreude. Wer also richtig rechnet, indem er allein seine Lust befördern will, hüte sich, die Mitgefühle in sich zu pflegen. Sie machen unruhig und blind gegen den eignen Vorteil.

So ist eudämonistischer Sozialismus oder sozialer Eudämonismus wohl ein ganz bezeichnender Name für einen sehr großen Teil von Sozialisten, aber der ganze Standpunkt beruht darauf, daß man die Gedanken nicht bis Ende ausgedacht hat. Entweder: ich strebe nach der allgemeinen Wohlfahrt, weil dies das beste Mittel ist, für meine Wohlfahrt zu sorgen — dann befinde ich mich ganz innerhalb des individuellen Eudämonismus, nur mein Glück ist das Bestimmende meines Willens, suum utile quaerere ist nach SPINOZA das Höchste. Die anderen, deren Glück ich auch anstrebe, sind nur die Mittel meines Glücks, wie ein Kutscher seine Pferde und ein Bauer sein Vieh oder ein Sklavenhalter seine Sklaven schont, weil er so den größten Nutzen für sich daran hat.²)

---

¹) Über Mitgefühl s. den Artikel in REINS encyclopäd. Handbuch der Pädagogik. IV.

²) Es mögen wenigstens einige Stellen aus STIRNERS Buch mitgeteilt werden, der übrigens nur ausspricht, was jeder Eudämonist konsequenterweise denken muß.

Bin ich mächtig, heißt es da, so bin ich schon von selbst ermächtigt. Was kümmert mich des Mitmenschen Recht? Sein Leben z. B. gilt mir nur, was mirs wert ist. Seine Güter, die sinnlichen wie die geistigen, sind mein, ich schalte damit als Eigentümer nach dem Maße meiner Gewalt. Mein Verkehr mit der Welt: worauf geht er hinaus? Genießen will ich sie; darum muß sie mein sein und darum will ich sie gewinnen. Ich will nicht die Freiheit, nicht die Gleichheit der Menschen; ich will nur meine Macht über sie, will sie zu meinem Eigentume d. h. genießbar machen. Wie ein Jagdhund meine Macht gegen das Wild ist, aber getötet wird, wenn er mich selbst anfällt. Ich thue nichts um der Menschen willen, was ich thue, thue ich um meinetwillen.

Ob was ich denke und thue, christlich sei, was kümmert's Mich? Ob es menschlich, liberal, human, ob unmenschlich, illiberal, inhuman, was frag Ich darnach? Wenn es nur bezweckt, was Ich will, wenn ich nur Mich darin befriedige, dann belegt es mit Prädikaten, wie Ihr wollt: es gilt Mir gleich.«

Nicht, wie Ich das allgemein Menschliche realisiere, braucht meine Aufgabe zu sein, sondern wie ich mir genüge. Ich bin meine Gattung, bin ohne Norm, ohne Gesetz, ohne Muster Die Gedanken sind meine Geschöpfe; wollen sie sich losreißen und etwas für sich sein, so nehme ich sie in ihr Nichts. d. h. in Mich, ihren Schöpfer zurück... Wir beide, der Staat und Ich sind Feinde. Mir, dem Egoisten, liegt das Wohl dieser menschlichen Gesellschaft nicht am Herzen, Ich opfre ihr nichts, Ich benutze sie nur; um sie aber benutzen zu können, verwandle ich sie vielmehr in mein Eigentum und mein Geschöpf d. h. ich vernichte sie und bilde an ihrer Stelle den Verein von Egoisten.« Dem fügt WILLMANN folgendes bei: In Rußland bedeutet Hegelianer soviel wie Nihilist. Wir (BAKUNIN u. a.) lasen 1839 HEGELS

Oder aber die Fürsorge geschieht aus Wohlwollen, aus uninteressierter Liebe für die anderen, dann ist der Eudämonismus verlassen. Dann habe ich nicht mehr mein Glück im Sinne des Genusses, der Befriedigung der Begierden im Auge, sondern es sind absolut sittliche Urteile, Pflichten, die mich bestimmen. Für diesen Standpunkt ist aber der Name Eudämonismus sachlich und geschichtlich nicht gebräuchlich. In diesem Sinne wird man sich GIZYCKI anschliefsen: »Warum soll ich dem allgemeinen Wohle gemäfs handeln? Warum? Weil ein solches Handeln recht und vernünftig ist. Das Gebot, die allgemeine Wohlfahrt zu befördern, ist das Gebot meines — und nicht blofs meines — eignen Gewissens: es ist der Befehl, den die Unterstützung meiner — und nicht blofs meiner — Vernunft empfängt. Es ist das Geheifs der (sittlich) entwickelten menschlichen Natur selbst. Wer es nicht anerkennt, es nicht als das höchste, heiligste Gebot anerkennt, und doch vernünftig und gut handeln will und Pflichten gegen alle Menschen gelten läfst, der sieht nicht, was er selbst eigentlich will.«[1]

In dieses Entweder-oder: wird das allgemeine Wohl aus individualistischen Eudämonismus oder aus reiner Menschenliebe angestrebt, scheint die Schilderung, welche DIEHL von einem Teil der sozialistischen Eudämonisten giebt, nicht zu passen. Da heifst es: Zwar die Gemeinschaft, deren Wohl angestrebt wird, besteht wieder aus Individuen, so dafs man sagen könnte, auch der Vertreter des Sozialprinzips ziele auf das Wohl der Individuen ab; aber der Unterschied ist doch der, dafs der individualistische Denker die Rechte und Interessen der einzelnen Individuen in den Vordergrund stellt, während der Vertreter des Sozialprinzips die Interessen des Einzelnen als dem Gemeinwohl untergeordnet betrachtet. Während der erstere seine Reformen durch das Recht des Einzelnen auf die Vorteile, die ihm die soziale Neuordnung bringen soll, begründet, kennt der letztere ein solches individuelles Recht überhaupt nicht; er kennt nur ein Recht des Staates, die einzelnen zu zwingen, für das Ganze Dienste

---

Philosophie der Religion und des Rechts, eine neue Welt that sich uns auf: Macht ist Recht und Recht ist Macht. Ich kann nicht beschreiben, mit welchen Gefühlen ich diese Worte vernahm: es war Befreiung für mich . . . Das Wort Wirklichkeit ist für euch gleichbedeutend geworden mit dem Worte Gott. Die schlechte Wirklichkeit ist zur Zerstörung reif und es durchbebt BAKUNIN das heilige Gefühl des Aufruhrs. WILLMANN III, 580 bemerkt dazu: Hier entspringt aus der Zerstörung der Religion die Religion der Zerstörung, das angestarrte Nichts wird zur vernichtenden Kraft, der brutende Nihilismus macht dem thatkräftigen Platz.

[1] GIZYCKI, Moralphilosophie. S. 27.

zu leisten: Die Pflicht des Individuums, dem Gemeinwohle zu dienen, ist ihm das Primäre. Ob die einzelnen sich innerhalb dieser Staatsverfassung wohl und glücklich fühlen, steht nicht in Frage, selbst wenn die gerade lebenden Individuen und ganze Generationen sich bei einem Wechsel der Wirtschaftsordnung sehr wenig behaglich fühlen sollten, so kümmert dies die Vertreter des Sozialprinzips nicht: denn das über der Dauer der Einzelnen Erhabene, die den Wechsel der Generationen überlebenden Zwangsorganisationen, der Staat, das Volk, die korporativen Verbände, müssen nach rationellen Gesichtspunkten geordnet werden, und in diese Ordnung haben sich die Einzelnen zu fügen. Nichts von Menschenrechten, nichts von einem Rechte auf Arbeit, Recht auf Existenz etc., die zu verwirklichen seien, sondern nur das über dem Einzelinteresse waltende Staatsinteresse giebt den Ausschlag. Die Bürger sind nicht der Zweck für sich selbst, sondern blofs Mittel, für die Herrlichkeit des Staates zu dienen.«

Auch hier in diesem Staatsfanatismus verbirgt sich jenes Entweder-oder. Endweder haben dergleichen Reden nur Sinn als Ausdruck der herrschenden Klasse, der die Blüte des Staates zu gute kommt, oder aber man denkt dabei an die kommenden Generationen, zu deren Gunsten die jetzt lebende sich mancherlei Einschränkungen gefallen lassen mufs, wie wenn jemand Bäume pflanzt, von denen er selbst keinen Vorteil hat. Das ist wohlwollende Fürsorge für andere. Was kann denn unter den »rationellen Gesichtspunkten« anders gemeint sein, als rationell vom Standpunkt des Interesses meiner Person, meines Hauses, meiner Standesgenossen, oder aber rationell im Interesse aller. Das erstere ist Egoismus, das andere sittliche Gesinnung. Verdeckt werden dergleichen Gedanken so oft dadurch, dafs man fast nach Art des logischen Realismus, den Staat sich als etwas Reales vorstellt noch abgesehen von seinen Bürgern.

Als drittte Form des Sozialismus nennt DIEHL den sozialen Materialismus im Sinne von MARX und ENGELS. Derselbe lehnt nicht allein jedes ethische Ziel der Gesellschaftsordnung ab, wie etwa Gerechtigkeit, sondern für ihn giebt es überhaupt kein anzustrebendes Ziel, kein soziales Seinsollen, sondern nur ein Getriebenwerden durch äufsere wirtschaftliche Bedingungen. Für den Marxismus kann die Frage gar nicht aufgeworfen werden, ob er das Individual- oder das Sozialprinzip vertritt, da ihm jede derartige Begründung auf irgend ein Prinzip verfehlt erscheint. Mit gleicher Geringschätzung blicken die Marxisten auf die Verkünder des allgemeinen Wohls, der Freiheit, Gleichheit und Brüderlichkeit, wie auf die Vertreter der autoritären staatssozialistischen Richtung: alles ist für sie Utopismus, was aus einer Idee heraus die Notwendigkeit des Sozialismus beweisen will, für sie giebt es nur »Wissenschaft, die Auffassung, daſs der Sozialismus mit naturgesetzlicher Notwendigkeit infolge veränderter technischer Produktionsbedingungen kommen muſs«. (Diehl.) Man denke dabei an Hegels Lehre, daſs es kein Seinsollen giebt, sondern daſs das, was jetzt ist, für jetzt auch das Vernünftigste sei.

Streng genommen befindet man sich hier im vollsten Fatalismus. Alle menschlichen Gedanken, Entschlüsse, Handlungen sind nur der Reflex der wirtschaftlichen Lebensbedingungen. Darnach hat jede wirtschaftliche Stufe einen geistigen Doppelgänger in den Gedanken der Menschen. Die Gedanken und Entschlüsse sind nur die völlig unselbständigen Schatten, die die realen Vorgänge der objektiven Dinge in unsern Geist werfen. Die Schatten bewegen sich nicht aus eigner Kraft, sondern die Bewegungen der Schatten haben ihren einzigen Grund in den Bewegungen der Dinge.

Nun sprechen die Marxisten ja auch von der Erkenntnis der wirtschaftlichen Entwicklung und fordern, man solle sich dieser Erkenntnis gemäſs verhalten, ihr sein Thun anpassen und so das, was sicher kommen muſs und kommen wird, teils beschleunigen, teils sein Kommen, sanfter machen. Gewöhnlich bedienen sie sich zweier Bilder. Eine schwangere Frau weiſs, daſs das von ihr zu gebärende Kind kommen wird, und weil sie dies weiſs, darum trifft sie Anstalten dazu. Oder weil man weiſs, daſs der Winter kommen wird, darum sorgt man für Kohlen. Allein auch diese Fürsorge, dieser Entschluſs, Anstalten für ein kommendes Ereignis zu treffen, das ist doch gleichfalls nur der Reflex gewisser äuſserer Bedingungen. Eine verwahrloste Frau ohne Überlegung, ohne Mitgefühl, entblöſst von allen Mitteln, trifft keine Anstalten; und warum nicht? Die äuſseren Bedingungen, in denen sie lebt und groſs geworden ist, haben in ihr weder Bedachtsamkeit noch Mitleid entwickelt oder, sollte dies vorhanden sein, so fehlen vielleicht die Mittel. Desgleichen gehen Gedankenlose oder ganz Dürftige dem Winter ohne Anstalten dafür zu treffen entgegen. So, würde man sagen, ist also jede Regung der Fürsorge auch nur ein Reflex, oder ein Schatten der realen Verhältnisse, hat aber ihre Ursache nicht in unserem eignen Innern.

Darum hat es auch keinen Sinn zu sagen: richtet euch darauf ein, daſs alle Produktionsmittel Gemeineigentum werden. Diejenigen, an welche dieser Zuruf gerichtet wird, können einen darauf bezüglichen Entschluſs gar nicht fassen. Wenn sie ihn fassen könnten, dann müſsten sie ihn auch fassen, weil er nur ein Reflex der Wirtschaft ist; müſsten sie ihn fassen, dann bedürfte es eines Zurufes nicht. Fassen die Aufgerufenen aber den Entschlufs nicht von selbst, so ist das ein sicheres Zeichen, dafs die wirtschaftlichen Verhältnisse noch nicht für die Kollektivierung aller Produktionsmittel reif sind. »Wenn wirklich, bemerkt STAMMLER (a. a. O. 445) alles gesellschaftliche Denken, Urteilen und Wollen weiter nichts ist, als Reflex wirtschaftlicher Verhältnisse, von deren Nährboden dermafsen abhängig, dafs mit ihnen jenes entsteht, wächst und vergeht, ohne alle Selbständigkeit für sich, so ist es ein Unding von menschlichen Zielen zu handeln, nach denen »man« die unabänderlich treibenden wirtschaftlichen Verhältnisse hinlenken will oder soll.« Freilich auch diejenigen, die die Erkenntnis gewonnen haben, der Sozialismus mufs und wird kommen, können sich dieser Einsicht nicht verschliefsen, können auch nicht anders, sie müssen rufen und agitieren: trefft Anstalten für das Kommende. Aber sie sollten sich auch, wie KASSANDRA sagen: helfen kann unser Ruf nicht. Durch blofse Worte und Einsicht läfst sich in anderen keine Einsicht noch weniger Wollen hervorrufen. Nicht durch Belehrung, Einsicht und Worte lassen sich die Geister revolutionieren, sondern nur durch reale Verhältnisse. Sind diese da, dann revolutionieren die Geister von selbst. Aber die realen Verhältnisse zur Revolution der Geister kann niemand durch Erkenntnis herbeiführen. Sie müssen von selbst kommen, oder kommen überhaupt nicht. Alles Geistige ist nur Reflex der wirtschaftlichen Verhältnisse, die ihren Gang ganz für sich gehen.

Sollte dieser Gedanke durchgeführt werden, so würde sich daraus ein Fatalismus ergeben, der gar keine geistige Arbeit gestattete. Der Menschengeist hätte nur das Zusehen, es bliebe ihm nur übrig, mit seinen Gedanken die Dinge und Ereignisse in der realen Welt zu begleiten, oder wie HEGEL lehrte, seine Zeit in Begriffe und Worte zu fassen und anzuerkennen, das Wirkliche ist immer das Vernünftige, es soll nicht erst vernünftig geordnet werden; es zu ändern, auch nur zu beschleunigen oder zu verzögern, wäre unvernünftig, und überflüssig zugleich, denn die Dinge gehen von selbst ihren Lauf und wie sie gehen, mufs sie auch der Mensch vernünftig finden.

Man könnte zuweilen denken, die Marxisten zögen auch diese Konsequenzen, denn sie vermeiden es fast immer, Ziele und Zwecke für die menschliche Thätigkeit, namentlich für die gesellschaftlichen Ordnungen anzugeben. Und wenn meist als deren Ziel angegeben wird: Förderung der Produktion, so ist dies wohl in ihrem Sinne weniger ein Zweck, den die Menschen sich setzen, als vielmehr der unvermeidliche Erfolg, den alle wirtschaftliche Thätigkeit von selbst herbeiführt. Denn Förderung der Produktion, Vermehrung der Güter kann nie

Ziel unserer Bestrebungen sein, wenn nicht dabei wenigstens stillschweigend hinzugedacht wird, dafs diese Güter auch genossen werden sollen. Güter, die nicht genossen werden, niemand zu gute kommen, sind keine Güter. Eine Produktion, die keinem Bedürfnis entgegenkommt und abhilft, ist ein nutzloses Klappern der Mühle. Und, wie schon bemerkt, käme es allein auf massenhafte Produktion an, dann wäre Sklaverei oder doch das Ausbeutesystem des Manschestertums das beste Mittel dazu.

Wenn also Förderung der Produktion als Ziel der gesellschaftlichen Ordnung angegeben wird, so kann verständigerweise nur gemeint sein, was ENGELS auch, freilich nur einmal und nur in der Polemik gegen Utopismus, als Ziel aufstellt, nämlich die Möglichkeit, vermittelst der gesellschaftlichen Produktion allen Gesellschaftsmitgliedern eine Existenz zu sichern, die nicht nur materiell vollkommen ausreichend ist, sondern die ihnen auch vollständig freie Ausbildung und Bethätigung ihrer körperlichen und geistigen Anlagen garantiert. Ist es so gemeint — und anders kann es nicht gemeint sein — dann sind wir wieder bei dem alten Gedanken: der Wohlfahrt aller. Dann reihen sich die Marxisten vollständig den sogenannten sozialen Eudämonisten ein. Insofern hat DIETZEL recht, wenn er bemerkt, dafs der Sozialismus MARXscher Richtung verächtlich herabblickt auf die inexakte Sozialphilosophie seiner Vorgänger, welche die Formen der Verwirklichung der individualistischen Ideale durch spekulatives, rationalistisches Denken bestimmen und dem Individuum zu gewissen Grundrechten helfen wollte. Die materialistische Geschichtsschreibung lehnt die Ideale ab, sie vermeidet es, von Grundrechten zu sprechen, sie spottet über die spekulativ-rationalistischen Hirngespinste. Die Erreichung der Ideale, die Anerkennung der Grundrechte weist sie nach als notwendige Ergebnisse der sozialen Evolution. Was bei jenen ein subjektiv gesetztes Ziel, ist ihnen ein objektiv bestimmtes Resultat. Aber ihre kausale Betrachtungsweise führt zu gleichem Ende, wie die teleologische jener. Die Methode ist verschieden, doch ein Blick in den Abschnitt über die Sozialisierung der Gesellschaft in BEBELS Buche: Frau und Sozialismus zeigt, dafs im Gedankenkreise der MARXschen Schule die gleichen Grundrechte stillschweigend anerkannt werden, die gleichen Ideale walten und die gleichen Illusionen wie in QUESNAY, ADAM SMITH, BAZARD und LOUIS BLANC etc.«

Ist nun auch BEBELS Schrift als populäre Agitationsschrift nicht eigentlich zur strengen MARXschen Richtung zu rechnen, so ist es doch richtig, dafs auch MARX und ENGELS die Ideen von der allgemeinen Wohlfahrt teils stillschweigend hegen, teils offen aussprechen.

Man kann nicht einmal zugeben, dafs die Methode eine andere sei, nur die Worte sind andere. Diese stammen aus der HEGELschen Philosophie und lehren die Identität des Realen und Idealen oder von Sein und Denken. Dies wird von MARX so verwandt, dafs gesagt wird: die realen Verhältnisse der Produktion ziehen unmittelbar gewisse Gedanken nach sich, oder reflektieren sich im Geiste, oder erzeugen einen geistigen Überbau.

Das klingt fast, wie wenn die wirtschaftlichen Vorgänge eine Zauberkraft hätten, sich in Gedanken umzusetzen, wie wenn ein Gegenstand einen Schatten auf die Wand wirft, und die Wand ohne alles eigne Zuthun den Gegenstand abbildet. Entkleidet man aber diese Reden ihres geheimnisvollen Klangs, so kommen sehr gewöhnliche, allbekannte Gedanken zum Vorschein. Verständiges Denken hat man immer so definiert: sich in seinen Gedanken nach der Beschaffenheit des Gedachten zu richten, also die Dinge zu nehmen, wie sie sind. Es wäre unverständig, die Pferde hinter den Wagen zu spannen, den Bock zu melken etc. Unverständig, abgesehen von gewissen Fällen, Rüböl zu brennen, wenn Petroleum billiger und zweckmäfsiger ist, oder mit Holz zu heizen statt mit Kohlen, sich Extrapost zu nehmen, wenn man die Eisenbahn haben kann etc. Ebenso wäre es höchst unverständig, von einem Kinde zu verlangen, was nur ein Mann leisten kann, oder einem Nomadenvolke die Rechtsordnung eines ackerbauenden Volks aufzudrängen, oder heutzutage mittelalterliche Sitten, Rechte und Strafen einführen zu wollen etc. Also die Gedanken richten sich nach den Dingen. Aber warum? Nicht als würfen die Dinge ohne weiteres ihren Reflex in unsern Geist, sondern man hat es hier mit Auffassungen und Erwägungen sehr zusammengesetzter, bald mehr, bald weniger zutreffenden Art zu thun. Es dauert oft lange, ehe ein Vorteil erkannt, bis die Erkenntnis allgemein und in die That umgesetzt wird.

Anders meinen die Marxisten auch den Reflex der Dinge im Geiste nicht. Der Geist reflektiert auf die Dinge, denkt darüber nach und kommt so zur Einsicht und läfst sich durch diese Einsicht in seinem Wollen und Handeln bestimmen. Sich aber nicht durch die Einsicht, sondern durch blofse Gewohnheit oder Leidenschaft bestimmen zu lassen, gilt von jeher für unverständig und unvernünftig. Bei den Marxisten ist nur der Ausdruck ein wenig anders, es sind abgekürzte Ausdrücke für sehr bekannte Sachen, wie wir auch sagen: die Eisenbahn macht die Menschen pünktlich. „Von allem, was in der Natur geschieht, geschieht nichts als gewollter, bewufster Zweck. Dagegen in der Geschichte der Gesellschaft sind die Handelnden lauter mit Bewufstsein begabte, mit Überlegung oder Leidenschaft handelnde, auf bestimmte Zwecke hinarbeitende Menschen; nichts geschieht ohne bewufste Absicht, ohne gewolltes Ziel. Der Wille wird bestimmt durch Überlegung oder Leidenschaft. Aber die Hebel, die wieder die Leidenschaft oder Überlegung bestimmen, sind sehr verschiedener Art. Teils können es äufsere Gegenstände sein, teils ideelle Beweggründe, Ehrgeiz, Begeisterung für Wahrheit und Recht, persönlicher Hafs oder auch rein individuelle Schrullen aller Art. (ENGELS) ... Der historische Materialismus leugnet die ideellen Mächte so wenig, dafs er die nötige Klarheit darüber schafft, woher die Ideen ihre Macht schöpfen. Die Ideen sind Produkte des gesellschaftlichen Produktionsprozesses, und je genauer eine Idee diesen Prozefs wiederspiegelt, um so mächtiger ist sie.« (MEHRING.)

Wenn also gesagt wird: unsere heutigen wirtschaftlichen Verhältnisse werden mit Notwendigkeit zur Kollektivierung der Produktionsmittel führen, so ist damit nichts weiter gemeint als: unsere wirtschaftlichen Verhältnisse kehren ihre Schattenseiten immer greller hervor, immer mehr Menschen werden sie als schädlich erkennen und auf Abhilfe denken und werden die Abhilfe in der Kollektivierung finden, und endlich, wenn diese Erkenntnis die mafsgebenden Parteien durchdrungen hat, wird man gemäfs dieser Erkenntnis handeln und auf irgend eine Weise die Kollektivierung herbeiführen. Dann haben sich die Dinge in Gedanken und die Gedanken in reale Verhältnisse umgesetzt. Hier hat man es durchaus nicht mit etwas Geheimnisvollem, mit keiner anderen Kausalität zu thun, als die überall herrscht. Es ist hier durchaus keine Kausalität, die aufser oder abgesehen von unserm Denken, Fühlen und Wollen verläuft, die wir nur passiv mit unserem Gedanken begleiteten, sondern der Menschengeist ist es, der die Bedürfnisse fühlt und sie durch die Mittel der Natur und Gesellsbhaft zu befriedigen sucht.

Vorausgesetzt wird dabei von allen auch von den Marxisten, dafs jeder Mensch nach Glück strebt. Die Frage ist dabei immer, einmal: besteht dieses Glück nur in der Befriedigung der Begierden oder hat der Mensch auch höhere Bedürfnisse? und zum andern: durch welche Mittel kann das Erstrebte herbeigeführt werden? Im Ziel und auch in den Mitteln unterscheidet sich materialistischer Sozialismus nicht von dem eudämonistischen. Der Unterschied liegt nur in den HEGELschen Redensarten, mit denen MARX, wie er selbst sagt, kokettiert; in diesen Redensarten sehen sie selbst zwar das Wissenschaftliche, Exakte, um deswillen sie verächtlich auf alle andern

Sozialisten herabsehen. Allein in Wahrheit ist diese zufällige Verbindung der Sozialdemokratie mit der HEGELschen Philosophie eine grofse Schwäche, wenn auch vorübergehend vielleicht eine Stärke. Eine Stärke, insofern es heutzutage immer noch ein Schwimmen mit dem Strome, d. h. mit den Ansichten der vielfach als mafsgebend angesehenen heutigen Vertreter der Wissenschaft ist, wenn man dem absoluten Werden huldigt, jedes feste, sichere Wissen in ein blofses Meinen, in ein jeweiliges Zusammenfassen des Zeitgeistes auflöst, also auch keine bleibende, allgemeingiltige Moral anerkennt, sondern sie für jede Zeit aus den gerade geltenden theoretischen Meinungen ableitet.

Aber indem sich die Sozialdemokratie mit der HEGELschen Philosophie verbunden hat, bietet sie den Angriffen eine weit gröfsere Anzahl von Angriffspunkten dar; sie hat sich, um einen kräftigen Ausdruck BISMARCKS zu brauchen, mit einem Kadaver verbunden.

Sicherlich wird sie einmal diese Rückstände der verfehlten HEGELschen Spekulation und Diktion abstreifen, und was dann übrig bleibt, sind die sehr ernsthaften, vielfach weisen und wohlwollenden Vorschläge der Sozialisten aller Zeiten, die Übelstände der Kapital- und Privatwirtschaft, soweit es geht durch bessere Einrichtungen zu heilen.

Nachdem die philosophischen, theoretischen wie praktischen Grundlagen des Idealismus und des Materialismus der Geschichte und auch die Versuche geprüft sind, die Wirklichkeit aus der Idee abzuleiten, ist es noch nötig, nachzusehen, wiefern es dem Geschichtsmaterialismus gelingt, die Ideen aus der Wirklichkeit namentlich aus den wirtschaftlichen Verhältnissen zu erklären.

Wirtschaft und Idee.

Am Grabe seines Freundes MARX sagte ENGELS: »Wie DARWIN das Gesetz der Entwicklung der organischen Natur, so entdeckte MARX das Entwicklungsgesetz der menschlichen Geschichte, die bisher unter ideologischen Überwucherungen verdeckte einfache Thatsache, dafs die Menschen vor allen Dingen zuerst essen, trinken, wohnen, sich kleiden müssen, ehe sie Politik, Wissenschaft, Kunst, Religion etc. treiben können.« Diese einfache Thatsache, dafs erst die leiblichen dringendsten Bedürfnisse befriedigt sein müssen, ehe die höheren erwachen, ist wohl noch von niemand bezweifelt worden. Aber man hat es meist auch nicht für der Mühe wert gehalten, sie besonders und gar als ein neu entdecktes Prinzip auszusprechen. SCHILLER meint: der Mensch ist noch sehr wenig, wenn er warm wohnt und sich satt gegessen hat, aber er mufs warm wohnen und sich satt gegessen haben, wenn sich die bessere Natur in ihm regen soll.[1])

In dem Munde von ENGELS sollen jene Worte ohne Zweifel ein kurzer Ausdruck sein nicht blofs dafür, dafs die wirtschaftlichen Bedürfnisse erst einigermafsen gestillt sein müssen, ehe die höhern geistige Befriedigung verlangen. Er hat nicht blofs ein zeitliches Vorhergehen, sondern einen ursächlichen Zusammenhang, er hat die Grundlehre des sozialen Materialismus andeuten wollen, dafs die Wirtschaft die Idee erzeugt, bildet und verändert.

Dabei denkt die materialistische Geschichtsauffassung natürlich nicht an Ideen als selbständige, gleichsam über den Völkern als Volksgeister und über den Individuen als geheimnisvolle Mächte schwebende und waltende Kräfte, wie dies sonst in der HEGELschen Schule den Anschein hat. Wo der logische Realismus schwindet, gelten nur noch die Individuen als Realitäten. Wenn also von Ideen die Rede ist, so sind damit Gedanken der Menschen gemeint. Aber auch die Gedanken der Menschen entwickeln sich nicht rein von innen heraus; vielmehr sind die von aufsen kommenden sinnlichen Wahrnehmungen das einzige Material, aus dem sich auch die höchsten geistigen Gebilde, Ideen entwickeln.

Man kann sich nun den Zusammenhang der geistigen Entwicklung also der Ideen mit den äufsern Dingen oder den wirtschaftlichen Verhältnissen verschieden denken.

Der soziale Materialismus bedient sich hier sehr oft der Wendung: Das Sein (die Wirtschaft) bestimmt das Bewufstsein (die Ideen). In Wahrheit hätte er hier von keinem Kausalitätsverhältnis reden dürfen, sondern von Identität. Nach dem HEGELschen Idealismus ist Sein und Denken identisch. Die materiellen Verhältnisse haben nicht einen idealistischen oder ideologischen Überbau, reflektieren sich nicht in dem Menschengeist, oder wie sonst die Ausdrücke lauten, vielmehr sind die Dinge selbst die Gedanken über die Dinge. Bei HEGEL ist die Wirklichkeit ein sich selbst denkender Begriff, dessen Denken sich in steten Widersprüchen bewegt. Dieses Denken ist aber nicht

---

[1]) Zu diesen Worten SCHILLERS bemerkt MUTHESIUS (Deutsche Blätter für erz. Unterricht 1897, Nr. 33): doch ist gerade SCHILLER der glänzendste Beweis dafür, dafs die (Empfindung für) Schönheit nicht ein Vorrecht der mit Gütern des äufseren Glückes Gesegneten ist, dafs sie ihre belebenden Strahlen sendet auch in den Jammer von Lebensnot und Körperelend. »Von der Wiege meines Geistes an bis jetzt, sagt SCHILLER, da ich dieses schreibe, habe ich mit dem Schicksal gekämpft und seitdem ich die Freiheit des Geistes zu schätzen weifs, war ich dazu verurteilt, sie zu entbehren.«

ein subjektives Denken eines oder einiger oder auch aller einzelnen Menschen, sondern es ist objektives, reales Denken. Die Gedanken nach der dialektischen Methode sind nicht blofs Gedanken, sondern sind die Dinge selbst. Es ist darum schon nicht richtig, wenn MARX sein Verhältnis zu HEGEL so darstellt, als wären bei HEGEL die Ideen die Ursachen der Dinge, statt dessen wären nach ihm die Dinge die Ursachen der Ideen. Streng genommen dürfte hier nicht von Kausalität, sondern es müfste von Identität die Rede sein. Kausalität müfste man schon darum beiseite lassen, weil überall ein absolutes d. h. ursachloses Wenden zu Grunde liegt.

Doch man gehe auf den Gedanken der Kausalität ein. Wie denkt man sich nun, dafs das Sein das Bewufstsein bestimme? Auch hier darf man die Worte Sein und Werden und Bewufstsein nicht im strengen Sinne nehmen. Überall, wo das absolute Werden zugelassen wird, hat man keinen genauen Begriff weder vom Werden noch viel weniger vom Sein. In ganz populärer Weise wird alles, was nicht augenfällig Geschehen, Handlung ist, ein Sein genannt, alles Zuständliche, Gewordene, Bestehende, länger Beharrende heifst ein Sein. So wird den Handlungen des Menschen der Charakter, aus dem sie hervorgehen, als das Sein gegenübergestellt. So gelten die klimatischen, die politischen und wirtschaftlichen Einrichtungen eines Volkes als ein Sein. aus dem sich eben die Handlungen, die Anschauungen, die Ideen entwickeln sollen.

Man mufs sich vorläufig dieser Ausdrucksweise anschliefsen und es sich gefallen lassen, die Produktionsweise das Sein eines Volkes zu nennen und diesen Ausdruck so weit zu fassen, dafs er alles einschliefst, was überhaupt auf den Menschen irgendwie einwirken kann.

Dahin gehört zunächst die Rasse oder die Blutmischung. »Je mehr sich der Mensch aus dem unmittelbaren Zusammenhange mit der Natur löst, um so mehr verschmelzen und vermischen sich die natürlichen Rassen. Je höher die Herrschaft des Menschen über die Natur wächst, um so vollständiger wandeln sich die natürlichen Rassen in soziale Klassen um. Und soweit die kapitalistische Produktionsweise reicht, haben sich die Unterschiede der Rassen schon aufgelöst oder lösen sich doch täglich mehr auf in die Gegensätze der Klassen. Innerhalb der menschlichen Gesellschaft ist die Rasse kein natürlicher, sondern ein historischer Begriff, der in letzter Instanz von der materiellen Produktionsweise bestimmt wird und den Gesetzen ihrer Entwicklung ebenso sehr unterliegt, wie es KAUTSKY vom Begriff der Nationalität nachgewiesen hat.[1])

---

[1]) MEHRING a. a. O. S. 49.

In Wirklichkeit sind die Rassenunterschiede natürliche Unterschiede und ihre Auflösung d. h. eine gröfsere Ausgleichung der natürlichen Verschiedenheiten durch gemeinsamere Bildung und Interessen ist erst durch die Geschichte bedingt, oder vielmehr kann nur in Jahrhunderten vielleicht einigermafsen herbeigeführt werden, ohne die natürlichen Rassenunterschiede auch in geistiger Hinsicht ganz zu verwischen. Sicherlich wird die Rasse nicht durch die Produktionsweise, sondern diese wird durch die Rasse mit bedingt.

Ein weiterer Faktor ist das Klima und, was damit zusammenhängt. Auch dies wird zur Produktionsweise gerechnet. Bekanntlich hat unter den Geschichtsschreibern namentlich BUCKLE den Einflufs des Klimas auf die geistige Entwicklung eines Volkes betont. Dazu bemerkt MEHRING: BUCKLE übersah die Produktionsweise des materiellen Lebens, die Geist und Natur verbindet, die den menschlichen Geist erst befähigt, die Herrschaft über die Natur zu gewinnen und die der Natur ihre Geheimnisse überhaupt erst entringt, um sie zu Produktivkräften in der Hand des Menschen zu machen. Was BUCKLE nicht erkannt hat, das betont der historische Materialismus als den entscheidenden Punkt und wenn wir schon gesagt haben, dafs er dadurch keineswegs die Gesetze des Geistes leugnet, so verstehen wir ebensowenig, wie er dadurch die Gesetze der Natur oder auch nur die klimatischen Gesetze leugnen soll. Wann hat er denn behauptet, dafs man auf den Eisbergen des Nordpols Ackerbau oder in den Sandwellen der Wüste Sahara Schiffahrt treiben könne? MARX hat im Gegenteil der Bedeutung der Naturkräfte in der menschlichen Produktion stets die sorgfältigste Beachtung geschenkt. Eine zu verschwenderische Natur hält den Menschen an ihrer Hand wie ein Kind am Gängelband. Sie macht seine eigene Entwicklung nicht zur Natur-Notwendigkeit. Nicht das tropische Klima mit seiner überwuchernden Vegetation, sondern die gemäfsigte Zone ist das Mutterland des Kapitals. Es ist nicht die absolute Fruchtbarkeit des Bodens, sondern seine Differenzierung, die Mannigfaltigkeit seiner natürlichen Produkte, welche die Naturgrundlage der gesellschaftlichen Teilung der Arbeit bildet, und den Menschen durch den Wechsel der Naturumstände, innerhalb deren er haust, zur Vermannigfachung seiner eigenen Bedürfnisse, Fähigkeiten, Arbeitsmittel und Arbeitsweisen spornt. Die Notwendigkeit, eine Naturkraft gesellschaftlich zu kontrollieren, damit hauszuhalten, sie durch Werke von Menschenhand auf grofsem Mafsstab erst anzueignen oder zu zähmen, spielt die entscheidendste Rolle in der Geschichte der Industrie. Die Geschichtstheorie von

Marx ist also fern von einer Vernachlässigung der Naturkräfte oder auch nur des Klimas.¹)

Das sind nun überaus bekannte Sachen, vielfach geistreich ausgeführt von HERDER, MONTESQUIEU, RITTER, BUCKLE, CAREY v. BAER, LINDNER u. a., war es doch auch ein Lieblingsthema SCHILLERS, den Ackerbau als Kulturbringer zu besingen. Wie genau und ausführlich ist nicht der Einfluß des Klimas, der Beschäftigung, der Bedürfnisbefriedigung auf die geistige Entwicklung z. B. von TH. WAITZ oder LIPPERT u. a. geschildert und zwar vielmehr ins Einzelne gehend, als dies von den sozialen Materialisten geschieht. Freilich ist zu beachten, daß der Einfluß des Klimas und überhaupt der geographischen Lage auf die Entwicklung eines Volkes immer nur ein mittelbarer, nicht ein unmittelbarer ist. »Die Natur gestaltet den Geist nicht, aber der Geist gestaltet sich selbst so oder anders je nach der Anregung, die ihm die Natur gewährt. Nähe des Meeres mit bequemen Häfen macht ein Volk noch nicht zu Seefahrern; reiche Kohlenlager machen ein Volk noch nicht industriell; aber sie können Neigung zu Schiffahrt wecken oder nähren und die Industrie unterstützen, die Bemühungen erleichtern, lohnen und die Erfolge sichern, dadurch die Kräfte und Bestrebungen anspornen und von anderen Richtungen ablenken: so können sie nützen und schaden. Kein Volksgeist ist Erzeugnis der Natur und keiner ist so, wie er ist ohne Mitwirkung der Natur. Es ist nicht gleichgiltig für den Volksgeist, ob das hauptsächlichste Nahrungsmittel eines Volkes in Fleisch oder Kartoffeln besteht; aber daß dieses oder jenes der Fall ist, hängt schon selbst wieder von dem, noch durch ganz andere Verhältnisse bestimmten Volksgeist ab. Weil der Irländer den irischen Volksgeist hat, ist er durch solche Schicksale gegangen, und aus beiden Gründen lebt er von Kartoffeln. Jetzt ist infolge der Rückwirkung der irische Volksgeist durch Kartoffeln mit bedingt.²)

Oder man denke an China. Nord- und Süd-China stehen wirtschaftlich völlig im Gegensatz. Nord-China baut Gerste und Weizen mit Pflug und Rind und erwartet die notwendige Bewässerung fast ganz durch den Regen; der Löß Nord-Chinas läßt sich größtenteils nicht bewässern. Süd-China hat Bewässerungsanlagen, wie sie großartiger auf der Erde nicht gefunden werden können, die Hauptfrucht ist Reis und das Hauptgerät der Bodenbestellung die Hacke. Trotz-

---

¹) MEHRING a. a. O. S. 493.
²) Zeitschrift für Völkerpsychologie und Sprachwissenschaft von STEINTHAL und LAZARUS. I, 38.

dem findet dieser wirtschaftliche Gegensatz in der politischen Geschichte nicht den markanten Ausdruck, den wir erwarten sollten. Süd-Chinesen und Nord-Chinesen haben nicht das scharfe Bewußstsein einer nationalen Trennung; die Civilisation, die sie verbindet, ist uralt und hat die beiden Hälften der Nation so eng zusammengeschweißst, daß selbst so bedeutende wirtschaftliche Unterschiede nicht zur Geltung, nicht zum Verständnis kommen. Besonders scheint auch seit uralter Zeit die Abneigung der Chinesen gegen den Milchgenuß bestanden zu haben. Die Milch muß schon im Anfang zurückgeblieben sein, als die übrigen Elemente des Ackerbaus in China einwanderten, sonst ließe sich die scharfe nationale und wirtschaftliche Scheidung zwischen dem Nord-Chinesen, dem das Rind den Pflug zieht, der aber keine Milch genießt, und dem innerasiatischen Nomaden, bei dem die Milch die tägliche Nahrung bildet, nicht verstehen.[1]

Freilich ist es wahr, was BUCKLE sagt, selbst in Ländern, wo die Macht des Menschen ihren höchsten Grad erreicht hat, ist der Druck der Natur immer noch gewaltig.[2] Allein immer mehr tritt dieser Einfluß zurück, und kein Geschichtsschreiber denkt daran, den Aufschwung oder Verfall eines Kulturstaates von den natürlichen Faktoren der geographischen Lage abzuleiten. Dabei macht LOTZE nach dem Goethischen Worte: Sprichwort bezeichnet Nationen, mußte aber erst unter ihnen wohnen, auf den Schatz von Sprichwörtern und sprichwörtlichen Redensarten aufmerksam, in denen jedes Volk seine praktische Lebensweisheit niederzulegen pflegt. Die ausdrucksvollsten von ihnen verraten, daß sie ihre allgemeine Wahrheit innerhalb eines bestimmten Berufskreises von speziellen, nur hier vorkommenden Beispielen abstrahiert haben.[3] Schon das ist bezeichnend, wenn ein Volk den Erfolg »Frucht« oder ein anderes den Mißerfolg »Schiffbruch« nennt. Giebt doch jeder Beruf dem Gemüt, der Phantasie ein besonderes Gepräge.

Kurz den Einfluß der geographischen Lage auf den Volksgeist hat noch niemand geleugnet, er ist vielmehr namentlich seit RITTER, der ja in der geographischen Lage eines Volkes unmittelbar Gottes Gedanken und Absichten ausgedrückt sah, sehr stark herangezogen worden, um den Charakter und die Geschichte der Völker nach den Ursachen zu erkennen. Aber man hat auch immer gewußt, daß das nur einer der vielen bestimmenden Faktoren ist.

---

[1] HAHN: Demeter und Baubo, Versuch einer Theorie der Entstehung unseres Ackerbaues. S. 63.
[2] Geschichte der Civilisation S. 130.
[3] Mikrokosmos II, 420.

Die Beschäftigungen, Wohnungen, Erwerbs- und Dienstverhältnisse etc. schliefsen sich daran zum Teil als Folgen oder Wirkungen an. So z. B. sucht Lippert begreiflich zu machen, dafs ein Volk erst, wenn es sefshaft geworden ist, eine feste Zeitrechnung zu haben pflegt. Und doch ist auch hier das Sefshaft-werden nicht die einzige Bedingung. Die Inder safsen längst fest am Indus und Ganges, und ihre Zeitrechnung blieb noch lange Zeit, fast kann man sagen bis jetzt, eine phantastische, die mit tausend Jahren mehr oder weniger ganz willkürlich umspringt.

Die bekannten Beziehungen der geographischen Lage zum Charakter eines Volkes ist neuerdings von P. Mongeolle bis dahin übertrieben worden, dafs nicht nur die sogenannten grofsen Männer, Könige, Feldherren, Propheten und Denker, sondern sogar der Lauf der Geschichte eines ganzen Volkes als das Werk des geographischen Milieu angesehen wird.[1]) Ratzel und P. Barth haben mit Recht dergleichen auf das gehörige Mafs zurückgeführt.[2])

Doch man macht sich von der Art, wie die sozialen Materialisten es meinen, dafs das wirtschaftliche Sein die Ideen bestimme, wohl am besten einen Begriff, wenn einige Beispiele solcher Ableitung angeführt werden.

Es soll z. B. die Philosophie des Des-Cartes auf die zu seiner Zeit herrschenden wirtschaftlichen Verhältnisse zurückgeführt werden. Zu dem Zwecke wählt Marx einen ganz unwesentlichen Punkt der Des-Cartesschen Philosophie heraus, nämlich, dafs er die Tiere für seelenlos für eine Art Maschinen betrachtete. Denn, heifst es, »Des-Cartes mit seiner Definition der Tiere als blofser Maschinen sieht mit den Augen der zu seiner Zeit beginnenden Manufakturperiode, im Unterschied zum Mittelalter, dem das Tier als Gehilfe des Menschen galt.«[3])

Marx will nachweisen, dafs Lockes Erkenntnislehre in der politischen Ökonomie wurzle und bemerkt: J. Locke, der die neue Bourgeoisie in allen Formen vertrat, die Industriellen gegen die Staatsschuldner, und in einem eignen Werke sogar den bürgerlichen Verstand als menschlichen Normalverstand nachwies... Dazu bemerkt P. Barth, dafs auch Lord Baco von Verulam, Th. Hobbes und andere Wortführer des strengsten Absolutismus derselben Erkenntnislehre wie Locke folgten. »Dafs ein Verstand, wie ihn Locke annimmt, der keine

---

[1]) Les problèmes de l'histoire 1886.
[2]) Ratzel: Anthropogeographie 1882 u. 1891 und P. Barth: Die Philosophie der Geschichte als Soziologie 1897, S. 224.
[3]) Marx, Kapital I, 395.

angeborenen Ideen besitze, sondern alles der Erfahrung verdanke, ein bürgerlicher, ein solcher aber mit angeborenen Ideen ein nicht bürgerlicher, ein feudaler oder adliger Verstand sei, dies ist höchstens ein Witz, ein Vergleich der angeborenen Vorrechte des Adels mit den vermeintlich angeborenen Ideen, aber durchaus keine Beweisführung, dafs die Erkenntnistheorie LOCKES die bürgerliche ist. Der sehr gut bürgerliche KANT vertritt bekanntlich eine ganz andere, nicht alles aus der Erfahrung ableitende Ansicht.«[1])

ENGELS glaubt entdeckt zu haben, dafs CALVINS Dogma von der Gnadenwahl der religiöse Ausdruck der Thatsache war, »dafs in der Handelswelt der Konkurrenz-Erfolg oder Bankerott nicht abhängt von der Thätigkeit oder dem Geschick des Einzelnen, sondern von Umständen, die von ihm unabhängig sind.«

Dagegen fragt BARTH: was bestimmte die Schotten, die damals noch dem Weltverkehr so fern standen, dieses Dogma anzunehmen? Und was den AUGUSTIN, jenes Dogma zu erfinden? Oder man denke an die Muhamedaner mit ihrem Fatalismus. Sind da überall dieselben wirtschaftlichen Verhältnisse mafsgebend gewesen?

KAUTSKY glaubt, dafs die Begeisterung der Hussiten für ihre Lehre nur Masken sind für das wirtschaftliche Begehren wider die Ausbeutungs- und Herrschaftsmittel der Kirche. P. LAFARGUE glaubt entdeckt zu haben: der Pantheismus und die Seelenwanderung der Kabbale sind weiter nichts als metaphysische Ausdrücke für den Wert der Waren und ihren Austausch.

Schade, bemerkt P. BARTH, dafs LAFARGUE nicht die ökonomischen Prozesse angegeben hat, die bei den Indern schon in der ältesten Zeit vor Buddha und nach Buddha im Zustande einfachster Naturalwirtschaft so ausschweifende Vorstellungen von der Seelenwanderung erzeugten. Man sieht, von der innern Notwendigkeit der Weiterbildung eines religiösen Gedankensystems ist keine Rede. Die Ursache ist neben der Voreingenommenheit durch die Theorie meist auch Unfähigkeit, sich in die Stimmungen und Seelenkämpfe der früheren Menschen hineinzudenken... Und nicht erklären können die Marxisten: warum die Anhänger der verschiedenen Bekenntnisse auch dann ihrem Glauben treu bleiben, wenn dies ihrem ökonomischen Interesse, durch das sie angeblich allein geleitet werden, nicht mehr förderlich, sondern höchst zuwider ist. Warum litten sie Tod, Verbannung, Beraubung etc. anstatt ihre Dogmen, die doch nur zur »Verkleidung ihrer Interessen dienten« aufzugeben? Bei einigem Nach-

---

[1]) P. BARTH: Die Philosophie der Geschichte als Soziologie 1897, S. 326.

denken hätten die Marxisten solchen Fragen gegenüber gefunden, dafs es noch andere Mächte giebt, als ökonomische Interessen.«[1])

MEHRING will folgendermafsen erklären, warum Preufsen eine Militärmacht und so die Vormacht in Deutschland geworden ist.[2]) Nach dem 30jährigen Kriege gab es in dem noch mehr als andere Gegenden verwüsteten Brandenburg ein massenhaftes Lumpenproletariat; verlumpte Kriegsknechte jeder Arbeit entwöhnt, Vagabunden, Zigeuner zogen haufenweise fechtend und gantend umher; sie waren eine schwere Plage... Aber noch lästiger vielleicht war für den märkischen Adel ein anderes Lumpenproletariat, das aus seinem eignen Schofse aufwucherte, die adligen Krippenreiter. Auch sie waren geneigt, bei der geringsten Weigerung zum Raube überzugehen. Dem Adel mufste sehr viel an der standesmäfsigen Versorgung dieser »Edelsten und Besten« liegen, und wenn die Gantbrüder sich trefflich zu Soldaten eigneten, so waren die Krippenreiter ihre geborenen Offiziere. Dies waren im allgemeinen die Zustände, die den märkischen Junkern von ihrem Klassenstandpunkt aus die Errichtung eines stehenden Heeres als notwendig erscheinen liefsen. So bewilligten sie dem Kurfürsten das Heer, aber natürlich nur unter den Bedingungen, die ihren Klasseninteressen entsprachen«. (MEHRING, 88 ff.) So wurde Preufsen eine Militärmacht etc.

MEHRING erzählt weiter S. 183 f., wie Friedrich der Grofse gegen Ende seines Lebens einige leicht bewegliche Jägerbataillone eingerichtet, York nach der Schlacht von Jena erst die Manövrierfähigkeit dieser Truppe erkannt, sie erhöht und alsdann geschickt verwendet habe. Die Leute dieser Truppe waren Söhne, wie man sagt, aus bessern Familien mit einiger Bildung, und York wurde durch die praktische Erfahrung darauf gestofsen, »dafs er aus dieser Truppe nur etwas machen könne, wenn er sie mit Achtung behandle und in der zerstreuten Gefechtsform ausbilde. Das gesellschaftliche Sein der Soldaten bestimmt das militärische Bewufstsein des Offiziers. Und dies Bewufstsein erlosch sofort wieder, als York dann in eine so hohe

---

[1]) BARTH a. a. O. S. 20.
[2]) O. AMMON bespricht ein Werk LIVIS, in dem die Neigung zum Kriegerstande in den verschiedenen Provinzen Italiens untersucht wird und bemerkt: wenn wir eine solche Statistik über Deutschland hätten, so würde sich zeigen, dafs der Beruf Preufsens zur militärischen Vormacht in Deutschland auf denselben in der Volksart begründeten militärischen Neigungen seine Grundlage hat. »Dann würde man erkennen, was die geschmähten Ostelbier für Geist und Kraft unseres Heeres wert sind.«

Stelle in der militärischen Hierarchie gehoben wurde, daſs er bei der Reform des Heeres ein Wort mitsprechen konnte.«

Also unter Sein wird hier etwa das verstanden, was man sonst das Zuständliche, gegenüber der Thätigkeit, die beharrende Gewohnheit nennt, nämlich die gröſsere Manövrierfähigkeit und das erhöhte Selbstgefühl der Jäger. Nach diesem Sein bestimmte York sein Bewuſstsein d. h. er wuſste geschickt mit den Umständen zu rechnen. Selbst wenn man sich in diesen HEGELschen Sprachgebrauch hineindenkt, beweist das Beispiel gar nicht, was es beweisen soll. Es sollte bewiesen werden, daſs das Sein der Soldaten die Ursache ist des Bewuſstseins nämlich der besondern Behandlung von seiten des Offiziers. In Wirklichkeit ist das Sein der Soldaten nur eine Ursache. Die andere Ursache fügt MEHRING hinzu: daſs nämlich York ein ehrgeiziger und fähiger Offizier war. Das ist aber ein sehr bedeutsamer Faktor. Wäre York nicht fähig und tüchtig gewesen, so hätte er sich vielleicht weniger in die Eigentümlichkeit seiner Soldaten und der besondern Lage geschickt. Wir haben hier mindestens diese beiden Ursachen das Sein der Soldaten und die Anpassungsfähigkeit des Offiziers. Bei einem minderfähigen Offizier würde das Sein der Soldaten nicht die gewünschte Wirkung gehabt haben. Dann heiſst es wieder: später stellte York als Corpsführer aus seinen ideologischen und theoretischen Vorstellungen heraus der napoleonischen Kriegsführung Gneisenaus die schwersten Hemmnisse entgegen, während er doch wieder durch das Sein der Landwehr, die er befehligte, sein militärisches Bewuſstsein so bestimmen lieſs, daſs Blücher ihn höchlichst rühmen durfte.«

Noch weniger paſst das andere Beispiel von SCHARNHORST. »Sein Genie, heiſst es, konnte die Niederlage bei Jena nicht abwenden, aber er lernte dort die überlegene Kriegskunst der Franzosen kennen und nachahmen. Sein wirkliches Genie bestätigte sich nunmehr darin, daſs er den wirklichen Zusammenhang der Dinge erkannte und mit gar keinem Genie rechnete, sondern das preuſsische Heer auf diejenigen ökonomischen Grundlagen stellte, die diesem Heere einen erfolgreichen Kampf ermöglichte.«

Man möchte fragen, welche Art von Idealismus oder Ideologie bekämpft hier MEHRING? Giebt es denn einen Idealismus, der da meint, ein militärisches Genie könne Armeen aus der Erde stampfen, oder könne ohne Rücksicht auf die Beschaffenheit seiner Soldaten alle seine Pläne ausführen? Wird uns hier etwas Neues gesagt? Wuſsten wir nicht, daſs das Genie oft darin besteht, sich den Umständen anzupassen, sie beweglichen Geistes geschickt zu benutzen etc.? Wie muſs sich ein Lehrer nach seinem Schülermaterial richten, sich ihrer Apperzeptionsstufe anpassen! Hier kann man auch sagen: das Sein der Schüler bestimmt die Lehrart des Lehrers. Freilich nur dann, wenn der Lehrer rechter Art ist. Das ist immer die zweite, ebenso wichtige Bedingung des guten Erfolgs. Man sagt wohl: der Wind bewegt die Windmühlenflügel, die andere Bedingung, die groſse Welle und überhaupt den ganzen innern Bau setzt man voraus. So nennt MEHRING immer nur eine Bedingung, nämlich das Sein der Soldaten. Die andere Bedingung: das Bewuſstsein oder die Fähigkeit des Offiziers nimmt er ohne weiteres an. Er hätte nachweisen sollen, daſs auch das Genie eine Folge der äuſsern Umstände oder des Seins wäre, oder daſs es nie vorgekommen ist, daſs das Genie oder Bewuſstsein des Feldherrn jemals das Sein der Soldaten bestimmt hat, wie er doch eben von SCHARNHORST gerühmt hat.

Kurz was hier MEHRING sagt zur Veranschaulichung des Grundsatzes, daſs das Sein das Bewuſstsein bedingt, ist etwas überaus Bekanntes. Es mutet einem nur anfangs etwas unbekannt an durch die abstrakten Ausdrücke von Sein und Bewuſstsein.

Daſs hier neben den wirtschaftlichen Ursachen noch ein zweiter hinzuzunehmen ist, den der soziale Materialismus stillschweigend voraussetzt, ist übrigens von einem der sozialen Materialisten ausdrücklich hervorgehoben. Einer der Führer dieser Bewegung in England BELFORD BAX ist gegen KAUTSCHKYS Neumarxistische Geschichtsauffassung zu gunsten einer »synthetischen« Geschichtsauffassung aufgetreten, in welcher neben den »ökonomischen Verhältnissen« als zweiter Hauptfaktor der menschlichen Entwicklung ein »psychologischer Antrieb« anerkannt wird.[1]

Bei dieser ausdrücklichen Anerkennung verliert die Marxistische Geschichtsanschauung sofort ihre Eigentümlichkeit. Denn anders hat wohl kaum jemand die geschichtliche Entwicklung aufgefaſst. Stets hat man sie angesehen als das Produkt aus den ökonomischen Verhältnissen im weitesten Sinne und dem, was der menschliche Geist daraus macht. Aber dem sozialen Materialismus kommt es darauf an, die ökonomischen Verhältnisse als den einzigen Faktor, und den sogenannten psychologischen Faktor nur als eine Wirkung, als einen Reflex der Wirtschaft darzuthun. Es soll sogleich darauf näher eingegangen werden. Doch zuvor noch die Bemerkung, daſs sich Sein und Bewuſstsein nicht immer durcheinander bestimmen lassen, daſs oft

---

[1] Der Sozialismus in England, herausgegeben von S. WEBB. Deutsch von KURELLA 1898 und Neue Zeit. 1896.

Menschen miteinander wirken müssen, die sich nicht ineinander fügen. Eine ältere Abhandlung über das Gesetz der Geschichte sagt darüber: Für die Vollziehung jeder geistigen That liegt die typische Andeutung in dem Auftritt vor, den Moses in der Genesis erzählt und der sich mit Adam und Eva zutrug. Beide stellen je ein Prinzip, Adam oder das Männliche den Verstand, Eva oder das Weibliche die Zugänglichkeit dar. Nach Maßgabe des Willens, worüber beide Prinzipien einig werden oder nicht einig werden, vollzieht sich das Werden der Geschichte, wobei bemerkt werden muß, daß das weibliche Prinzip durch die Mitwelt dargestellt wird. Ihr Zusammengehen kann dem Gesetze gemäß sein oder zuwider, in welchem Falle auch der Mangel an Erkenntnis Ursache sein kann. Beispiele für den Fall, daß beide Prinzipien nicht harmonisierten, waren Joseph II. und Ludwig XVI. Jener fand seine Mitwelt, worauf er angewiesen war, nicht geneigt ihm zu folgen, daher diese Ehegemeinschaft ohne Segen blieb; denn die Früchte wären der Segen gewesen, Ludwig XVI. hatte nicht die Beharrlichkeit, welche von dem männlichen Prinzip erwartet wird, weil er glaubte, gleichsam mit zwei Weibern leben zu können, mit dem Hofe und mit der Nation. Diese historische Bigamie brachte böse Früchte für beide.[1])

Ganz ähnlich schildert MEHRING das oft traurige Loos großer Erfinder, die mit ihren Erfindungen der Zeit vorauseilen. (456.)

Wie dies möglich ist, daß einzelne mit ihren Gedanken ihrer Zeit vorauseilen oder ihr doch fremd bleiben, während nach der materialistischen Theorie jede geistige Entwicklung nur ein Reflex der derzeitigen Wirtschaft ist, soll später ausführlich erörtert werden in dem Abschnitt: Die gesellschaftliche Apperzeption.

Übrigens wird die volle Harmonie der Regierten und Regierenden immer ein sehr seltener Fall, man kann nicht einmal sagen, der normale sein. Für gewöhnlich wird auch in ruhigen Zeiten und gerade dann bald die eine bald die andere Seite an Einsicht oder gutem Willen der andern überlegen sein. So schildert z. B. TREITSCHKE III, 370 ff. die Zeit nach HARDENBERGS Tode in Preußen: Die Provinzialstände vertraten den Grundsatz der Erhaltung des Bestehenden, die Regierung den der Verbesserung. Es war allein das Verdienst des Königtums, daß HARDENBERGS Reformen im wesentlichen aufrecht erhalten und behutsam eingeführt wurden; in Wahrheit dachte und handelte König Friedrich Wilhelm III. liberaler als seine getreuen Stände.

---

[1]) DOLLRUENS, Aristoteles oder über das Gesetz der Geschichte. 1872.

Gehen wir nun an die Kritik des Versuches, die Ideen aus der Wirtschaft zu erklären.

Der empirische Unterbau.

Eine Kritik des sozialen Materialismus mit seiner Behauptung, die Ideen entspringen aus der Wirtschaft, ergiebt sich von selbst aus den mitgeteilten Versuchen, diesen Gedanken im einzelnen durchzuführen. Niemandem kann die Oberflächlichkeit entgehen, mit der hier verfahren wird, und schwerlich wird man es als zureichende Entschuldigung gelten lassen, dafs dergleichen Unvollkommenheiten jeder neuen, bahnbrechenden Richtung anhaften.

Der Satz, dafs die wirtschaftlichen Verhältnisse stets bestimmend auf die geistige Welt wirken, kann nun geprüft werden ganz unabhängig von aller Spekulation, nämlich rein an der Hand der Erfahrung, indem untersucht wird, ob er durch die Thatsachen bestätigt oder doch zugelassen wird. Allein eine solche Prüfung ist dadurch fast unmöglich gemacht, dafs immer gesagt wird: nur in letzter Instanz gründe sich alle Ideologie, nämlich jedes höhere ideale Streben oder Ergebnis auf die wirtschaftlichen Verhältnisse.

Das ist eine längst erkannte, wenn auch nicht überall anerkannte Wahrheit. Alles Geistige geht zuletzt zurück auf die sinnlichen Empfindungen, und diese auf die Sinnesorgane und die Aufsenwelt, die sich ihnen darbietet. Nihil est in intellektu quod non aute fuerit in sensu. Dieser, wenn man will, sensualistischen Anschauung stehen die spiritualistische oder dualistische oder idealistische gegenüber mit der Behauptung, dafs es angeborene Ideen gäbe, oder dafs gewisse Ideen dem Menschengeist aus einer übersinnlichen Welt kommen, oder dafs das Ich ein produktives Vermögen habe, aus sich selbst spontan gewisse Ideen zu erzeugen, oder dafs dergleichen innere geistige Produktion mit schrankenloser Freiheit vor sich gehe und nicht an das Kausalgesetz gebunden sei, oder auch dafs ein soziales Bewufstsein, wie Zeitgeist, Volksgeist, Weltgeist noch etwas Reales sei — abgesehen von den einzelnen Individuen. Wenn der soziale Materialismus nichts weiter wollte, als diesen Verkehrtheiten gegenüber die Erkenntnis geltend machen, dafs in letzter Instanz alles Geistige von aufsen angeregt durch die Sinne vermittelt werde, dann hätte er einfach auf die HERBARTsche Psychologie verweisen können. Diese hat solche Gedanken nicht allein oft genug ausgesprochen, sondern hat auch bis ins einzelne gezeigt, wie aus dem einfachen Material der Sinnesempfindungen alle höheren geistigen Gebilde, Verstand, Vernunft, Ich, Schönheitssinn, Moral etc. kausal zu erklären sind.

Aber das ist nicht etwa nur der HERBARTschen Schule eigen. Man kann sagen, der ganze neuere Empirismus huldigt diesen Grundsätzen.

So weifs TREITSCHKE die Arbeiten der beiden GRIMM nicht anders zu schildern als: sie suchten auf jedem Gebiete des Volkslebens in Sprache, Recht und Sitte nachzuweisen, wie sich Bildung und Abstraktion überall aus dem Sinnlichen, Natürlichen, Ursprünglichen herausgestaltet habe (I, 311). Von der Sprache ist es ja bekannt, dafs alle Wurzeln zunächst eine sinnliche Bedeutung haben. Und MAX MÜLLER sucht nachzuweisen, dafs die überaus reiche Sprache der Indier aus 121 solcher Wurzeln entsprossen sei, und bemerkt: »Diese 121 bilden den Vorrat, aus dem jeder Gedanke, der jemals durch den Geist eines Inders ging, seinen Ausdruck erhielt. Man könnte die Zahl mit Leichtigkeit noch weiter beschränken, ich begnüge mich mit dem ersten Versuche eines Nachweises, eine wie kleine Menge Saatkörner dazu hinreicht und hingereicht hat, die ungeheure Geistesvegetation hervorzubringen, die der indische Boden seit der entlegensten Vorzeit bis auf den heutigen Tag einnimmt.«[1]

Aber sogleich hier sei bemerkt, dafs der sinnliche Ursprung eines Wortes durchaus nicht hindert, einen geistigen Inhalt zu bekommen. Unser Wort fühlen bezeichnet gewifs zunächst etwas recht Handgreifliches und doch wird es zugleich gebraucht, um die höchsten geistigen Erzeugnisse, die edelsten Gefühle zu benennen. Ähnliches läfst sich an jedem Worte, das etwas Geistiges bezeichnet, darthun.

Oder man denke an die bildende Kunst. Im Gegensatz zu der frühern spekulativen Ästhetik, die an eine reale Schönheitsidee glaubte, die aus einer höheren Region herab kam und sich zu verwirklichen suchte, sind die neuen Ästhetiker bemüht nachzuweisen, dafs die Naturvölker künstlerische Muster in den Ornamenten oder technischen Künsten nicht frei nach der Phantasie erfinden, sondern sie nur anwenden als Nachahmungen von Figuren und Formen, deren Gestalt ursprünglich durch den praktischen Zweck der Dinge notwendig war. Namentlich ist es üblich geworden, die Entstehung neuer Kunstepochen aus dem Volks- und Zeitcharakter zu erklären.

Dabei ist indes zu beachten, dafs schon die allerersten Verzierungen und Schmuckgegenstände nicht sklavische, sondern freie Nachbildungen der Naturgegenstände waren, dafs es ferner nicht fehlt an freien Kombinationen dessen was Lineal und Zirkel leisten, und dafs dadurch oft Formen entstehen, welche auch jetzt unser ästhetisches Urteil be-

---

[1] Bei ROMANES: Die geistige Entwicklung beim Menschen S. 270.

wundert oder doch beifällig betrachtet. Auch hier ist der Ursprung aus dem Sinnlichen durchaus nicht hinderlich für die weitere Entwicklung zum Idealen. »Wir begreifen es, wie abstofsend es im ersten Augenblicke einem Kenner und Liebhaber der griechischen Schönheit sein mufs, den Hermes auf den indischen Hund der Unterwelt zurückgeführt zu sehen. Aber soll ihn nicht andererseits auch bald die höchste Bewunderung vor der Schöpferkraft des griechischen Schönheitssinnes erfüllen, welcher aus einem Scheusal die herrliche Göttergestalt hervorzubilden gewufst hat.«[1]

Nicht anders verhält es sich mit den heidnischen Religionen. Zwar wie bei allen sogenannten idealen Gütern, zumal wenn ihr Ursprung in tiefes Dunkel gehüllt ist, wie bei der Religion, der Familie, dem Recht, dem Staat hat es lange gedauert, ehe man den empiristischen Standpunkt einzunehmen wagte. Es lag gar zu nahe, hier den Einflufs höherer Mächte zu Hilfe zu rufen. Das liegt zumal denen nahe, welche noch eingetaucht sind in pantheistische, idealistische oder logisch realistische Anschauung. Nach dem Pantheismus ist alles göttlich, also auch, was der Mensch denkt und thut. Zumal was eine allgemeine Äufserung des menschlichen Geistes ist, ist eine Erscheinung, Darstellung, Offenbarung des Weltgeistes. So auch die Religion. Und es klingt selbst für solche, welche bemüht sind, sich loszumachen von derartigen Anschauungen noch sehr erbaulich, zu sagen oder zu hören: Die Religion ist von Gott, ist ein Stück der Ebenbildlichkeit Gottes etc. Hierbei verfällt man einmal dem Irrtum der idealistischen Anschauung, der das Allgemeine das Reale ist, welche Ideen annimmt, die als reale Mächte aus einer höhern Welt in unsre Welt eintreten. Sodann aber macht man gar keinen Unterschied zwischen Religion und Religion. Die heidnischen Religionen sind zumeist keine idealen Mächte im Sinne des intellektuellen und moralischen Fortschrittes gewesen. Im Gegenteil. Darum habe ich schon früher gezeigt, dafs alle Gründe nicht stichhaltig sind, welche angeführt werden, den göttlichen Ursprung der heidnischen Religionen zu erklären, dafs dies auch Gottes unwürdig wäre und eine derartige Erklärung überflüssig ist, weil sich die Entstehung der heidnischen Religion empiristisch und psychologisch mindestens ebenso gut erklären läfst, wie sich sonst Irrtümer, Phantasieen, oder auch Einrichtungen wie Ehe, Staat, Sitte natürlich erklären lassen.[2] Dabei denke ich nur an die heidnische Religion, das Christentum fordert in

---

[1] Zeitschrift für Völkerpsychologie 1, 47.
[2] Zeitschrift für Philosophie und Pädagogik I, 336 ff.

dieser Hinsicht eine besondere Untersuchung. Erklärt man den Ursprung der Religion empiristisch, dann geht man auch hier auf das Sinnliche zurück, auf die sinnlichen Wahrnehmungen, Gefühle und Begehrungen, also allgemein gesprochen auf die wirtschaftlichen Verhältnisse.

Dasselbe gilt von der Moral als der Summe gewisser Urteile des Lobes und Tadels und der Moralität, nämlich dem Grade, in welchem der Wille sich nach jenen Urteilen richtet. Moral wie Moralität kann man »in letzter Instanz« recht wohl auf die wirtschaftlichen Verhältnisse zurückführen. Moral und Moralität sind keine ursprüngliche Mitgift des menschlichen Geistes oder der menschlichen Gesellschaft, weder in der Form von angeborenen oder sich aus sich selbst entwickelnden, noch als aus einer anderen Welt hereinragenden realen, sich zu verwirklichen strebenden Ideen.

Das ist hinreichend bekannt, daſs jeder Mensch und jedes Volk zuerst essen und trinken muſs, daſs es ferner das Unangenehme abzuwehren sucht und Angenehmes herbeiführt, daſs es auf das Nützliche bedacht sein muſs, ehe in ihm der Sinn für das Schöne und Gute erwacht oder gar Einfluſs auf sein Handeln gewinnt. Erst müssen die allernotwendigsten Lebensbedürfnisse befriedigt, und diese Befriedigung muſs einigermaſsen gesichert sein, ehe an Recht und Gesetz gedacht wird.

Doch das habe ich bereits früher mehrfach ausführlich erörtert, daſs und wie Moral und Moralität entsteht und sich entwickelt und daſs diese Erkenntnis der absoluten Giltigkeit der sittlichen Urteile und Gebote keinen Abbruch thut.[1]) So sagt auch STAMMLER: So wenig, wie irgendwelche Erkenntnisse, Begriffe und Meinungen dem Menschen angeboren sind oder in einem mystisch dunklen Verfahren ihm anfliegen, ebensowenig kann es mit der Einsicht in ein allgemeines Gesetz des Wollens der Fall sein. Es steckt dieses weder als eine unbegreifliche gespenstische Kraft in uns, noch kommt es in plötzlicher Offenbarung über einen. Es will gelernt und erworben sein, und es kann nur innerhalb der Erfahrung gewonnen werden. Demnach hat das Vorhandensein der Idee des Guten in einzelnen Subjekten bestimmte empirische Bedingungen; freilich verstrickt sich die Erforschung derselben in einzelne in exakt gar nicht aufzulösende Komplikationen, das Urteil über wahr und falsch, ebenso über gut und böse ist von der genetischen Erklärung (wie man zur Erkenntnis,

---

[1]) Das Ich und die sittlichen Ideen im Leben der Völker. Ferner: Neuere Arbeiten über die sittlichen Gefühle. Zeitschrift für Philosophie und Pädagogik. 1895.

oder zum Urteil oder zum Wollen gelangt ist) ganz und gar unabhängig; a. a. O. S. 387.

Aber darauf sei noch ausdrücklich hingewiesen, dafs wie das Ich des Einzelnen aus dem Zusammenwirken der Vorstellungen, so das Wir (die Gesellschaft) aus dem Zusammenwirken der einzelnen Personen entsteht, und dafs sich auch der Staat zunächst nur durch die Not, oder das Bedürfnis als ein natürliches Erzeugnis zusammenwohnender Menschen gebildet hat. Man darf freilich die faktische Entstehungsweise nicht mit der rechtmäfsigen verwechseln. Zunächst hat man es nur mit der erstern zu thun. Dies alles ist angeführt, um zu zeigen, dafs wir dem sozialen Materialismus vollkommen recht geben mit der Behauptung, dafs die sogenannten idealen Güter oder Errungenschaften wie Sprache, Kunst, Gewissen, Sitte, Recht, Staat etc. »in letzter Instanz« auf »wirtschaftliche Verhältnisse« zurückgehen. Der soziale Materialismus hat hier die Lehre des Empirismus und Realismus sich zu eigen gemacht, und in dieser Hinsicht die Anschauungen und Voraussetzungen der idealistischen Philosophie Hegels aufgegeben. Denn man vergesse nicht, dafs die Hegelsche Philosophie mit ihrer Lehre von der Realität des Allgemeinen alle jenen Irrlehren von der Sprache, Kunst, Sitte, dem Gewissen, dem Staate etc. als ursprünglichen Realitäten teils hervorgebracht, teils begünstigt und verbreitet hat. Viele, die von der Hegelschen Philosophie nichts wissen wollen, oder auch nichts wissen, bewegen sich ganz und gar in solchen Gedanken, denn es dünkt sie viel würdiger anzunehmen, jene hohen Güter aus einer höheren Welt herzuleiten, als aus der menschlichen Bedürftigkeit.

Die eigentliche Wurzel dieser Meinung ist der logische Realismus. Solange man den Allgemeinbegriffen Realität zuschreibt, bleibt auch das Allgemeine das Prius, die Ursache des Besondern. Sobald aber die Besinnung kommt, dafs das Allgemeine nur eine Zusammenfassung des Einzelnen ist, und dafs dies eine teils notwendige, teils willkürliche Thätigkeit des menschlichen Geistes ist, alsbald verlieren auch die Allgemeinbegriffe ihre Realität, und real bleibt nur das Besondere.

In dieser Erkenntnis besteht die sogenannte Umstülpung der Hegelschen Philosophie in den Köpfen der Marxisten.

Es ist bemerkenswert, wie lange es gedauert hat, ehe der Hegelschen Schule wenigstens hier und da die Augen aufgingen, um den eignen Gedankengang zu verstehen. Es ist ja von vornherein klar, dafs jeder theoretische Idealismus seine Ideen und Ideale immer nur dem Gegebenen, der wirklichen Welt entnimmt und entnehmen kann. Sogleich bei Plato habe ich darauf aufmerksam gemacht. Auch der neuere Idealismus SCHELLINGS und HEGELS ist im Grunde genommen Empirismus, der das Gegebene nur sehr unvollständig und fehlerhaft auffaſst und bei den so gewonnenen Abstraktionen vergiſst, woher sie genommen sind, und endlich Wirkung und Ursache umkehrend, das Allgemeine für die reale Ursache des Besondern ansieht und so letzteres aus dem Allgemeinen a priori glaubt ableiten zu können.

Besann man sich auf diesen Gedankengang, dann muſste Ursache und Wirkung wieder in die richtige Ordnung eintreten: das Gegebene, das Besondere ist das erste, und das Allgemeine ist die daraus gewonnene Abstraktion. Diese selbst ist ein bloſser Gedanke. Sobald dies erkannt ist, verwandelt sich der Pantheismus in Atheismus. Dann muſs man auch begreifen, daſs der Gott des Pantheisten nichts ist als die Einheit, d. h. der abstrakte Begriff der Welt. So lange man die Universalia für Realia hält, so lange hat auch der pantheistische Gott noch eine gewisse Existenz. Diese löst sich aber sofort auf, wenn der logische Realismus schwindet, und als real bleiben dann nur noch übrig die Einzeldinge oder die Welt. Diesen Weg vom Pantheismus zum Atheismus sind in Deutschland viele Hegelianer gegangen: FEUERBACH, F. STRAUSS, STIRNER und so auch MARX und ENGELS. Viele andere können in diesem Stücke nicht zur Klarheit gelangen, und diese Unklarheit allein ist es, die es ihnen gestattet, ihren pantheistisch gedachten Gott für eine Realität anzusehen und so einen gewissen Zusammenhang mit der christlichen Theologie wenigstens scheinbar aufrecht zu erhalten.[1])

Zu den Vertretern eines mehr gefühlsmäſsigen Idealismus im Sinne von SCHELLING gehört W. v. HUMBOLDT. Über ihn urteilt TREITSCHKE (III, 696): 1822 schrieb W. v. HUMBOLDT seine Abhandlung über die Aufgabe des Geschichtsschreibers, eine geistvolle Schrift, die in Form und Inhalt den Übergang von der philosophischen zur historischen Weltanschauung darstellt. Den geheimnisvollen Dualismus, der in dem sittlichen Leben unseres staubgeborenen und gottverwandten Geschlechts unverkennbar waltet, sucht er dadurch zu erklären, daſs er eine hinter den Erscheinungen der Geschichte stehende Ideenwelt annahm. Geschichte war mithin Darstellung des Strebens einer Idee, Dasein in der Wirklichkeit zu gewinnen. Dem Historiker fiel die zweifache Aufgabe zu, das Geschehene thatsächlich zu ergründen und das Erforschte dergestalt zu verbinden, daſs die Notwendigkeit der Ereignisse erwiesen und die Ratschlüsse der göttlichen Weltregierung erkannt würden. Es war eine groſsartige Ansicht, die zugleich mit

---

[1]) Beispiele bei THILO: Wissenschaftlichkeit der modernen spekulativen Theologie und O. FLÜGEL: Die spekulative Theologie der Gegenwart.

Zartheit das persönliche Leben, mit Freiheit die allgemeinen Mächte der Geschichte zu verstehen sucht; sie sicherte der Geschichtsschreibung grofsen Stils ihre gebührende Stellung auf der Grenze zwischen Wissenschaft und Kunst. Die Frage, wie sich die Welt der Ideen zu der bewufsten Thatkraft der wollenden Menschen eigentlich verhalte — diese entscheidende Frage blieb unerörtert. —

Humboldts Bruder Alexander erhob daher den Einwand: Diese Ideen kämen ihm vor wie jene unerweisbaren Lebenskräfte, welche der Physiolog annehme, sobald er mit seinen Beobachtungen nicht mehr weiter könne, Wilhelm aber liefs sich nicht beirren; er wufste, dafs die Geisteswissenschaft nicht wie die Naturwissenschaft allein den Gesetzen der Logik folgen darf, dafs sie ihre letzten und höchsten Gedanken nur ahnen, nicht ganz erweisen kann.«

A. v. Humboldt hatte recht, er vertrat den Standpunkt des Empirismus und Realismus. Die Geschichtsideen seines Bruders sind auf dieselbe Weise gebildet, wie die sogenannte Lebenskraft der Organismen. Selbst wenn eine Teleologie in der Geschichte vorhanden ist, so wird sie nicht durchgeführt durch überirdische Ideen als Kräfte, sondern durch Ideen, als natürlich entstandene Gedanken und Entschlüsse der handelnden Menschen, sowie die sogenannte Lebenskraft nichts ist als die Kombination der physikalischen und chemischen Kräfte der letzten Bestandteile des Organismus. Auch hier hat die Idee oder der Allgemeinbegriff des Organismus lange Zeit als eine besondere Kraft gegolten.

Damit hat der soziale Materialismus mit Recht gebrochen. Was aber Marx und Engels erst nach einer durch Feuerbach vermittelten »Umstülpung« zu erkennen anfingen, nämlich dafs sich in letzter Instanz die Bildung und Ausbildung des Geistes wie der Gesellschaft auf empirisch gegebene Thatsachen und Einflüsse gründen, das war längst von Herbart mit aller Ausführlichkeit in den verschiedensten Disziplinen der Philosophie gelehrt worden.

Hier lag eine Psychologie vor, die die ganze geistige Bildung aufzubauen suchte aus den von aufsen gegebenen Sinnesempfindungen und deren Wechselwirkung untereinander. Insbesondere wurzelte also auch das Ich, die Persönlichkeit eines jeden mit ihrem Wollen in dem so gewonnenen Gedankenkreise. Dieser letzte Satz ist besonders wichtig. Die Erfahrung lehrt, dafs jede Begierde, jeder Wille derartig an bestimmte Motive gebunden ist, dafs mit dem Verschwinden oder der Änderung dieser Motive, auch Begierde und Wille mit diesen Motiven schwindet oder sich verändert. Der Wille ist für Motive, die ja auch Gedanken, Vorstellungen sind, zugänglich. Und diese

Zugänglichkeit des Willens für verschiedenartige Beweggründe ist es, was im allgemeinen die Möglichkeit geistiger Entwicklung und Bildung nicht blofs nach der Seite des Verstandes, sondern auch des Willens sichert. Wäre freilich der Wille eine Äufserung eines besondern Begehrungsvermögens, das sich entfaltete unabhängig von den übrigen Geisteszuständen, oder wäre der Wille ein Moment einer bei allen Individuen gleichen Entwicklungsreihe, wie bei den Tieren der Instinkt, oder wäre, wie nach der HEGELschen Philosophie der einzelne nur der unbewufste Darsteller, Träger des allgemeinen Willens in der Entfaltung des Weltgeistes — in allen diesen Fällen würde der Wille Motiven nicht zugänglich sein d. h. er wäre kein Wille, kein durch Einsicht im eignen und fremden, erlebten oder gefürchteten Schaden oder durch Hoffnung bestimmbarer aktiver Seelenzustand. Von höheren Motiven ganz zu schweigen. Ist der Wille aber abhängig von den sonstigen Gedanken des Individuums, so sieht man, dafs alles darauf ankommt, welche Gedanken es habe, was die herrschenden sind und in welchen Verbindungen sie unter einander stehen. Da nun alle unsere Gedanken »in letzter Instanz« von aufsen kommen, aus der Erfahrung mit der Natur oder aus dem Umgang mit den Menschen, so wurzelt auch all unser Wollen und Handeln darin. Und da weiterhin die Gesellschaft, der Staat nur die Summe oder das Produkt der Einzelnen, also der Gesamtwille nur die Summe aller oder vieler Einzelnen ist, so kann man sagen: alle geistigen Güter, auch die höchsten wie Moralität etc. gehen in letzter Instanz auf wirtschaftliche Verhältnisse zurück, diese im weitesten Sinne genommen. Selbst der Idealismus würde hier gewissermafsen zustimmen können, denn wenn er auch annimmt, dafs gewisse Ideen im menschlichen Geiste ursprünglich vorhanden sind, so setzt er doch hinzu: nur potentiell oder keimartig. Diese keimartigen Anfänge oder Fähigkeiten müssen aber, um aktuell zu werden, von aufsen ausgelöst, angeregt, sollicitiert werden, sie stammen also als Aktualitäten auch aus der Wirtschaft.

Wenn demnach, wie MEHRING 453 bemerkt, »der historische Materialismus nur das behauptet: Der menschliche Geist entwickelt sich an, mit und aus der materiellen Produktionsweise«, so ist ihm das vollkommen zuzugeben. Der philosophische Realismus und der naturwissenschaftliche Empirismus hat seit einem halben Jahrhundert nicht anders gelehrt. Dem an HEGELscher Philosophie grofsgezogenen Idealismus mögen allerdings die von MARX und ENGELS vorgetragenen, unbestimmten Gedanken als etwas Neues erscheinen. Freilich ist der Kampf gegen den Idealismus, der alle höhern Güter der Menschheit aus angeborenen oder spontan entstehenden oder aus einer höheren Welt herabgekommenen Ideen oder Allgemeinbegriffen ableitet, auch heutzutage keineswegs überflüssig.

Man kann z. B. aus WILLMANNS Geschichte des Idealismus sehen, wie weit verbreitet auch heute noch jener Idealismus oder wenn man will Dualismus ist, der das Einzelne aus dem Ganzen, das Besondere aus dem Allgemeinen zu erklären sucht und wie diese Ansicht hinsichtlich der Sprache, der Kunst, der Moral, der Religion der einzelnen Persönlichkeit, wie der Gemeinschaften wie Staat und Kirche für tiefer, gründlicher, frömmer, edler gilt als die »flache Verständlichkeit« des Empirismus.[1]

Zugegeben also: die Ideen sind aus der Wirtschaft in letzter Instanz entsprungen, wie steht es um die Fortentwicklung dieser Ideen?

Der ideologische Überbau.

Es ist die Frage, ob die Entwicklung, die in letzter Instanz ihren Anfang genommen hat in den äußern Verhältnissen, auch im Fortgang an diese Verhältnisse gebunden bleibt, ob also Recht und Sittlichkeit und Religion immer nur ein Überbau, ein Produkt der ökonomischen Verhältnisse bleiben, mit andern Worten: ob Schaden und Lust die einzigen Motive des menschlichen Handelns sind.

Selbst wenn man sich noch nicht über diesen Eudämonismus erhebt, sieht man wie die Gegenstände der Begehrungen wechseln, wie durch Übung oft eine Fertigkeit erlangt wird, die anfangs nur geübt wurde zu einem bestimmten Zwecke, zur Erreichung von Lust, Gewinn, daß aber dann die Thätigkeit als solche, als Lust an leicht gelingender Thätigkeit, Freude macht und mit Vergnügen geübt wird.

Im Leben eines jeden Menschen und Volkes spielt das, was man das Selbständigwerden der Mittel nennt, eine große Rolle. Darüber sagt P. BARTH: Das Selbständigwerden der Mittel beruht auf der allgemein psychologischen Thatsache, daß wir, eine Thätigkeit öfters ausführend, in ihr Übung erlangen, ein Erfolg, der eintritt, gleichviel ob beabsichtigt oder unbeabsichtigt, Übung aber ist Gewöhnung.[2]

---

[1] Nur ein Beispiel solcher Verwirrung: »Was ist der Einzelne ohne das Ganze? Ist der Einzelne nicht Staatsbürger erst durch den Staat, Glied der Kirche erst durch die Kirche? So daß also das Ganze vor und über den Einzelnen ist. Ist der Einzelne nicht überall getragen und bedingt in seiner Existenz von dem Allgemeinen? Man muß vom Ganzen ausgehen. Über allen Einzelnen steht das Ganze und Allgemeine als die höhere Einheit alles Einzelnen und als die eigentliche Realität der Dinge. Das ist ein Satz des Pantheismus, und soweit ist er richtig.« LUTHARDT: Die modernen Weltanschauungen und ihre Konsequenzen. 1880. S. 108.

[2] VOLKMANN, Psych. II, 451.

Die Übung gewährt in der Ausführung das Lustgefühl leicht gelingender Thätigkeit, und Gewöhnung führt, wenn sie gestört wird, ein Unlustgefühl mit sich. Daher werden gar oft die Thätigkeiten, die anfänglich nur als Mittel zu gewissen Zwecken geübt wurden, nun selbständig als lustbringend weiter geübt auch dann, wenn der eigentliche ursprüngliche Zweck nicht mehr besteht. So sind die körperlichen Übungen im Altertum zuerst eine bewußte Vorbereitung auf den Krieg, sie lösen sich aber als bleibende Gewohnheit allmählich von ihrem Zweck los und werden von der vornehmen Jugend auch dann noch getrieben, als sie längst nicht mehr die Absicht hat, selbst niedere Kriegsdienste zu thun, sondern dies Söldnern überläßt. Es zeigt sich hier das für unser Geistesleben wichtige Gesetz, das WUNDT (System der Philos. 337) das Prinzip der Heterogonie der Zwecke nennt, kraft dessen der objektiv erreichte Zweck immer mehr enthält, als das vorgestellte Zweckmotiv. An Beispielen fehlt es ja nicht. Jeder Krämer bezieht anfangs die Märkte des Gewinnes willen. Mancher gewöhnt sich aber so sehr an das Umherziehen, daß er dieses vielen unbequem scheinende Leben auch dann noch fortsetzt, wenn er wohlhabend geworden ist und er daheim bleiben könnte. Außer der positiven Lust an dem Gewohnten vergesse man dabei nicht die Unlust des Vermissens und der Störung einer alten Gewohnheit. So kann mancher auch wohlhabende Obster, wenn der Sommer kommt, es nicht aushalten in seiner bequemen Wohnung, er muß wieder hinaus und Tag und Nacht auf Bäumen, auf den Chausseen und in der elenden Obsterhütte leben. So übt der Geizhals das Sammeln, Scharren, Entbehren auch dann noch, wenn er genug gesammelt hat und sich's bequem machen könnte.

Mancher Naturforscher hat zunächst die Mathematik als bloßes Mittel geübt, hat aber Geschmack daran gefunden und ist dann dabei geblieben. Mancher Physiologe hat die Psychologie zunächst als bloße Hilfswissenschaft der Physiologie betrieben und hat die Neben- und Hilfswissenschaft dann zu seiner Hauptbeschäftigung gemacht. Mancher Geschichtsforscher ist so zum Sprachforscher geworden etc. So sind überhaupt die Wissenschaften erst allmählich selbständig geworden »Die Notwendigkeit, die Perioden der Nilbewegung zu berechnen, schuf die ägyptische Astronomie und mit ihr die Herrschaft der Priesterkaste als Leiterin der Agrikultur.«[1]) Anderwärts stand die Astronomie im Dienst der Schiffahrt, die Geometrie, wie der Name sagt, diente, das Feld zu vermessen. Aber man fand Geschmack an

---

[1]) MARX, Kapitel I, 536.

diesen Beschäftigungen, und die Wissenschaften verloren vielfach ganz die Beziehung zu ihrer praktischen Verwendung, ja müssen erst künstlich wieder damit in Verbindung gesetzt werden. Die Nordpolexpeditionen, die so viel Menschen und Geld gekostet haben, sind anfangs auch nicht im Interesse der Forschung unternommen. Vielmehr als die südlichen Meere von Spaniern und Portugiesen beherrscht wurden, suchten Holländer und Engländer eine nördliche Durchfahrt nach Asien und Amerika. Aber aus diesem Suchen um materieller Interessen willen wurden die Nordpolexpeditionen geboren, die dann aus bloßen wissenschaftlichen Interessen entsprangen.

Man kann also sagen, daß die Wissenschaften in letzter Instanz auf die Wirtschaft zurückgehen; aber diejenigen, welche die Wissenschaften weiter treiben, entnehmen ihre Motive des Forschens und ihre Freude am Suchen und Finden nicht mehr der Wirtschaft. Es ist darum schon sehr früh das Forschen rein um des bloßen Erkennens, lediglich um der Wahrheit willen entstanden und geübt worden. Damit erhebt sich der Mensch auf eine ganz andere Betrachtungsweise; wo er sich selbst nicht mehr um die Sorge des Lebens zu kümmern braucht — da muß er nicht — aber kann und hat er vielfach rein der Wissenschaft und Kunst gelebt.

»Alle Wissenschaften entstehen ursprünglich um des Nutzens willen, Erfahrungen und Geheimlehren werden von den Barbaren aufbewahrt um den Zwecken des praktischen Lebens zu dienen; in bildsamen Völkern erwacht jedoch sehr früh der von ARISTOTELES verherrlichte selbständige theoretische Trieb, der das Erkennen um des Erkennens willen sucht, und sobald er erwacht, wendet er sich immer zunächst der idealen Welt der Geisteswissenschaften zu.«[1])

»Hunger und Blöße haben den Menschen zuerst zum Jäger, Fischer, Viehhirten, Ackersmann und Baumeister gemacht. Wollust stiftete Familien, und Wehrlosigkeit der Einzelnen zog Horden zusammen. Hier schon die Wurzeln der geselligen Pflichten.... Man lernte die Kräfte der Natur wider sie selber benutzen, man brachte sie in neue Verhältnisse und — erfand — hier schon die ersten Wurzeln der einfachen und heilsamen Künste. Zwar immer nur Kunst und Erfindung für das Wohl des Tierischen (Wirtschaft) aber doch Übung der Kraft, doch Gewinn an Kenntnis und — an eben dem Feuer, woran der rohe Naturmensch seine Fische briet, spähete nachher BOERHAVE in die Mischungen der Körper; aus eben dem Messer, mit dem der Wilde sein Wildbret zerlegte, erfand LIONET

---

[1]) TREITSCHKE, Gesch. d. 19. Jahrh. V, 424.

dasjenige, womit er die Nerven der Insekten aufdeckte; mit eben dem Zirkel, mit dem man anfangs nur Hufen mafs, mifst NEWTON Himmel und Erde. So zwang der Körper den Geist, auf die Erscheinungen um ihn her zu achten, so machte er ihm die Welt interessant und wichtig, weil er sie ihm unentbehrlich machte etc.[1])

Allmählich tritt für die Forscher die Wirtschaft so lange zurück, als sie nicht stockt. »Die gemeinsame Wirtschaft ist die Basis, die Vorbedingung des höhern Lebens, aber als solche wird sie an Wert diesem nachgesetzt, so lange nachgesetzt und indifferent, bis sie sich durch eine Störung fühlbar macht und dem Bewufstsein aufdrängt. Es ist so wie im Körper die vegetativen Funktionen, die Basis von allem andern, sind die weniger bewufsten, fast unbewufst, so lange sie normal verlaufen. Erst wenn eine Störung eintritt, werden sie Gegenstand des Bewufstseins, des eigentlichen Seelenlebens. Die Ideale, die sich aus Weltanschauung und Politik ergeben, sind gerade dasjenige, was den Willen mächtiger entwickelt, als ökonomische Fragen. Die Zeiten, in denen sie herrschen, sind die gesunden Zeiten der Völker und Gesellschaften, Die Ökonomie wird vergessen, weil sie normal fungiert, wie die vegetativen Organe des menschlichen Leibes. Sie ist das Gewöhnliche, Alltägliche, über das man sich erhebt, zu den Aufgaben der Politik, des religiösen Lebens, der Kunst. Das Ideale, das nicht oder noch nicht existiert, scheint die Menschen fester zu verbinden, als das Reale, das schon existiert, um dessen Besitz leicht Streit entsteht. [Er tritt ins Bewufstsein und verbindet die Menschen meist erst, wenn es bedroht wird, wenn es verloren gehen könnte.] Wirtschaftliche Güter gehören zu letzterem, gemeinsame Ziele zu ersterem. Freilich Ideale veralten. Wirtschaftliche Überfütterung der herrschenden Stände scheint dabei eine grofse Rolle zu spielen. Aber ist diese Überfütterung Wirkung oder Ursache des Erbleichens der Ideale? Es ist dies nicht ohne weiteres zu entscheiden. Zu grofsen Leistungen ist jedoch ihr allen leuchtender Glanz notwendig. Ein Volk, oder eine Gesellschaft, die nie allen gemeinsame Ideale gehabt hat, ist auch nie eine weltgeschichtliche Macht gewesen. Man kann auf China hinweisen, wo, wie es scheint, das Wissen immer nur in den Dienst des Nützlichen oder der Wirtschaft gestanden hat.

Kontraste dienen dazu, das, was kontrastiert, scharf hervorzuheben.

---

[1]) SCHILLER, Über den Zusammenhang der tierischen Natur des Menschen mit seiner geistigen. § 11.

Und so kann man den eigentlich weltgeschichtlichen Gesellschaften, die nie ohne ideale Motive gewesen sind, Gesellschaften oder wenigstens Regierungen entgegenhalten, die, ohne jede ideale Regung den unmittelbarsten ökonomischen Motiven gehorchend, durch ihre Schicksale bewiesen haben, wie schnell die Befolgung solcher Mittel zum allgemeinen Verderben führt. Es sind dies die Handelsgenossenschaften des 17. und 18. Jahrhunderts. Bekannt ist, wie die englische Ostindien-Compagnie in den wenigen Jahren 1757—73 durch eine Regierung, die nur von unmittelbar ökonomischen Motiven d. h. von Habgier geleitet war, ihre eigene Existenz so gefährdete, dafs sie die Hilfe der englischen Regierung suchen mufste, wie sie diese nur erlangen konnte gegen Unterordnung unter die Aufsicht eines königlichen Gouverneurs und eines königlichen höchsten Gerichtshofes, wie diese Aufsicht schon 1784 verstärkt werden mufste, und die Regierung der Direktoren der Gesellschaft immer mehr eine blofs nominelle wurde, bis sie endlich ganz auf die englische Krone überging. Nicht besser waren die holländischen, dänischen, französischen und anderen Gesellschaften. Unter dem Eindruck der Beobachtung ihrer Methoden schrieb ADAM SMITH: »Die Regierung einer reinen Handelsgesellschaft ist die schlechteste, die irgend ein Land haben kann.« Weltgeschichtliche Regierungen haben nicht nach den unmittelbaren ökonomischen Motiven gehandelt, wie jene Ausbeutergesellschaften gethan haben, sondern nach politischem Rationalismus, der den bevorrechteten Klassen den Vorrechten entsprechende Opfer auferlegte. Wo dieser Rationalismus fehlte, da ist auch das System bald zusammengebrochen. Die karthagische Republik war einer Handelsgesellschaft, wie sie A. SMITH meint, sehr ähnlich. Sie wollte den Staat nicht um des Staates, sondern um ökonomischer Ausbeutung willen. Das Begehren war sehr entwickelt, aber nicht die Opferwilligkeit, daher kein persönlicher Kriegsdienst, sondern der Kauf von Söldnern. Gleichzeitig war ihre Religion, soweit wir sie kennen, ohne ideale, sittliche Elemente, ihre Litteratur rein technologisch, ohne eigentliches Geistesleben. Ihr ganzes Treiben ist ökonomischer Materialismus. Darum unterliegen die Karthager der römischen Republik, die an Hilfsmitteln ärmer, in ihrer Einkommenentwicklung rückständig, die Kraft des politischen Idealismus in die Wagschale warf, die damals noch einig, alle ihre Bürger als opferwillige Kämpfer dem Feinde entgegenstellen konnte. Und so sind immer bei den schöpferischen Rassen und Völkern ihre Schöpfungen, ihre Ideologieen auch gewaltige Triebfedern ihres Handelns gewesen.

Freilich nicht immer im gleichen Mafse. Ideale und Weltanschauungen wechseln. Wenn die alten nicht mehr begeistern, die neuen noch nicht genügende Klarheit haben, so kann eine Epoche des Interregnums des Ideals eintreten. Dann können die elementaren, naturalistischen Motive wieder freier aufleben. In einer Epoche des Wechsels leben wir heute. Die alten Ideale verblassen in Religion, Kunst, innerer und äufserer Politik und noch unklar tastend ringen sich auf allen drei Gebieten neue empor. Weniger eingeschränkt als früher tritt der wirtschaftliche Egoismus hervor. Umgeben von seinen Schöpfungen und Verwüstungen, im Centrum des Welthandels hat K. MARX sein »Kapital« geschrieben, hat ENGELS gelebt und gearbeitet. So konnte wohl in ihnen die Ansicht entstehen, dafs das ökonomische Treiben der einzige Inhalt der Geschichte sei.« (P. BARTH.)

Aus dem Vorstehenden wird man erkannt haben, dafs und wie ideale Mächte entstehen, auch wenn man noch absieht von Schönheit und Sittlichkeit und nur an die Wissenschaft und die Lust an der Forschung denkt. Diese hat ihren Ursprung, nämlich die Anregung in der Wirtschaft. Aber umgekehrt wirken die Beschäftigung mit der Wissenschaft und recht augenfällig die Ergebnisse der Forschung auf die Wirtschaft zurück. »Obwohl nicht um des Nutzens willen betrieben, sondern aus selbstlosem Drang nach Erkenntnis geboren, ist Wissenschaft jeder Art für das praktische Leben immer früher oder später von gröfstem Einflufs und Vorteil geworden. So beruhen die wichtigsten Fortschritte der Industrie im letzten Grunde auf rein wissenschaftlichen Entdeckungen. Diese führten zu Erfindungen, welche der Industrie zu gute kamen. Rein wissenschaftliche Forschung, nämlich die Untersuchung der Eigenschaften des geriebenen Glases, die dabei entdeckte Übereinstimmung des elektrischen Funkens mit dem Blitze, nicht etwa das Verlangen, den Blitz unschädlich zu machen, hat die Erfindung des Blitzableiters zur Folge gehabt. Erst die Beobachtungen über Elastizität der Dämpfe, erst die wissenschaftlichen Kenntnisse vom Druck der Atmosphäre ermöglichten die Erfindung der Dampfmaschine, der Feuerspritze, der Schmelzöfen, der Gasbeleuchtung. Den aus rein wissenschaftlichen Interessen angestellten Untersuchungen der Runkelrübe durch Marggraf verdanken wir die Verwendung des in ihr enthaltenen Zuckerstoffes. So erschliefst die Wissenschaft selbst neue Nahrungsquellen. Wissenschaftliche Forschung war der Grund, dafs das Glas in Form einer Linse das Mittel gab, das Auge des Menschen unendlich zu erweitern und ihm unbekannte Welten zu zeigen oder aus den Sonnenstrahlen Feuer zu sammeln, so dafs z. B. an den Ufern der Newa die Früchte Persiens reifen. Die Untersuchung der Chinarinde durch einen Chemiker lieferte das fieberheilende Chinin etc.[1]) Noch sehr viele andere Beispiele lassen sich anführen, wie die reine Forschung die Wirtschaft umgestaltet.

So ist auch, bemerkt P. BARTH, der regere Handel mit Industrieprodukten im spätern Mittelalter die Triebfeder für Einführung des römischen Rechts. Aber einmal eingeführt, mufste es auch über den blofsen Mobilienwert hinaus auf das Eigentum an Grund und Boden einwirken, diesen, dem deutschen Rechte entgegen, zur Ware machen, das germanische Erbrecht verdrängen, kurz den Grundbesitz mobilisieren, wo nicht das Lehnsrecht einstweilen noch hemmend dazwischen trat.

Diese Wechselwirkung, wie aus den Bedürfnissen des Lebens sich die Wissenschaften erzeugen, selbständig werden und ihren Weg verfolgen und dann durch ihre Ergebnisse wieder eine Rückwirkung auf die Wirtschaft ausüben, mufs man sich immer gegenwärtig halten, wenn man die Gedanken von MARX beurteilen will: Das Ideelle ist nichts anderes, als das im Menschenkopfe umgesetzte und übersetzte Materielle, oder das wirtschaftliche Sein bestimmt das Bewufstsein, oder die Technologie enthüllt das aktive Verhalten des Menschen zur Natur, dem unmittelbaren Produktionsprozefs seines Lebens, damit auch seiner gesellschaftlichen Lebensverhältnisse und der ihnen entquellenden geistigen Vorstellungen. Darauf bemerkt STAMMLER mit Recht (S. 287: Das ist zu eng zusammengedrängt und in sich mifsverständlich. Die Beeinflussung von seiten der Technologie ist nur eine indirekte. Die Technologie ermöglicht nur die Bildung von ökonomischen Phänomenen, verwirklicht werden sie erst durch menschliches Zusammenwirken. Die Technologie wirkt nicht bedingungslos zwingend im Sinne exakt eingesehener Naturkausalität. Sagt man, die Dampfmaschine löse das Familienleben der Proletarier auf, so ist hier viel Verschlungenes zusammengeprefst. Die Maschine wirkt nicht lösend, wie Wasser auf Zucker, sondern man meint die weiteren Folgen, wie Sinken des Lohnes, Mietskasernen, Beteiligung der Frau an der Arbeit etc., also sehr vermittelte Wirkungen. Davon ist die Dampfmaschine nur das eine zu beachtende Moment. Ähnlich O. LORENZ (42): Man kann doch nur mittelst einer Breviloquenz sagen: Die Produktionsverhältnisse der Neuzeit haben die neue soziale Gesetzgebung hervorgebracht. In Wirklichkeit haben die Produktionsverhältnisse absolut kein neues Gesetz geschaffen, sondern die Menschen haben es aufgestellt, um die Verhältnisse bequemer, heilsamer zu ordnen. Die teleologische Thätigkeit der Menschen ist hier allein die Ursache

---

[1]) STÖLZLE: K. E. v. Baer und seine Weltanschauung 1897, S. 488 ff.

der Veränderung des gesetzlichen Zustandes. Ohne sie kommt keine Rechtsveränderung zustande. Der Grund, warum sie ändern, ist vielleicht in der Veränderung der Produktionsverhältnisse zu suchen. Was hier STAMMLER und O. LORENZ sagen und was oben der Marxist den psychologischen Faktor nannte, durch den die ökonomischen Verhältnisse geschichtlich entwickelt werden, das ist ja eigentlich selbstverständlich, muſs aber sehr nachdrücklich hervorgehoben werden, wo es wie bei MARX fast den Anschein gewinnt, als sei die Maschine die ganze Ursache der Zerstörung der Familie des Arbeiters, und als sollten die Ursachen, welche in der Weise ihrer Benutzung liegen, ganz vergessen werden. Man kann immer nur sagen: Das ist der durchschnittliche Erfolg; und der Erfolg tritt darum fast immer mit einer gewissen Naturnotwendigkeit ein, weil die sozialen Verhältnisse sich im ganzen bisher in dieser Beziehung gleich waren. Überall aber wo von Ursachen geredet wird, unter denen sich ein konstanter Faktor befindet, kann dieser, weil überall wirksam, stillschweigend vorausgesetzt werden. Sagt man, das Wasser steigt im luftleeren Raum so und so hoch, oder: das Wasser läuft, weil die Schleuſse gezogen ist, so setzt man einmal dem Luftdruck und sodann den tropfbar flüssigen Aggregatzustand des Wassers voraus. Jedes Ereignis hat mehrere Ursachen. Von diesen pflegt man zumal im gewöhnlichen Leben nur eine, etwa die auffälligste, oder die zuletzt hinzugekommene, oder die veränderliche zu nennen. So auch wenn es heiſst: die Maschine löst die Familie des Proletariers auf, oder: Gelegenheit macht Diebe, oder: hohe Getreidepreise vermindern die Eheschlieſsungen, oder: gewisse Karrieren verderben den Charakter, die Gelegenheit allein macht niemand zum Diebe, die übrigen Ursachen, die Begehrlichkeit des Menschen und die ganzen sozialen Zustände setzt man dabei voraus. Die hohen Getreidepreise bewirken vielfach eine Verminderung der Eheschlieſsungen. Vorausgesetzt wird dabei, daſs der Mensch nicht wie das Tier allein nach seinen Begehrungen handelt, sondern daſs er sich der Pflichten und Folgen der Eheschlieſsungen bewuſst ist, und daſs er sich nach seiner Einsicht in seinem Wollen und Handeln bestimmen kann. So z. B. hätte man 1870 bei verhältnismäſsig niedrigen Getreidepreisen zahlreiche Eheschlieſsungen erwarten sollen; ihre Anzahl war gleichwohl eine geringere, weil man sich durch die Kriegsunruhen zum Aufschub bestimmen lieſs.

Diese in der Entwicklung des Einzelnen und in den herrschenden sozialen Zuständen liegenden Ursachen der menschlichen Handlungen bilden nun eine so auſserordentliche groſse Anzahl, daſs sie niemand übersehen oder gar genau bestimmen, sondern nur im allgemeinen schätzen kann; darum können die menschlichen Entschliefsungen und Handlungen niemals mit Sicherheit bestimmt oder gar vorausgesagt werden. Dieser Mangel liegt nicht etwa daran, dafs hier das Kausalgesetz nicht gelte. Dieses gilt hier in voller Strenge. Allein wo in der Meteorologie der Ursachen, die zu einem Ereignis mitwirken, zu viele sind, können derartige Ereignisse, obschon kausal bedingt, doch nicht so sicher voraus bestimmt werden, als etwa die Mondfinsternisse von der Astronomie, wo verhältnismäfsig nur wenig Kräfte zu berechnen sind. Es gilt also in der Moralstatistik oder in der Einwirkung der wirtschaftlichen Verhältnisse auf die Handlungen der Menschen immer nur das Gesetz der grofsen Zahl. Aus einer sehr grofsen Anzahl von Fällen wird die Wahrscheinlichkeit gewisser Folgen unter nahezu gleichen Bedingungen abgeleitet. Man kann nach Analogie ähnlicher Fälle z. B. voraussehen, welche Wirkung es auf die Einwohner, auf die Wohnungsverhältnisse etc. haben wird, wenn ein kleiner Ort ein vielbesuchter Kurort oder Garnisonsort wird; dabei sind indes im letztern Falle die in die Stadt verlegten Soldaten nicht die einzige Ursache der Veränderungen, sondern man setzt die bisherigen Verhältnisse der Stadt und die sich im ganzen gleichbleibende Natur der Menschen voraus.

Dergleichen Betrachtungen mufs man immer hinzubringen zur Berichtigung und Ergänzung dessen, was MARX als Naturnotwendigkeiten bezeichnet, wenn etwa dem Privateigentum oder dem Kollektiveigentum die oder jene Folge als Wirkung beigelegt wird. Es sind Wahrscheinlichkeitsbestimmungen unter den bisher bekannten Verhältnissen.

Unter den die Handlungen bestimmenden Motiven sind bisher fast nur solche betrachtet worden, die mehr theoretischer Art sind, die sich auf Klugheit, auf Befriedigung des Erkenntnistriebes, auf Erweiterung der Erfahrung beziehen.

Aufser diesen giebt es noch zwei grofse Klassen, die ästhetischen und die sittlichen. Dafs auch diese »in letzter Instanz« wie alles Geistige ohne Ausnahme auf Sinnliches, nämlich auch die sinnlichen Empfindungen und Vorstellungen zurückgehen, ist schon erörtert. Aber auch hier fragt es sich, ob der Fortgang, die eigentliche Entwicklung des Schönen und Guten an die sinnliche Grundlage oder an die Wirtschaft gebunden bleibt.

Hinsichtlich des Ästhetischen scheint STAMMLER zuviel zuzugeben, wenn er sagt: »Das Haus geht auf die materiellen Bedürfnisse der Menschen zurück; diese sind die letzten Unterlagen für die Architektur.

Mögen nun immerhin in verwickelter Sachlage bei einem Hausbau diese oder jene Sondergründe für die Wahl der Fassade und für die Wahl der Einzelausführung hineinspielen und künstlerische Ideen von bestimmender Bedeutung dabei auftreten — wer im ganzen den Gang der Architektur verfolgt und dessen Vorschreiten nach seinen kausalen Bestimmungsgründen in wissenschaftlicher Vollständigkeit und mit erschöpfender Sicherheit haben wollte, der könnte wohl schwerlich davon abkommen, dafs im letzten Grunde es wirtschaftliche Bedingungen sind, die als wirkende Ursachen von mafsgeblichem Einflusse gewesen sind... Gehe so in der Reihe der Ursachen und Wirkungen von sozialen Erscheinungen thunlichst weit zurück bis zu den letzten Quellen der Gesellschaft, so gelangst du zu den ökonomischen Lebensbedingungen der Gesellschaft und wiederum zu der gesetzmäfsigen Entwicklung der betreffenden wirtschaftlichen Erscheinungen. (77.)

Zugegeben, dafs das Haus auf die materiellen Bedürfnisse der Menschen zurückzuführen ist. Aber gilt das auch durchweg von dem Schmuck z. B. von der Fassade des Hauses. Vielfach wird auch diese so oder so gebaut, in der Nützlichkeit oder sonst in nicht ästhetischen Rücksichten ihren Grund haben. Allein allgemein ist es nicht so. Vielmehr ist gerade der Schmuck in seinen Anfängen bei allen Völkern etwas, was nicht auf den Nutzen ausgeht, nicht wirtschaftlichen, sondern eben anderen nämlich ästhetischen Motiven im weitesten Sinne entspringt.[1]) Gerade an dem Schmuck sieht man, dafs von Anfang an die Naturvölker noch anderer Motive als der des Nutzens fähig waren. Was insbesondere den Schmuck des Hauses anlangt, so sind von den kunstsinnigen Völkern gerade die Häuser, die dem Gebrauche dienten, nämlich die Privatwohnhäuser erst in verhältnismäfsig später Zeit geschmückt, nachdem längst zuvor die öffentlichen Häuser, die Tempel, Königspaläste etc. mit mancherlei Zierat versehen waren. Niemals wird es genügen, für die Entwicklung der Architektur oder irgend einer andern Kunst lediglich auf Interessen, Nützlichkeitsrücksichten, materielle Bedürfnisse zurückzugehen.

Man kann zugeben, dafs gewisse Kunstrichtungen, Ausbildung gewisser Stilarten oder der Übergang von einem Stil in den anderen zum grofsen Teil begründet sind in dem Streben, die verschiedenen geistigen Bestrebungen einer Zeit einander gleichförmig zu machen. Immerhin aber bietet jede Stilart jeder Kunst Verhältnisse genug dar, die nicht auf Interessen, sondern auf Ideen, nämlich auf das unmittel-

---

[1]) Ich habe dies ausführlich an den Kunstformen der Naturvölker dargethan in: Das Ich und die sittlichen Ideen im Leben der Völker. S. 149.

bare Wohlgefallen an schönen Formen zurückgehen. Es ist hier wie in der Wissenschaft: ist einmal auf Grund der Bedürfnisse eine Art Kunst eingeleitet, so geht sie dann selbständig ihren Weg weiter.

Zu den moralischen Motiven möge uns folgendes Beispiel den den Weg bahnen. J. BARTH weist mit Recht darauf hin, wie die stoische Philosophie im Zusammenhange ihrer Gedanken zur Lehre von der Gleichheit aller Menschen und dadurch zur Forderung einer allgemeinen Freiheit geführt wurde und dafs auf diese Weise in dem römischen Rechte Milderungen der Sklaverei bewirkt worden sind.

Dieser höhere Wert des einzelnen Menschen auch des Sklaven, wie er im römischen Kaiserreich teils als Folge der stoischen Philosophie teils christlicher Einflüsse Eingang fand, wandert mit dem Christentum zu den Germanen und bewirkt, dafs der mittelalterliche Knecht und Hörige nicht das Los der früheren römischen Sklaven wiederholt. Dieser Unterschied ist es nicht am wenigsten, der der Geschichte der germanischen und romanischen Völker einen anderen Verlauf gegeben hat, als der des Altertums war.

Das ist eines von vielen Beispielen, wo zunächst eine Theorie auftritt, die durchaus nicht Erzeugnis oder Zusammenfassung der herrschenden Meinungen und geltenden Gewohnheiten ist, sondern die Folgerung eines konsequenten Denkens oder eines reinen Sinnes. So war auch des SOKRATES oder KANTS Ethik gar nicht das, was HEGEL nennt: seine Zeit in Gedanken gefafst. Es kann bekanntlich auch in einer sittlich schlaffen Zeit eine reine Ethik, ein strenger Prophet erstehen, und solche Lehren können auch Einflufs auf das Leben und die Geschichte gewinnen, selbst gegen persönliche Vorteile, also trotz der entgegenwirkenden ökonomischen Verhältnisse.

Dies führt auf die Entstehung und die Kraft der Gewissensurteile.

Hier ist die alte Frage nach der absoluten und der relativen Moral. Die ersten ethischen Betrachtungen versuchen das Sittliche aufzufassen als das Nützliche, das Zuträgliche, als verfeinerten Egoismus, sind insofern Folge der Wirtschaft. Auch die neueren Moralisten gehen auf derselben Spur mit Ausnahme von KANT und HERBART.

Ich habe schon früher gezeigt, dafs zur Erklärung der Thatsachen es nicht ausreicht, lediglich die Motive der Nützlichkeit in Anschlag zu bringen, sondern dafs Urteile absoluten Beifalls und Mifsfalls auf Grund willenloser, interesseloser Betrachtung des eignen und fremden Wollens im Einzelnen wie in den Völkern entstehen.[1]

---

[1] Zeitschrift für Philosophie und Pädagogik 1895, S. 245 ff.

Aber auch diese Urteile oder Ideen sind nicht angeboren, sind nicht aus einer höheren Ideenwelt zu uns gekommen, sondern sind kausal im Zusammenhang mit der Gesamtentwicklung entstanden. Man darf sich natürlich nicht vorstellen, als entstände irgend eine Idee als abstrakter Gedanke plötzlich in einem menschlichen Geiste. Alles Abstrakte ist abstrahiert aus einzelnen Fällen. So taucht auch die Idee des Wohlwollens nicht etwa in ihrer Allgemeinheit plötzlich auf, aber wenn wir ein Kind sehen, das ein anderes vom Boden aufhebt, das es von seinem Brot beifsen läfst und wir lächeln beifällig dazu, da ist die Idee des Wohlwollens wirksam, aus solch einzelnen Fällen bildet sich das allgemeine Wohlgefallen an wohlwollender Gesinnung. Ohne Zweifel hat das Wohlwollen seinen Ursprung in der Familie, in dem gegenseitigen Abhängigkeitsverhältnis der Familienglieder untereinander. Zudem, was ich in meiner Schrift über das Ich und die sittlichen Ideen im Leben der Völker darüber gesagt habe, möge eine Stelle von LAZARUS hinzugefügt werden:

»In der Kindheit ist der Mensch ein blofs konsumtives Wesen und ebenso im hohen Alter. Dies ist die Betrachtung der Statistiker und der Nationalökonomen, eine Betrachtung, welche in vielfacher Beziehung sehr wertvoll ist; aber eine Betrachtung, welche an dem tiefen Mangel leidet, dafs sie den Menschen blofs als ein materielles Wesen ansieht; würde sie auch auf die psychischen, würde sie auch auf die moralischen Kräfte achten, sie würde finden, dafs der Unterschied kein solcher ist, wie er hier ausgesprochen wird. Denken Sie sich das Kind, den Säugling an der Mutterbrust: in den Augen des Nationalökonomen ein reiner Konsument! er zehrt von der Kraft seiner Mutter, vielleicht mehr als sie bei bedürftiger Nahrung wieder zu ersetzen im stande ist: er zehrt und leistet ökonomisch nichts. Aber in moralischer Beziehung eine gewaltig produktive Kraft! der Säugling schlägt seine Augen auf und blickt die Mutter an mit Lächeln; welch eine Süfsigkeit des Wertes, welch eine Reinheit und Hoheit der Befriedigung in der blofsen Empfindung erfüllt das Mutterherz! — Ja sogar, welche physische Kraft wächst ihr aus solchem Wohlbehagen, das aus der Liebe von ihrem Kinde und zu ihrem Kinde ihr zufliefst!

Und selbst wenn das Kind (was die Nationalökonomen als einen reinen baren Verlust betrachten) etwa mit drei Jahren stirbt. Wochen-, monatelang hat vielleicht die Mutter sorgenvolle Tage, durchwachte Nächte am Bette des Kindes zugebracht — ein reiner ökonomischer Verlust. Es ist wahr, es ist ein beklagenswerter Verlust; wieviel aber an sittlicher Tiefe der Mutter vielleicht zugewachsen, welch eine Art von sittlicher Kraft ihr erzeugt worden ist, da sie zum erstenmale in so erschütternder Weise aus dem gaukelnden Spiel des Lebens emporgehoben und an die Pforten der Endlichkeit gestellt worden ist, das zählt kein Statistiker. Aus dem Tode sogar entsteht noch Leben für die sittlichen Kräfte. Wie die Tragik die tiefste und die höchste aller Künste ist, so ist auch der Schmerz im Leben des Einzelnen und der Gesamtheit Schöpferkraft der geistigen Vertiefung.

Und was sollen wir vom Alter sagen? Ich rede nicht von jenen, die den Erfahrungssatz, als ob das Alter leistungsunfähig geworden wäre, einfach durch ihre Thaten widerlegen; ich rede nicht von dem, was das Alter noch Hohes und Besonderes zu leisten im stande ist; sondern von seinem blofsen Dasein, von dem blofsen Leben. Ob ein Grofsvater oder eine Grofsmutter in jenem unproduktiven Alter noch in der Familie lebt oder nicht lebt, macht für den moralischen Bestand der ganzen Familie und, wenn es viele der Familien sind, der ganzen Stadt und des Volkes einen wesentlichen Unterschied. In jenem vortrefflichen Beitrag zu der nur noch spärlich bearbeiteten psychischen Statistik, in dem Schriftchen »die Volksseele von Berlin« vom Direktor des hiesigen statistischen Büreau, wird gezeigt, wie auch für die Bevölkerung einer ganzen Stadt gerade diese Bedeutung des Alters in seiner blofsen Existenz neben der Jugend sich geltend macht.

In Wahrheit, wenn die Vorsehung es mit einem Volke gut meint, dann läfst sie seine guten und seine grofsen Menschen zu hohen Jahren kommen; sie sind ein Segen des Volkes nicht nur durch das, was sie in ihrem Alter noch so Gutes und Grofses leisten, sondern durch das, was sie von der Jugend empfangen. Sie empfangen, was den gleichalterig Mitstrebenden nur selten gewährt wird: neidlose Hingebung, dankbare Pietät.

Der Sinn für Pietät aber, der in einem Volke erzeugt wird, ist eine moralische Kraft, welche über viele ökonomische Werte weit erhaben ist! Unser Volk hat es zu seinem Heile wohl erfahren; — dafs die Kant und Goethe, die Humboldt und die Grimm, die Boeckh und Ritter und so viele andere zu hohen Jahren gekommen sind, und die jüngeren Generationen ihnen eine so pietätvolle dankbare Hingebung zu beweisen vermochten, dies hat einen edlen Kern in den Gesinnungen des Volkes gepflegt. Und Friedrich der Zweite, der Einzige! er wäre ein grofser König gewesen und hätte Friedrich der Grofse geheifsen, auch wenn er bald nach dem siebenjährigen Kriege von den Lebenden geschieden wäre; dafs er aber seinem Volke »der alte Fritze« geworden ist, das hat einen Schatz patriotischer Erbtugend erzeugt, wie er durch keine politische Theorie weder zu ersetzen noch zu entwerten ist![1])

Ja es ist bekannt, dafs selbst erheuchelter Idealismus noch von grofser Wirkung ist, dafs niedrige, gemeine, egoistische Neigungen im Menschen sich dann am meisten breit und geltend machen, wenn sie edle Motive der Idee entweder als glänzenden, bestechenden Schein um sich nehmen oder sich miteinander vermischen, wenn z. B. Fanatismus aus persönlichem Hafs und zugleich aus Glaubenseifer, wenn Parteisucht aus Mifsgunst und Rechtsgefühl, Schmähsucht aus Neid und sittlichem Abscheu sich wie Erz aus Metall und Schlacken zusammensetzt.

Überblicken wir kurz die Behauptungen des sozialen Materialismus, so gehen diese dahin: Alles Geistige wurzelt in letzter Instanz im Sinnlichen. In dieser Allgemeinheit heifst das weiter nichts als nihil est in intellectu quod non ante fuerit in sensu. Mit dieser Behauptung kann er nur diejenigen überraschen, welche an angeborene Ideen, an reale Allgemeinbegriffe und dergleichen glauben. Für die Psychologie zumal der HERBARTschen Schule ist dies eine längst erkannte Wahrheit. Wo aber der soziale Materialismus näher auf das Ethische eingeht, vertritt er die älteste und verbreitetste Ansicht, dafs das Sittliche nur eine Verfeinerung des Nützlichen sei, dafs die Menschen einer unparteiischen, interesselosen Beurteilung und eines uneigennützigen Handelns nicht fähig seien, sondern immer nur durch Rücksichten auf ökonomische Verhältnisse bestimmt würden. Wo der soziale Materialismus noch näher in das Einzelne geht und für gewisse Ansichten, Überzeugungen, Theorieen, Handlungsweisen ganz bestimmte wirtschaftliche Ursachen angiebt, gerät er ins Abenteuerliche, wie oben an Beispielen gezeigt ist. Wenn man ihm also etwas zugestehen will, so ist es vielleicht dies, dafs er Anlafs gegeben hat, bei Erforschung der Ursachen für geschichtliche Ereignisse mehr als bisher auch die wirtschaftlichen Verhältnisse in Betracht zu ziehen. Indes auch hier ist möglicherweise der soziale Materialismus mehr die Wirkung dieser Art der angestrebten Geschichtsbetrachtung, als dafs von ihm aus die Anregung dazu ausgegangen wäre. Es dürfte noch fraglich sein, was A. LABRIOLA von MARX rühmt: Der Theorie von MARX, sagt er, wird das Verdienst bleiben, die Aufmerksamkeit auf die wirtschaftlichen Gründe auch der geistigen Produktion gelenkt zu haben. Aber es war, setzt er hinzu, eine Einseitigkeit, zu behaupten, dafs sie

---

[1]) LAZARUS, Ein psychologischer Blick in unsere Zeit. 1872. S. 23 ff.

die einzigen Gründe seien.¹) Sonst sind ja wirtschaftliche Betrachtungen unsern Geschichtsschreibern durchaus nicht fremd.

Es möge z. B. aus dem den Geschichtsmaterialisten besonders verhafsten TREITSCHKE ein Beispiel angeführt werden, das gewifs ganz im Sinne der Geschichtsmaterialisten und zugleich in den Thatsachen gegründet ist.

Seit 1814 hatte England auf allen Kongressen die Abschaffung des Negerhandels betrieben, bei Wilberforce und seinen Gesinnungsgenossen gewifs aus den edelsten Absichten entsprungen, aber, bemerkt TREITSCHKE III, 278: Die böse Welt konnte sich der Frage nicht erwehren, warum wohl die sonst so wenig weichmütigen Kaufleute von London und Liverpool sich gerade der Neger so zärtlich annähmen? Die Antwort gaben die Handelslisten. Von der gesamten Kaffeeeinfuhr jener Zeit (1822) kam kaum der 20. Teil aus den englischen Kolonieen, von der Zuckereinfuhr etwa ein Viertel. Das ungeheuere britische Kolonialreich besafs nur wenige für Negerarbeit geeignete Pflanzungen, und diese waren längst mit Schwarzen überfüllt; die Abschaffung des Sklavenhandels konnte hier wenig Schaden stiften, während sie in den Kolonieen der anderen Seemächte schwere wirtschaftliche Erschütterungen hervorrufen mufsten. So verbarg sich denn hinter den schönen Reden christlicher Nächstenliebe die minder christliche Absicht, Englands Mitbewerber gründlich zu schädigen.«

Jedenfalls ist die Art der Betrachtung des sozialen Materialismus eine sehr einseitige. Will man viel zugeben, so hat er nur die theoretische Seite des sozialen Lebens im Auge, aber nicht die praktische, oder auch beides, aber beides verworren.

HERBART hat längst gezeigt, dafs die Gesellschaft insonderheit der Staat eine doppelte Betrachtungsweise erfordert, eine theoretische und eine praktische.

Die beiden Ansichten vom Staat, die reale und die ideale.

In ihrer Bekämpfung des sozialen Materialismus führen STAMMLER und O. LORENZ den Gegensatz zwischen Idealismus und Realismus der Auffassung der Geschichte und des Staats in einem Gespräch vor, das ein Bürger als Vertreter des Idealismus und ein sozialer Materialist mit einander halten. Das Ende des Gesprächs ist, dafs sie sich nicht mehr verstehen, weil jeder nur aus seinem Geschichts- oder Staatsbegriff heraus spricht und diesen ohne weiteres auch bei seinem Gegner voraussetzt.

---

¹) Über den Begriff des Geschichtsmaterialismus. Rom 1897.

Der Idealist denkt an einen Staat wie er sein soll, wenn er nach den Ideen des Guten und Gerechten eingerichtet wird. Der Materialist denkt an den Staat, wie er ist nach seinen natürlichen Bedingungen und wie er sich darnach entwickeln mufs.

Der Fehler eines jeden der beiden Redenden liegt daran, dafs er seinen Begriff vom Staat für den vollständigen Begriff ansieht. Man darf sagen: jeder hat recht, aber jeder betrachtet nur die eine Seite des Staates. Soll der Begriff des Staates richtig erfafst werden, so müssen beide Seiten zunächst gesondert ins Auge gefafst und alsdann erst miteinander verbunden werden. Darum hat HERBART von Anfang an gezeigt, dafs die Gesellschaft, insbesondere der Staat eine doppelte Betrachtungsweise erfordert, eine theoretische und eine praktische.[1]) Der Staat ist seiner Natur nach ein notwendiges, natürliches Erzeugnis, das nicht auf einen freien Vertrag oder auf ideale Zwecke gegründet ist, sondern sich beim dauernden Zusammenleben der Menschen erzeugen mufs.

Der Staat ist streng genommen nicht Eine Gesellschaft, sondern ein System von Gesellschaften. Innerhalb dieser kleinen Gesellungen und Familien hat und verfolgt jeder einzelne Mensch zunächst seine eignen Interessen und allenfalls die seiner Angehörigen; jeder will vor allen die Bedingungen seiner Existenz gesichert wissen, er verlangt freie Wahl und lohnenden Ertrag seiner Arbeit, Genufs des Lebens nach Neigung, Umgang, Erholung, Spielraum für seine Kräfte und Wünsche. Wenn die Befriedigung dieser vielgespaltenen Interessen und Bedürfnisse bei völliger Ungebundenheit des Einzelnen oder doch inner-

---

[1]) Ähnliche Betrachtungsweisen sehen den Staat einmal nach seiner Materie, dann nach seiner Form an im Sinne des Aristoteles, oder man unterscheidet ein reales, formales, ideales Moment (NAHLOWSKY) oder man spricht von Staatsphysiologie, Staatsrecht, Staatsmoral (C. FRANTZ) oder von Staatsnaturlehre, Staatsrecht und Politik (GEYER) etc. Oder J. v. MÜLLER: Wir lernen aus der Geschichte der Gesetze das allgemeine Naturrecht, also die ursprünglichen Bedürfnisse, also die Natur des Menschen; sie ist die Wissenschaft der Interessen der menschlichen Gesellschaft. Wo wir waren, zeigt uns die Geschichte, wo wir sind, zeigt die Statistik, die ideale Philosophie, wo wir sein sollen, die wahre Politik, wie weit wir gehen können.

Allen diesen Definitionen ist der Unterschied zwischen dem realen und dem idealen Begriff des Staates eigen. Wenn hingegen SOHM den Staat als heidnisch, das Gesetz als ungetauft bezeichnet, so hat er am Staate nur die eine Seite, die natürliche oder die Physiologie des Staates im Auge. Ähnlich bemerkt TREITSCHKE (Zehn Jahre deutscher Kämpfe 1879 S. 616) gegen SCHMOLLER: Sie (SCHMOLLER) stellen auch an die natürlichen Grundlagen der Gesellschaft die kecke Frage: was soll sein? Ich bescheide mich, von ihnen zu sagen: so ist es und es kann nicht anders sein.

halb der kleineren Gesellungen möglich wäre, würde gar keine Veranlassung zu einem Staate vorliegen d. h. zu einer Gesellschaft, die berufen wäre, jene kleineren Gesellungen zu schützen.

Aber das Bedürfnis der Sicherung und der Ordnung drängt die auf einem Boden lebenden kleinen Gesellungen zu einer Art von Staat, dessen Hauptmerkmal zunächst die schützende Macht ist. Sein Zweck ist zuvörderst kein anderer als die Zusammenordnung und Beschützung aller der Interessen der Gesellungen und damit der Einzelnen, die er umschliefst. Er ist das unwillkürliche Erzeugnis aus der Beziehung aller auf demselben Boden sich begegnenden und durchkreuzenden Interessen und Bestrebungen. Seine Einheit liegt in dem gemeinschaftlichen Bedürfnis, in seinen Interessen geschützt zu sein.

Zur Physiologie oder Naturlehre des Staates gehören also Betrachtungen über das natürliche Entstehen der Gesellschaft und des die einzelnen Gesellschaften umfassenden Staates aus Lust, Bedürfnis und Gewalt; die Fortdauer desselben durch Assimilation der Jungen an die Alten; die Befestigung und Ausbildung durch Grundbesitz, Handel, Kunst und Wissenschaft; die Umwandlung durch veränderte Verhältnisse, veränderte Verfassung und Verwaltung.

Die Kräfte, die in einem Staate thätig sind, sind psychische Kräfte, nämlich keine andern als die verschiedenen Bestrebungen oder Willen der Einzelnen. Diese Kräfte müssen teils sich verbindend, teils trennend, teils unterstützend, teils hemmend solche Formen und Verhältnisse in der natürlichen Ausgestaltung des öffentlichen Lebens hervorbringen, die analog sind denjenigen Formen und Verhältnissen, welche nach den Gesetzen eben dieser Kräfte unter den Vorstellungen im Bewufstsein eines und desselben Menschen entstehen. Die nächste Wirkung sind die abgestuften Grade des gesellschaftlichen Einflusses. Die stärkeren Kräfte d. h. hier die sich am meisten Geltung verschaffenden Willen oder Interessen gewinnen soviel an Macht und Einflufs, als die schwächern verlieren. Nachdem die schwächern unter die Schwelle des öffentlichen Bewufstseins gesunken sind d. h. ihren Einflufs auf die Bewegungen des öffentlichen Lebens verloren haben, werden sich die übergebliebenen stärkern ins Gleichgewicht untereinander setzen müssen. Auch hier wird Hemmung und nach der Hemmung Verbindung des nach der Hemmung übrig gebliebenen eintreten. So wird jeder Staat, ja jede Gesellschaft (man kann es zuweilen schon in einer gröfseren Schulklasse bemerken) die Gestalt einer nach oben zugespitzten Pyramide annehmen. HERBART pflegt die Dienenden, die Freien, die Angesehenen und die Herrschenden zu unterscheiden.

Fragt man hier, warum die einen dienen und die andern herrschen, so darf man zunächst noch nicht an moralische oder rechtliche Motive denken, sondern nur an die der Notwendigkeit. Es ist noch nicht die Frage nach dem Gehorsam, welchen die Bürger dem Machthaber leisten sollen, sondern nur nach dem, welchen sie ohne Rücksicht auf Pflicht, lediglich dem Zuge ihres eignen Interesses überlassen, ihm zu leisten bereit und willig sein werden. Alle Einschränkungen läfst man sich nur gefallen, weil und soweit man seinen eignen Vorteil dabei findet oder hofft. Selbst das Recht erscheint hier nicht als Zweck, sondern nur als Mittel, das friedliche d. h. hier das egoistische möglichst wenig gestörte Zusammenleben zu ermöglichen. Die Zweckmäfsigkeit des Rechts beurteilt hier jeder nach seinen eignen individuellen Zwecken und jeder wird gegen das Recht anstreben, soweit er sich dadurch beengt, gebunden, gedrückt fühlt.[1]

Aus derartigen Betrachtungen lassen sich nun die hauptsächlichsten Merkmale jedes Staates erklären. Aufser der schon erwähnten Ungleichheit der Bürger sei noch auf folgendes hingewiesen. Aus der Statik und Mechanik ergiebt sich, dafs wie jedes einzelne Bewufstsein so auch jedes Gemeinwesen nie etwas Fertiges, Feststehendes, Bleibendes sein könne, dafs es zwar beständig zum Gleichgewicht strebe, den Gleichgewichtspunkt oft beinahe aber nie völlig erreiche. Ebenso bekannt ist, dafs im Staate wie im menschlichen Einzelgeist die Masse der schwächern Kräfte dem Übergewicht einiger verhältnismäfsig stärker Hervorragenden weicht. Der Grund davon liegt in den Hemmungsverhältnissen. Sehr gewöhnlich ist bei jeder geschichtlichen Betrachtung die Rede von der Reaktion. Da ist die Romantik die Reaktion gegen die Aufklärung, die Alleinherrschaft die Reaktion gegen Demokratie, der Realismus die Reaktion gegen Idealismus etc. lehrt doch HEGEL, dafs alles auch sein Gegenteil an sich selbst haben und in dasselbe umschlagen müsse. Der wahre Grund liegt, wie HERBART zeigt, darin, dafs die Seelenzustände Kräfte sind und dafs

---

[1] So spricht ein Sophist bei PLATO: Was von demjenigen, das durch Gesetze als gerecht verordnet ist, das Zeugnis für sich hat, dafs es in der menschlichen Gesellschaft nützlich sei, das behauptet den Platz des Gerechten, es mag nun bei allen eben dasselbe geschehen oder nicht. Wenn etwas gesetzlich verordnet wird, sich aber für die gesellschaftliche Verbindung nicht zuträglich zeigt, das hat auch die Natur des Gerechten gar nicht. Und bei EPIKUR (Diog. Laert. 151) heifst es: Im allgemeinen ist das Recht bei allen eben dasselbe, denn es ist das Nützliche in der Gemeinschaft miteinander, aber im einzelnen machen Gegend und andere Ursachen, dafs Recht nicht überall einerlei ist. Ungerechtigkeit ist an sich kein Übel, sondern nur die argwöhnische Furcht, dafs sie denen nicht verborgen bleiben könnte, die als ihre Bestrafer angeordnet sind.

je mehr die eine durch eine entgegengesetzte unter die Schwelle gedrückt ist, auch ihr Widerstand um so gröfser wird, der Erfolg hat, d. h. die unterdrückte Vorstellung kehrt ins Bewufstsein zurück, sobald und soweit die Hemmung weicht. Denn man vergesse nicht, dafs es wie im Individuum so in der Gesellschaft eine Enge des Bewufstseins giebt.

Anschauungen, Bestrebungen, Interessen und Bedürfnisse etc., die aus dem Zeitbewufstsein verschwunden sind, sind nicht verloren gegangen, sie beharren, sie können zuzeiten plötzlich mit ungeahnter Kraft auftreten.

Auf dem Beharren der geistigen und also auch der sozialen Kräfte beruht die Gewohnheit, die Sitte und zum grofsen Teil alle Autorität. Das Beharren des Gewohnten ist dem Staate so unentbehrlich, wie der Ballast dem Schiffe, welches ohne ihn nicht tief genug im Wasser gehen und deshalb allen Windstöfsen preisgegeben sein würde. »Dem Ehrgeiz der Neuerung setzt sich der Mut, das Hergebrachte zu behaupten, mit Naturnotwendigkeit entgegen.« (RANKE.) Sobald ein neuer politischer Gedanke sich im Völkerleben durchgesetzt hat, bewirkt die Kraft des Beharrens regelmäfsig einen Rückschlag der verletzten Interessen und Meinungen. (TREITSCHKE IV, 569.)

Wie sich ferner aus den sinnlichen Empfindungen als dem ersten bewufsten geistigen Material, aus deren Verbindung, Hemmung, Reproduktion etc. im Einzelmenschen allmählich unter normalen Verhältnissen die höheren Geistesstufen: das Ich, Selbstbeurteilung, Selbstbeherrschung, ein künstlerisches und sittliches Gewissen etc. bildet, vermöge deren wir alsdann den mechanischen Ablauf der Vorstellungen beherrschen und lenken, so auch im Staat. Auch das im Staat zirkulierende Leben kann sich (mufs nicht) allmählich von den gleichsam nur mechanisch in ihm wirkenden Kräften, soweit befreien, das Höhere als blofs partikuläre Nützlichkeits-Interessen kann wenigstens in einem Teile seiner Bürger nicht nur erwachen, sondern auch das Herrschende werden. Es soll zunächst noch gar nicht auf die moralischen Ideen hingewiesen werden, sondern nur auf das, was früher das Selbständigwerden der Mittel genannt wurde, also die uninteressierte Liebe zu Kunst und Wissenschaft. Wir müssen jetzt noch einmal darauf zurückkommen, um diejenigen Fälle zu erklären, in denen, wie gleichfalls früher angedeutet, das Sein nämlich die Wirtschaft nicht mit dem Bewufstsein übereinstimmt, wenn z. B. Staatenleiter oder Erfinder, wie man sagt, ihrer Zeit vorauseilen und keine Erfolge haben. Der Geschichtsmaterialismus müfste streng genommen die Möglichkeit leugnen, dafs jemandes Bewufstsein dem Sein der

Wirtschaft voraus ist, denn nach ihm ist das Bewußtsein in jedem
Falle lediglich Folge des wirtschaftlichen Seins. »Unser Denken ist
nur die Funktion des Milieus.«[1]) Nun aber heben sie alle gern Beispiele solchen Mißlingens hervor, um zu zeigen, daß wenn die Ideen
nicht zur Wirtschaft passen, sie auch nicht in die Wirklichkeit über-
geführt worden. P. BARTH hatte darauf hingewiesen, daß die Arbeiter-
schutzgesetzgebung infolge der kaiserlichen Botschaft Wilhelms I. den
Ideen des Rechts und der Fürsorge und nicht aus wirtschaftlichem
Zwang entsprungen seien. Darauf antwortet MEHRING (475): Was
von solchem Schutze bisher in Deutschland erreicht ist, das ist einzig
dem Kampfe der deutschen Arbeiterklasse zu danken. Die Kehrseite
der Medaille hat man an den kaiserlichen Februar-Erlassen 1890
studieren können. Sie allerdings gingen von gewissen Rechtsideen
und politischen Grundsätzen aus und eben darum stand die politische
Macht mit allen ihren Kräften hinter ihnen, und trotzdem ist ihre
Wirkung gleich Null gewesen, weil die ökonomischen Mächte ihnen
widerstrebten.«

Hier werden also doch Rechtsideen zugegeben, die über den
wirtschaftlichen Mächten stehen und nicht deren unmittelbare Produkte sind. Ebenso da, wo MEHRING das traurige Loos solcher
Erfinder schildert, deren Erfindung wider die Interessen und die
Vorurteile ihrer Zeitgenossen verstießen, wie der Erfindungen der
ersten mechanischen Webstühle, des Dampfbootes etc. Wie gesagt,
dergleichen ihrer Zeit vorauseilende Ideen dürfte es eigentlich nach
dem Geschichtsmaterialismus nicht geben. Sie verlieren indes sofort
das Auffällige, wenn man außer der individuellen Beanlagung das
hinzunimmt, was oben das Selbständigwerden der Mittel also z. B. der
Wissenschaften genannt wurde. Darnach versteht es sich von selbst,
daß die wissenschaftliche oder technische Einsicht in einem an-
schlägigen Kopfe oder auch einem ganzen Bildungskreise der Einsicht
und den Bedürfnissen ihrer Zeitgenossen weit vorauseilt. Dasselbe
gilt von der Moral. Daß die Zeitgenossen das ihnen Gebotene nicht
immer annehmen, es wohl gar heftig bekämpfen, findet seine Erklärung
in der Lehre von der Apperzeption.

Gesellschaftliche Apperzeption.

Unter Apperzeption versteht die Psychologie die Aneignung des
Neuen durch das Alte, das Bestimmtwerden einer Vorstellungsmasse

---

[1]) Lux: Etienne Cabet und der ikarische Communismus 1894. S. 149.

durch die andern, der schwächeren durch die stärkere. Ein 1½ jähriges Kind, das im Winter mit bunten Bällen gespielt hatte, rief beim Anblick der bunten Ostereier Ball, Ball und warf sie spielend fort. Hätte es zuerst die bunten Eier und dann den Ball gesehen, würde es den Ball Ei genannt und wohl versucht haben, ihn zu essen. Jedesmal apperzipiert hier die ältere als die stärkere Vorstellungsgruppe die jüngere. Dieses Apperzipieren, das Sich aneignen, sowie das Bestimmtwerden einer Vorstellungsmasse durch die andern besteht darin, dafs von der schwächeren Vorstellungsmasse diejenigen Glieder, welche den stärkeren gleich oder ähnlich sind, noch stärker hervortreten, weil sie sich mit ihnen verbinden; diejenigen dagegen, die mit der stärkeren Vorstellungsmasse nicht übereinstimmen, zurückgestofsen, mehr oder weniger stark gehemmt und dadurch mehr oder weniger unter die Schwelle des Bewufstseins gedrückt werden. So verlieren die schwächeren, fremdartigen Vorstellungen an Selbständigkeit, indem sie, soweit sie nicht ganz gehemmt sind, nach dem Muster der stärkern (meist ältern) umgewandelt, oder assimiliert werden. Eine solche Apperzeption übt der Mensch, indem er durch seine ältern Vorstellungen, Gedanken, Grundsätze etc. Neueres beachtet oder beiseite läfst, deutet, beurteilt, bevorzugt oder bekämpft. Verlieren nun dadurch auch viele einzelne Seelenakte an Selbständigkeit und Kraft, so gewinnt doch das Ganze des geistigen Lebens dadurch an innerem Halt, Zusammenhang und Charakter.

So giebt es nun auch eine gesellschaftliche Apperzeption. Die stärkeren meist älteren Vorstellungsmassen bilden das Zeitbewufstsein, den Zeitgeist. Es sind die Gedankenkreise der Mehrzahl oder doch der Ausschlag gebenden. Welcher Gedankenkreis oder welche Anschauungsweise oder welche Leidenschaften, Bedürfnisse, Liebhabereien und Interessen von der Mehrzahl gehegt werden, welche durch ihre weite Verzweigung und alte Gewohnheit innern Zusammenhang gewonnen haben, das sind die Herrschenden, diese bestimmen die andern nach sich. Sie bilden die gesellschaftliche Apperzeption. Ihr unterliegt alles, was in den Gesichtskreis der Gesellschaft tritt: jede neu auftauchende Idee, jedes Unternehmen. Frei und unangefochten mag sich dasjenige erheben, was mit den apperzipierenden Gedanken, Anschauungen, Gewohnheiten, Wünschen im Einklang steht. Schüchtern und bescheiden mufs dasjenige zurücktreten, was sich mit ihnen im Widerspruch befindet. Jenes bringt einen freien Geleitsbrief mit sich, der ihm alle Wege ebnet. Dieses wird entweder unbeachtet gelassen, oder, wenn es mit Anmafsung auftritt, gehafst und wenn möglich unterdrückt. So ist es die öffentliche Meinung, gleichviel wie sie entstanden ist, die über die individuellen Seelenzustände der ihnen anhängenden Menge einen bestimmenden Einfluß ausübt.[1])

Um die Gewalt der Apperzeption oder des Zeitgeistes oder Zeitbewußtseins zu verstehen, sei noch an die Enge des Bewußtseins erinnert. Bekanntlich kann bei jedem Menschen von den vielen Vorstellungen, die er in sich trägt und deren er sich nach und nach bewußt ist, nur ein verhältnismäßig sehr kleiner Teil zu gleicher Zeit im Bewußtsein als klare, lebendige Gedanken verweilen. Will der Mensch dennoch mehr Vorstellungen als gewöhnlich zugleich umfassen, so werden diese an Klarheit verlieren. Demgemäß giebt es auch eine Enge des gesellschaftlichen Bewußtseins. Die Funktionen der Gesellschaft verteilen sich zwar auf verschiedene Personen. Stände etc., die einen hegen die religiösen, die andern die militärischen, die andern die technischen Bestrebungen etc. Aber wohl jede Zeit hat auch Bestrebungen, die fast alle Glieder der Gesellschaft zugleich und gemeinsam beschäftigen. Man denke an die Kreuzzüge, die Reformation, die Befreiungskriege u. a. Hier macht sich die Enge des gesellschaftlichen Bewußtseins geltend. Durch die vorherrschenden Gedanken werden andere wenigstens zeitweise verdunkelt. Was bei dem Individuum Augenblicke sind, sind beim Volke Jahre und Jahrzehnte. So kann für längere Zeit manches neu Auftauchende keinen Eingang finden, was sonst sich Geltung verschafft hätte, wenn nämlich die verwandten Gedanken nicht durch den jetzt gerade herrschenden öffentlichen Geist unterdrückt wären. Ja, bemerkt TREITSCHKE IV, 498: Nichts ist sicherer, als die niederschlagende Wahrheit, daß die öffentliche Meinung ganzer Zeitalter sich im Irrtum bewegen kann.

Die Enge des Bewußtseins findet ihr Gegengewicht in der Beweglichkeit des Geistes. Durch diese werden z. B. einem gebildeten Menschen bei einer Überlegung, wenn ihm jetzt die Gründe dafür im Bewußtsein vorschweben, im nächsten Augenblick auch die Gegengründe im Bewußtsein erscheinen, und so wird eine Ausgleichung stattfinden. So wird auch ein Volk bei einiger Beweglichkeit des Geistes mehrere oder vielleicht alle Interessen auszugleichen suchen und zu verbinden wissen. Aber für gewöhnlich sind es doch nur wenig bewegende Gedanken, welche eine Zeit beherrschen und ihr ein bestimmtes Gepräge geben. Zumeist werden diese in gewissen materiellen Interessen und Bewegungen begründet sein.

Diesem Zeitgeist treten nun hier und da neue Anschauungen,

---

[1]) LINDNER, Ideen zur Psychologie der Gesellschaft. S. 146.

Ideen, Erfindungen gegenüber. Je nach ihrer Verwandtschaft zu dem öffentlichen Geiste werden sie Aufnahme oder Abweisung finden. So ist also die Verschiedenheit der Aufnahme oder Apperzeption dessen nicht wunderbar, was aus der Mitte der Gesellschaft als neu auftaucht, warum grofse Männer, grofse Erfindungen bald viel bald wenig oder nichts wirken, bald mit Freuden begrüfst bald bekämpft werden.[1])

Ebenso verhält es sich, wenn das Neue von aufsen etwa von einem andern Volke an eine gewisse Kulturstufe herantritt. Hier zeigt sich die Eigentümlichkeit eines Volks oder einer Zeit eben in der Art, wie das Fremde aufgenommen, angeeignet, umgeformt, gedeutet oder abgewiesen wird. »Läfst man z. B. wie es übrigens eine unleugbare Sache ist, die ägyptischen und semitischen Einflüsse auf die primitive hellenische Kultur zu, so wird es doch niemandem angemessen erscheinen, die assyrische Kunst als erstes Kapitel der griechischen Kunstgeschichte zu behandeln, weil in diesem Falle die Reaktion auf die von aufsen empfangenen Einflüsse etwas Spezifisches ist, was wir Hellenismus nennen. Giebt man ebenso, wie es über allen Zweifel erhaben ist, zu, dafs die hellenische Philosophie auf die Bildung des christlichen Lehrsystems der Patristik eingewirkt hat, so wird es doch niemanden geben, der diese als einen Spezialfall jener ansehen könnte; deshalb mufs der Erzeuger der christlichen Ideen hier in seiner Unabhängigkeit und in der Wirksamkeit seiner Eigenschaften betrachtet werden.«[2])

Wo LAMPRECHT (III, 194) erzählt, wie unter den Hohenstaufen die Rittersitten aus Frankreich nach Deutschland eindringen, da bemerkt er: Wie bei allen grofsen Receptionen wurde von Fremdem nur das aufgenommen, was sich bei ungestörtem weitern Verlaufe der heimi-

---

[1]) Umstände, die noch ein Geheimnis sind, bringen von Zeit zu Zeit grofse Denker hervor, welche ihr Leben einem einzigen Zwecke widmen und so im stande sind, den Fortschritt des Menschengeschlechts vorweg zu nehmen und etwas hervorzubringen, was schliefslich eine bedeutende Wirkung ausübt. Wenn wir aber in die Geschichte blicken, werden wir deutlich wahrnehmen, wenn auch der Ursprung einer neuen Meinung einem Einzelnen zukommen mag, dafs ihr Erfolg doch von dem Zustande des Volks abhängt, unter dem sie verbreitet wird.« BUCKLE a. a. O. 221: »Dieselben Männer, die einst ausgezeichnete Heilige geworden wären, sind jetzt berühmte Revolutionäre, denn während ihr Heldenmut und ihre Uneigennützigkeit ihr eigenes Werk sind, wird dessen Richtung von dem Drange ihres Zeitalters bestimmt.« LECKY a. a. O. II. 178.) Ausführlich handelt darüber P. BARTH, indem er die Meinung von BOURDEAU, ODIN, TARDE u. a. bespricht, dafs der grofse Mann ganz und gar Produkt seiner Umgebung sei. (Gesch. d. Philos. als Soziologie S. 201 ff.

[2]) LABRIOLA, Die Probleme der Philosophie der Geschichte S. 36.

schen Entwicklung wohl in gleicher oder ähnlicher Form aus eignen Mitteln würde entfaltet haben.« Dies geht nun zwar zu weit, niemals würden die Römer ohne die griechischen Einflüsse aus sich selbst die Kultur erzeugt haben, deren Träger sie gewesen sind, niemals hätten die Germanen aus eignen Mitteln die christliche Kirche hervorgebracht. Aber was LAMBRECHT sagen will, ist wohl dies[1]): was in einem Volke nicht etwas Verwandtes antrifft, das wird überhaupt nicht angenommen. Alle Kultur, aller Fortschritt besteht in der Apperzipierung des Fremden. »Der Gang der Geschichten ist nicht Differenzierung des Homogenen, sondern Assimilierung des Heterogenen«.[2]) Ist dann die völlige Aneignung des Neuen geschehen, so ist man sich der gewonnenen Bereicherung kaum bewufst, weil nur das angenommen ist, was Verwandtes in uns fand oder weckte. Deswegen besteht in solchen Fällen auch nur höchst selten eine Dankbarkeit gegen die, welche uns das Neue zugebracht haben. Vielmehr bemerkt TREITSCHKE (III, 408): immer ist es das tragische Los neuer politischer Ideen, dafs sie zuerst von der gedankenlosen Welt bekämpft und dann, sobald der Erfolg sie rechtfertigt, als selbstverständlich mifsachtet werden.«

Bei dem Vorgang der Apperzeption, sehen wir, geht manches wenigstens scheinbar verloren, nämlich das, was zunächst nicht angeeignet wird, sondern als gehemmt unter die Schwelle des öffentlichen Bewufstseins fällt. Aber das zeitweilig Unterdrückte ist nicht gänzlich verloren. »Wie die Psychologie die sinkenden und schon gesunkenen Vorstellungen samt deren Verbindungen im Auge behält, um nicht über das erneute Emporsteigen derselben sich wundern zu müssen; so soll auch die Philosophie der Geschichte den herabgedrückten Kräften, und den hierin verborgenen Keimen des Bessern und Schlechtern nachspüren, damit klar werde, unter welchen Bedingungen das Gute emporkommen und das Schlechte überwunden werden konnte. Denn darüber verlangt jedes Zeitalter Belehrung, damit es wisse, was es zu thun und zu vermeiden habe.[3])

[1]) Eine ähnliche Bemerkung bei dem Verfasser der platonischen Epinomis 987. D). Man nimmt wohl manches von den Barbaren an, aber doch nur solches, was wir als Griechen uns aneignen können und auch nur das, was wir weiter zum Bessern fortentwickeln.

[2]) GUMPLOWICZ, Der Rassenkampf 184. Dieses oben angeführte Wort zerstört sofort allen Monismus. Nicht ein homogenes Eines kann sich aus sich selbst entwickeln, sondern jedes Geschehen, jede Entwicklung setzt eine Mehrheit von heterogenen Elementen voraus, die in Wechselwirkung mit einander stehen und sich zu assimilieren suchen.

[3]) HERBART, Lehrbuch d. Psych. § 213.

Hier ist von Keimen die Rede. Was versteht man unter einem Keim? Einen Komplex von Spannkräften, die sich zunächst im Gleichgewicht befinden. Wird dieses Gleichgewicht in gewisser Weise gestört, so werden die Kräfte in der Weise aktuell, dafs eine bestimmte Evolution erfolgt. So wird man auch im geistigen Leben des Individuums diejenigen Gedanken Keime nennen können, die zwar jetzt unterdrückt sind, bei günstiger Gelegenheit aber reproduziert werden und dann als apperzeptive Gedanken andere sich aneignen oder umformen oder abstofsen können. Aufserdem verändert fast jede Assimilation auch zugleich das Assimilierende und giebt dadurch künftigen Assimilationen eine neue Richtung. Im gesellschaftlichen Leben wird man diejenigen Anschauungen, Sitten, Interessen, Kenntnisse etc. Keime nennen können, die unterhalb der Schwelle des öffentlichen Bewufstseins sich befinden, also nur von wenigen oder doch von jetzt wenig einflufsreichen Personen gehegt werden. Allein diese unterdrückten Gedanken und Interessen sind Kräfte, die umsomehr emporstreben, je tiefer sie gedrückt sind, und das Streben in den freien Zustand zu gelangen hat Erfolg, sobald und soweit der Druck gehoben wird. Es giebt, sagt RANKE, einen Ehrgeiz der Macht, der auf der Vergangenheit eines Staates beruht und die Vertreter desselben unwillkürlich beherrscht; er ist eins der kräftigsten Motive der Weltbewegung.[1])

Jetzt wird man verstehen, was Schiller am Ende des zweiten Bandes seiner Geschichte der römischen Kaiserzeit (1887) sagt: So geht auf allen Gebieten des Lebens das römische Wesen in Trümmer; aber das Gute, was an demselben sich findet, wird nicht verloren. So versunken die Epoche ist, so hoch bedeutsam ist sie. Alte Keime werden in einen neuen Boden gesenkt und harren ihrer Auferstehung. Bei manchen bedarf es einer Reihe von Jahrhunderten, ehe sie zu neuem Leben erweckt werden. Aber wie die Weizenkörner aus den ägyptischen Gräbern noch nach Jahrtausenden Früchte bringen, so werden immer mehr von diesen Keimen durch günstige Zeitverhältnisse belebt, und wahre Humanität verbindet sich mit den Wahrheiten des Christentums zu einem Kulturideale, um dessen volle Erreichung sich noch künftige Zeiten zu bemühen haben.«

Schiller hat in den angeführten Worten mehr das Wiederauftauchen vergessener Gedanken, Sitten, Kenntnisse, Bestrebungen im Auge. — Aber man übersehe nicht, dafs hierin zugleich die Keime zu neuen, das Alte umgestaltenden Handlungen liegen. »Es können

---

[1]) Geschichte Wallensteins 1872, S. 244.

in der Seele die schwächern Vorstellungen, wenn sie gleich für jetzt völlig dienend und unterwürfig darnieder liegen, und für sich gar nichts zu vermögen scheinen, doch gar leicht in einem sehr bedeutenden Grade verstärkt werden, durch neue Wahrnehmungen oder durch neue Verbindungen; und genau ebenso werden auch im Staate die anfangs wenig thätigen, die ruhig unterwürfigen Menschen zuweilen durch neue Erfahrungen geweckt und erhitzt; sie werden alsdann vollends stark und einflufsreich, indem sie sich versammeln und ratschlagen, indem sie Parteien bilden, etwas Gemeinschaftliches unternehmen und nach kleineren Erfolgen zu gröfseren Dingen aufstreben. Wenn so etwas begegnet, alsdann nimmt plötzlich das Staatsschiff eine andere Richtung; gerade so wie das Denken und Handeln der Menschen, wenn eine Kombination, eine neue Erfindung gelungen ist, oder wenn auch nur eine neue Meinung sich über die anderen Meinungen erhoben, wenn ein neues Vorurteil den Standpunkt verrückt hat, aus welchem man die Dinge sehen — das heifst eigentlich, seine Vorstellungen von den Dingen zu verknüpfen gewohnt war.... Überall bilden Arbeiter den gröfsten Teil der Volkszahl, Leute, die einem Privatwillen sich unterordnen. Welche Revolution würde entstehen, wenn diese die Herren werden sollten!«[1])

Plötzlich und rasch treten zuweilen zu dem System der im öffentlichen Leben vorhandene Kräfte neue, entgegengesetzte hinzu, sie stören nicht allein das vorhandene Gleichgewicht, sie vermögen unter Umständen auch die anderen Kräfte niederzudrücken; dann werden diese um so stärker reagieren und trotz des Scheins einer augenblicklichen Nachgiebigkeit den Punkt ihres Gleichgewichts gewaltsam wieder zu erreichen streben; auf heftige Umwälzungen folgen um so heftigere Reaktionen und Restaurationen. In jeder politischen Gesellschaft findet sich ein Unterschied zwischen den scheinbaren und den wahren Kräften. Die daraus entstehenden Spannungen, die sich unter der Oberfläche der Gesellschaft verbergen, zu vermeiden, ist die erste Bedingung, die erfüllt sein mufs, um die Ruhe des Staates zu sichern; denn Kräfte, welche man wider die Gesetze ihres Gleichgewichts niederzuhalten sucht, machen sich zuletzt notwendig auf irgend eine Art Luft, worüber gewöhnlich nur die staunen, die nicht daran glauben wollen, dafs in den tieferliegenden Schichten der Gesellschaft vieles fortarbeitet, was in den Regionen des unmittelbaren gesellschaftlichen Einflusses gerade jetzt nicht bemerkbar ist.[2])

[1]) Herbart Bd. IX. 209 und 423.
[2]) Hartenstein, Grundbegriffe der ethischen Wissenschaften 118 f.

Als ein Beispiel dürfte folgendes gelten:

Am Ende seiner Geschichte Wallensteins stellt Ranke Wallenstein u. a. mit Napoleon und Cromwell zusammen und fragt: warum gelang den letztern, was Wallenstein nicht gelang? Die Antwort lautet: Wallenstein (wie auch Biron und Essex) hatte mit geborenen Fürsten zu kämpfen, deren Autorität seit Jahrhunderten fest begründet und mit allen andern nationalen Institutionen verbunden war. Er erlag ihnen. Cromwell und Napoleon dagegen fanden die legitime Autorität, als sie es unternahmen, sich unabhängig zu machen, bereits gestürzt. Sie hatten mit republikanischen Gewalten zu kämpfen, welche noch keine Wurzeln geschlagen hatten und nur eine bürgerliche Macht besaßen, die dann dem Führer der Truppen gegenüber, sobald sie sich entzweiten, keinen Widerstand leisten konnten.«

Der Dichter Schiller schildert in der Geschichte des dreißigjährigen Krieges die Kräfte, welche Wallenstein entgegenstanden und die er unterschätzte, weil er nur bemerkte, was er sah, mit folgenden Worten: Wallenstein unternahm nichts Geringeres als eine rechtmäßige, durch lange Verjährung befestigte, durch Religion und Gesetze geheiligte Gewalt in ihren Wurzeln zu erschüttern; alle jene Bezauberungen der Einbildungskraft und der Sinne, die furchtbaren Wachen eines rechtmäßigen Thrones zu zerstören; alle jene unvertilgbaren Gefühle der Pflicht, die in der Brust des Unterthans für den geborenen Beherrscher so laut und so mächtig sprechen, mit gewaltiger Hand zu vertilgen, die Macht, die ruhig, sicher thronet in verjährt geheiligtem Besitz und an der Völker frommen Kinderglauben mit tausend zähen Wurzeln sich befestigt.

Es hängt nun ganz davon ab, welche alten apperzipierenden Gedankenmassen durch neu eintretende Anschauungen und Bedürfnisse wachgerufen werden, ob die letztere überhaupt eine nachhaltigere Veränderung des sozialen Bewußtseins bewirken und, wenn dies der Fall ist, ob die Wirkung eine Renaissance oder eine Reformation oder eine Revolution oder eine Reaktion und Restauration zur Folge hat.

Endlich ist nicht zu vergessen, daß die Apperzeption in jedem Menschen eine sehr verschiedene und auch wechselnde ist, er apperzipiert anders als Knabe, als Jüngling, als Mann der Wissenschaft, im Amt, in der Kirche, beim Vergnügen etc. Erst allmählich bringt der Charaktervolle mehr und mehr Einheit in die Art, wie er Fremdes ansieht, beurteilt, deutet, sich aneignet etc. Noch ungleich mannigfaltiger ist die gesellschaftliche Apperzeption. Zwar pflegt man auch jede Zeit im ganzen durch gewisse Schlagwörter zu charakterisieren, etwa wenn man sagt: unsere Zeit stehe im Zeichen des Verkehrs oder der Fortbildung. Allein jeder weifs, wie einseitig solche Charakterisierungen ganzer Zeiten sind! HEGEL freilich gefiel sich in solchen Schlagwörtern für politische, religiöse, künstlerische, philosophische Richtungen. Darnach scheint dann in einer Zeit mehr Einheit oder doch Gleichförmigkeit zu herrschen, als es in Wirklichkeit der Fall ist. Mag auch jede Zeit ihre sie beherrschenden Lieblingsmeinungen, Neigungen, Aufgaben etc. haben, mögen noch so geistreiche Versuche gemacht sein, die Politik, Wissenschaft, Wirtschaft, Kunst etc. einer Zeit als Produkte Eines Zeitgeistes anzusehen und überall dasselbe Gepräge zu finden: in Wahrheit ist die Verschiedenheit ja Zerrissenheit und der Wechsel der Anschauungen und Leidenschaften jeder Zeit gröfser als es scheint. Und schon darum können Wirtschaft und Idee nie in dem einfachen Verhältnis des Unter- und Oberbaues zu einander stehen. Über die Art, in welchem Verhältnis z. B. die Mode zum Zeitgeist steht, möge etwas mitgeteilt werden aus einer Abhandlung: Psychologie der Mode.[1]) Der Verfasser stellt die Frage: ob sich nicht in den wechselnden Moden der verschiedenen Zeiten auch der allgemeine Geist dieser Zeiten spiegele. »Man ist wohl sehr geneigt«, antwortet er darauf, »das von vornherein anzunehmen, und es läfst sich auch unschwer manches zum Beleg anführen. Die zierliche und gespreizte Tracht des vorigen Jahrhunderts, die so vollständig zu den zierlich gekünstelten Rokoko-Möbeln pafst, die mit Puder, Schminke, Zopf und Reifrock von dem Natürlichen so weit sich hinwegverloren hat, mufste sie nicht gewissermafsen so sein in dieser Zeit? Die zugleich üppig prachtvolle und ritterlich dreiste Tracht des 17. Jahrhunderts, drückt sie nicht aus, was in diesem Jahrhundert der Roheit und des Prunkes, der Kriege und der Zeremonien lebte? Sind nicht die bunten Farben mittelalterlicher Kleidung ein Zeichen der jugendlichen Natur jener farbenfreudigen Menschen? Ist nicht der blaue Frack mit der mattgelben Weste, sind nicht die matten Farben, das Rosa und Himmelblau unserer Grofsmütter (für die meisten wird's nun wohl schon heifsen müssen: Urgrofsmütter) eben ein Stück von dem Geist und Wesen dieser empfindsamen Zeit? Ist nicht der männliche Vollbart wiederholt in Zeiten aufgetaucht, wo man über grofsen Ereignissen und Empfindungen die willkürliche Unnatur verachtete? Das alles wird sich ungefähr so sagen und einigermafsen vertreten lassen. Aber von irgend etwas wie einer naturwissenschaftlichen Bestimmtheit sind wir dabei doch

---

[1]) Mésen in den Preufsischen Jahrbüchern 1897.

weit entfernt. Es spielt so vieles ineinander und durcheinander, und der Zufall hat wohl immer reichlichen Anteil daran. Eigentlich scheint mir die Kleidermode im allgemeinen etwas hinter dem veränderten Zeitgeist herzuhinken, wie auch gar kein Wunder, denn die Wandlungen beginnen ja eben im Innern und werden erst allmählich nach aufsen durchdringen, obwohl einmal eine Revolution alles mit einem Male umzuwerfen vermag. Aber den Zopf trug KLOPSTOCK, der doch dem Reiche der zierlichen Formpoesie durch die vollen und innerlichen Ströme echter Dichtung ein Ende machte. Zopf und Puder trug der natürlichste und innerlichste Vollmensch GOETHE; den Zopf der so hoch über allem Engen und Trivialen schwebende SCHILLER, THEODOR KÖRNER, den wir uns stets im schlichten Kriegsrock und Wachstuchtschako von 1813 vorstellen, hat vor seinem Eintritt ins Heer im unförmlichen, quergesetzten Stülphut und der sonstigen närrischen Salontracht der Empire-Zeit Visiten geschnitten. Im kummetartigen Halskragen und bis an das Kinn festumwickelt gingen die Romantiker einher, die von freiem Rittertum und vielen schönen und ganz und gar nicht philiströsen Dingen träumten. Die Generale Friedrichs des Grofsen haben ihr Heldentum bewiesen, meist wie der König selbst, ohne eine Spur von Bart im Gesicht zu tragen, und Napoleons Marschälle ebenso wie der Kaiser desgleichen etc.

Was hier über gesellschaftliche Apperzeption gesagt ist, hatte den Zweck, die Gründe anzudeuten, warum gar häufig gewisse Erfindungen Ereignisse, Stimmungen, Richtungen, Ideen nicht zu ihrer Zeit passen. Während bei der Annahme, dafs die Ideen das blofse Produkt der jeweiligen Wirtschaft sind, derartige Widersprüche gar nicht vorkommen könnten.

Wir verweilen immer noch bei der rein theoretischen Ansicht vom Staate, die ihn lediglich als Naturprodukt ansieht und nur Interessen als die sozialen Kräfte kennt, hingegen von Ideen im Sinne von uneigennützigen, moralischen Triebfedern ganz absieht. Diese Ansicht halten die Geschichtsmaterialisten für den ganzen Begriff vom Staate. Sie stehen darin nicht allein.

In der Zeit, da man das Recht ganz von der Moral schied und dem Staat nur das Gebiet des Rechts zuteilte, mufsten Versuche entstehen, den Staat allein auf das Recht zu gründen, dieses aber verstanden als ein von aller Moral losgelöster, auf Natur gegründeter Zustand. Es waren Lieblingsgedanken auch KANTS und FICHTES eine so künstliche Form des Staates zu finden, dafs selbst, wo alle Moralität fehle, dennoch durch Aufhebung der streitenden Interessen mitten aus den Gesinnungen des Eigennutzes eine Gesamtwirkung hervorgehe ähnlich der eines Staates, in welchem Pflicht, Vertrauen, freiwilliger Gehorsam herrschen und das Ganze beleben.

Diese Versuche sind nicht gelungen und werden nicht gelingen. Sie werden freilich immer von neuem unternommen, und ein Grundgedanke der sozialen Materialisten ist es ja, alles persönliche Vertrauen und auf Pflicht beruhende Handeln zu ersetzen durch Zwangspflichten, die ein jeder ausüben werde aus Furcht und Hoffnung, also lediglich aus Egoismus, und die Ausübung dieser Pflichten und Einschränkungen würden durch lange Übung dem natürlichen Menschen so zur andern Natur werden, dafs er geradezu an ihnen altruistische Lust empfinde. Nun freilich verschliefst man sich nicht der Schwierigkeit oder Unmöglichkeit, die hier vorliegt und schiebt da, wo der Egoismus die für das Glück anderer notwendige Selbstbeschränkung versagt, oft wider Willen höhere Gesichtspunkte ein; so H. SPENCER das Moralgefühl, das Mitleid, die helfende Barmherzigkeit gegenüber den Schwachen.[1]) Sofort aber wird dann wieder versichert, dafs Moral, Mitleid etc. nur ein wohl verstandener Egoismus sei, etwa wie dies oben IHERING that.

Indes ist oft geschildert, was herauskommen würde, wenn die Gesellschaft nur durch Egoismus würde zusammengehalten werden. Darum hebt es auch ENGELS rühmend von FOURIER hervor, wenn er der Civilisation nachweist, dafs die civilisierte Ordnung jedes Laster, welches die Barbarei auf eine einfache Weise ausübt, zu einer zusammengesetzten, doppelsinnigen, zweideutigen heuchlerischen Daseinsweise erhebt, dafs die Civilisation sich in einem fehlerhaften Kreislaufe bewegt, in Widersprüchen, die sie stets neu erzeugt, ohne sie überwinden zu können, so dafs sie stets das Gegenteil erreicht von dem, was sie erreichen will oder erlangen zu können vorgiebt. So dafs z. B. in der Civilisation die Armut aus dem Überflufs selbst entspringt.«

Auch Herbart nennt es einen Widerspruch den Staat zu definieren als Gesellschaft geschützt durch Macht, weil im Begriff der Macht nicht liegt, ob sie schützt oder zerstört. Aus diesem Widerspruche komme man nicht dadurch heraus, dafs eine neue Macht gegründet werde zum Schutze gegen die erste, denn die zweite mache eine dritte und diese eine vierte etc. nötig. Vielmehr komme man aus dem Widerspruch, der im logischen Begriffe des Staates liege, nur dann heraus, wenn mit dem theoretischen Begriffe des Staates

---

[1]) Bösen, Die entwicklungstheoretische Idee sozialer Gerechtigkeit. 1896, S. 135, 170.

noch der praktische verbunden werde, der untersucht, was der Staat sein soll.

Wenn von einem Soll die Rede ist, nach dem die Wirklichkeit sich richtet, mufs zunächst erörtert werden, ob es möglich ist den Staat nach gewissen Zwecken zu lenken. Da bisher so stark betont wurde, dafs der Staat ein notwendig sich erzeugendes Naturprodukt ist, so könnte es scheinen, als müsse aller Einflufs menschlichen Wollens davon ausgeschlossen sein. Indessen sind ja die Naturkräfte, die den Staat bilden und zusammenhalten, nämlich die in der Natur der äufsern Verhältnisse und in der Natur der Menschen begründeten Bedürfnisse mehr oder weniger im Begriff, Willen nämlich festes, absichtliches Wollen zu werden. So wenig nun auch das, was sich absichtlich erreichen läfst, die Grenzen des naturgemäfs Möglichen überschreiten kann, so bezeichnet doch gerade dieser Fortschritt von dem anfänglich blofsen Geschehenlassen zu dem Streben, dem Staate eine bestimmte innere Struktur zu geben, den Punkt, wo der Staat beginnt, sich aus einem Naturprodukt in ein Produkt der Absicht und der Kunst zu verwandeln; nicht als ob dadurch die Naturgesetze des psychologischen Geschehens, denen seine Entstehung, Bildung und Entwicklung unterliegt, aufgehoben würden, sondern in dem Sinne, dafs die Wirksamkeit jener Gesetze für bestimmte Zwecke absichtlich benutzt und dadurch ein Erfolg erzielt wird, der ohne absichtliche Anordnung nicht eingetreten sein würde. So unterbrechen schon die positiven Staatsgesetze, indem sie den natürlichen Neigungen der Menschen einen Zügel anlegen, die Kontinuität, womit der Naturmechanismus, sich selbst überlassen, fortwirken würde.

Dieses Eingreifen der Absicht in die natürlichen Verhältnisse des staatlichen Lebens ist eine Thatsache, die keinem Staate fehlt. Schon die Sorge jeden Bürgers für sich und die Seinen, die Not auf der einen Seite, die Herrschsucht auf der andern führen notwendig aus der dumpfen Gewohnheit des Duldens und Geniefsens, des Gehorchens und Befehlens, des Dienens und Herrschens zu einer bewufsten Überlegung über die Gründe und die Folgen und die Gegenmittel solcher Verhältnisse. Möge man also immerhin den Staat selbst nicht machen können; im Staate ist zu allen Zeiten sehr vieles Wichtiges und Unwichtiges, Heilsames und Verderbliches, Kluges und Verkehrtes gemacht worden und zwar von den Willen der Einflufsreichen.[1]

So bemerkt GIERKE: »Mit der Hohenstaufenzeit zuerst trat, wie

---

[1] HARTENSTEIN a. a. O. S. 425.

in allen Gebieten, so im Rechts- und Verfassungsleben das deutsche Volksbewufstsein in die Phase des abstrakten Denkens, der Reflexion über sich selbst und der systematischen Ordnung. Und da zuerst beginnt unser Volk die Verhältnisse mit Bewufstsein nach der Idee zu modeln. Wo bis dahin Naturkräfte zu walten schienen, tritt jetzt der Mensch nach verständiger und berechneter Überlegung schöpferisch auf, berät und beschliefst, ändert und bessert. Und es beginnt der grofse Prozefs, der die Allgemeinheit von ihren individuellen Trägern entbindet und das Individuum von den Banden der Gesamtheit befreit.«[1]

Nun ist oben schon angedeutet, dafs im längern Zusammenleben der Menschen sich Bedürfnisse geltend machen, die über die Sorge für die Erhaltung des Lebens hinausgehen, sogenannte höhere Bedürfnisse der Kunst, der Wissenschaft und des sittlich Wohlgefälligen also die Ideen, die uninteressierten Bestrebungen. Sind diese erst einigermafsen anerkannt, so entsteht auch der Wunsch, die Gesellschaft oder den Staat so einzurichten, dafs er zunächst die Bethätigung der Ideen nicht geradezu unmöglich macht, dafs seine Einrichtungen den Ideen nicht geradezu Hohn sprechen. Je mehr in den Kreisen der Einflufsreichen, der Mächtigen das Bedürfnis gefühlt wird, um so mehr wird auch versucht werden, den Staat nach Ideen zu bilden und umzugestalten. Die Ideen sind zwar nicht anfangs die gesellenden Mächte, sondern die Interessen. Allein auf die Dauer lassen sich die Ideen oder die höheren Bedürfnisse nicht zurückdrängen, sondern fordern, dafs ihnen Genüge geschehe. Denn sind auch die Staaten wohl ausnahmslos durch Macht allein gegründet, so können sie doch nur durch Recht erhalten werden. Ein Staat, allein auf die Interessen oder Macht gegründet, würde nie ein status, etwas relativ Festes, Ruhiges, Dauerndes werden, wenn nicht noch andere Kräfte hinzukämen, welche die Interessen zähmen und lenken — die Ideen. Die Ideen treten als Aufgaben für die Staatslenker auf: wie ist es möglich, ohne die Sicherheit und das feste Gefüge zu verletzen, nach der Idee des Rechts den Streit zu schlichten, ihn schon im Keim zu ersticken und ihm so vorzubeugen; nach der Idee der Billigkeit jedem zu geben oder zu lassen, was ihm gebührt; nach der Idee des Wohlwollens, die berechtigten Wünsche und Bedürfnisse aller ohne Verletzen anderer zu befriedigen; nach der Idee der Vollkommenheit allen vorhandenen sich regenden Kräften des Wissens und Könnens Raum zu geben sich zu äufsern und zu bethätigen, ohne dafs eine durch die andere leidet, kurz so dafs die Ideen immer mehr selbst die den Staat erhaltenden

---

[1] Gierke, Deutsches Genossenschaftsrecht II, 11.

und bewegenden Kräfte werden, und das Ganze sich einer von den sittlichen Ideen beseelten Gesellschaft nähert.[1]

Das ist die andere, die praktische, die sittliche Seite des Staates, der Staat als Ideal gedacht als das, was er sein soll.

Beide Seiten müssen bei der Untersuchung zunächst auseinander gehalten werden, aber keine darf über der andern vergessen oder gering geschätzt werden. Die Materialisten haben oft nur die theoretische, die den Staat als Naturprodukt ansieht, im Auge. Die Idealisten kennen oft nur die praktische, was der Staat sein oder werden soll. Jede dieser Seiten muſs für sich betrachtet, aber dann müssen sie verbunden werden zu der dritten Aufgabe, die eigentlich die wichtigste ist, nämlich wie kann der Staat sich dem Ideal nähern? Das ist die Aufgabe der Politik. Sie muſs einmal vertraut sein mit den Idealen als dem Ziel des Staates, aber ebenso genau muſs sie die Mittel dazu nämlich die theoretische Natur des Staates kennen. Die Politik gleicht hierin bekanntlich der Pädagogik, für welche die Ethik wohl das Ziel der Erziehung feststellt, die Bedingungen aber, die Mittel, wie man sich dem Ziele nähert, giebt die Kenntnis der Natur des Zöglings an, die Psychologie. So erforscht die allgemeine theoretische Untersuchung der Gesellschaft also auch des Staates die Naturgesetze, nach denen streitende geistige Kräfte sich allmählich ins Gleichgewicht setzen. Hier werden zugleich die Mittel erkannt, wie man Zwecke überhaupt, also auch sittliche Zwecke in dem Staate erreichen, wie man ihren Hindernissen begegnen kann, und welche Schranken unvermeidlich sind. Dabei hat man sich aber vor der Meinung zu hüten, als genügte zur Politik die Kenntnis dessen, was der Staat ist und was er sein soll. Das ist so wenig der Fall, als es für den Pädagogen schon hinreicht, einmal Moral zu kennen, welche das Ziel für die Erziehung aufstellt und sodann Psychologie, die die Mittel dazu an die Hand giebt. Vielmehr ist die Pädagogik noch eine besondere Kunst, das aufgestellte Ziel durch die zu Gebote stehenden Mittel annähernd zu erreichen.

So muſs auch die Politik mit beiden Ansichten vom Staat, der theoretischen und der praktischen vertraut sein. Allein das genügt noch nicht zum Handeln. Die Politik ist eine Kunst und zwar, wie Bismarck sagt, die Kunst des Möglichen. Alle Politik ist Kunst, Ausführung, Einbilden der Idee in den spröden Stoff. So gewiſs Raffael die Schule von Athen geschaffen hat und nicht Papst Julius oder jene römischen Gelehrten, die dem Künstler vielleicht die Idee

---

[1] ARISTOTELES sagt: Der Staat entsteht τοῦ ζῆνένεκα (um des Lebens willen) er besteht τοῦ εὖ ζῆνένεκα (um des vernünftigen Lebenswillens).

zu seinem Werke dargeboten haben, ebenso gewifs ist der Schöpfer einer grofsen politischen Reform nicht der Denker, der ihre Möglichkeit zuerst ahnte, sondern der Staatsmann, der dem neuen Gedanken die lebendige Gestalt zu geben, den Widerstand feindlicher Mächte zu besiegen wufste. In der Politik bedeutet die Ausführung sogar noch mehr als in der Kunst. Denn fast niemals sieht sich der Staatsmann in der Lage einen festen Plan unbeirrt zu verfolgen; jede Idee ist ihm nur ein Entwurf, den er immer bereit sein mufs mit einem andern zu vertauschen. Es ist der Ruhm des grofsen politischen Denkers, die Zeichen der Zeit als ein Seher zu deuten, die Geister vorzubereiten für die Erkenntnis des Notwendigen. Gelingt dies ihm, so dauert sein Name im Gedächtnis der Menschen.[1])

Dabei stellen sich überall unvermeidliche Schranken, unüberwindliche Schwierigkeiten wennschon nie völlig bestimmte Grenzen für die völlige Verwirklichung der sittlichen Ideen in den Weg.

Ohne Zweifel stellen sich viele Sozialisten es viel zu leicht vor, diese Schwierigkeiten bei der Besserung der Menschen und der menschlichen Verhältnisse zu überwinden. So kann z. B. PROUDHON die Menschen auf der einen Seite nicht schlecht genug schildern. Das Volk, sagt er, ist eine schreckliche Bestie, die man gar nicht als Menschen behandeln kann, sondern erst zur Menschheit bekehren mufs. Die Menschheit ist jene Elite, die das Ferment der Jahrhunderte bildete und den ganzen Teig aufgehen läfst. Ein Mensch auf 10000 Bestien: ist dies Verhältnis noch zu stark? Auf der andern Seite hält er deren moralische Besserung für bald bewirkt: Du Gott der Freiheit, sagt er, zeige dem Mächtigen, dem Reichen den Abscheu seines Raubes (nämlich des Eigentums), auf dafs er zuerst verlange zurück zu erstatten, und dafs die Schnelligkeit seiner Reue ihm allein vergebe — dann werden sich Grofse und Kleine, Weise und Thoren, Reiche und Arme zu einem Bruderbunde einigen.« Oder man denke an folgende Worte aus ZOLAS Roman Paris: Die Völker fordern, dafs man die Frage des Glückes auf die Erde versetze. Wodurch geschieht das? Nicht durch die Predigt und vereinzelte Thaten der Liebe und Barmherzigkeit, sondern durch die Forderung gerecht zu sein. »Gerechtigkeit« — und das erschreckende Elend wird verschwinden, ohne dafs man barmherzig zu sein braucht. Die bestehende

---

[1]) TREITSCHKE a. a. O. III, 774. Ähnlich spricht Moltke über Strategie. Die Strategie ist ein System der Auskünfte. Sie ist mehr als Wissenschaft, ist Übertragung des Wissens auf das praktische Leben, die Fortbildung des ursprünglich leitenden Gedankens entsprechend den stets sich ändernden Verhältnissen, ist die Kunst des Handelns unter dem Druck der schwierigsten Bedingungen.

Gesellschaft erscheint mit ihren Missethaten und Schmerzen, mit dem Reichtum und Laster oben und dem Elend und Verbrechen unten als der morsche faule Baum. Wenn die Gerechtigkeit ihn fällt, so wird unter ihren Axthieben eine neue Welt aufflammen, wo der freie Mensch in der freien Gesellschaft seine Kräfte und Anlagen, sich und der Gesamtheit zum Heil, harmonisch entfaltet. Dann wird die moderne Arbeit vom Fluch der Unsicherheit und Ungerechtigkeit befreit werden, und die Arbeiter werden ihren gesetzlichen Anteil an den Wirtschaftsgütern und Bildungsschätzen erhalten.[1]

Vielfach ist man immer noch in der Meinung der Aufklärungszeit befangen und glaubt, wenn der Mensch nur aufgeklärt ist über sein wahres Heil, so wird er es unfehlbar ergreifen, oder meint mit der sentimentalen Epoche: stellt dem Menschen nur recht beweglich das Gute vor, so wird er es nicht mehr verfehlen. Man kennt neben dem Verstand und dem Gefühl nicht die Macht des Willens und wie schwer es ist, den Willen im grofsen und kleinen zu bilden und zum Guten zu erziehen.

Weil HERBART dies kannte und darzulegen wufste, darum zog er die Grenzen für die sittliche Entwicklung der Einzelnen und der Gesellschaft für die irdischen Verhältnisse ziemlich enge. Nicht blofs untersucht er die Natur der Aufsenwelt und ihren Einflufs auf den Menschen, um die hier sich darbietenden Schwierigkeiten für die Realisierung der Ideen hervorzuheben. Er erwägt auch hinsichtlich jeder einzelnen Idee, was sich ihr in den Weg stellt und wie weit sie selbst zur Vermehrung der Schwierigkeiten beiträgt. Namentlich ist es die Idee des Wohlwollens oder im Grofsen das Verwaltungssystem, was ihm Bedenken macht, die die Erfahrungen unserer Zeit völlig gerechtfertigt haben.

Gesetzt es wäre möglich, dafs der Geist des Wohlwollens, wie er wohl bisweilen kleinere Gesellungen, die Freundschaft, die Familie, religiöse Sekten durchdringt, etwas allgemeiner wäre. Es würden also reichlich Erleichterungen, Zugeständnisse, Hilfe, Wohlthaten gespendet, was wird die Folge sein? Folgt aus dem Vortrefflichen immer das Vortreffliche, aus Liebe Dank, aus Zutrauen Treue? Sicherlich ist dies oft bei Einzelnen der Fall. Aber die Geschichte aller Zeit lehrt, dafs Zugeständnisse, Vorrechte, Erleichterungen, die nicht Einzelnen, sondern ganzen Völkern, Ständen, politischen oder religiösen Parteien gemacht werden, nicht Zufriedenheit, nicht Dank, nicht freiwillige Gegendienste zur Folge haben, sondern dafs HERBART recht hat, wenn

---

[1] Der sicherste Weg, um schliefslich an der Menschheit zu verzweifeln ist — sie zu überschätzen (TREITSCHKE: Zehn Jahre u. s. w. 623).

er sagt: das nächste Erzeugnis des Wohlthuns ist nichts anderes als Wohlsein und Genufs; der Genufs aber erzeugt neue Wünsche! Die Stillung einer Begierde ist die Entfesselung von zehn andern. Das Ungestüm ihres Forderns ist desto heftiger, je jünger sie sind und je ungewohnter des Wartens und Entbehrens. Das giebt nicht die Sinnesart zurück, aus der das Verwaltungssystem hervorgehen mufs (nämlich Wohlwollen als Gesinnung).

Es wäre freilich auch falsch, dies reinen Undank zu nennen. Denn nicht immer, vielleicht sogar recht selten, sind Zugeständnisse, Erleichterungen, Wohlthaten, die ganzen Klassen gemacht werden, aus reinem Wohlwollen hervorgegangen. Sehr häufig sind dergleichen Zugeständnisse blofs Berechnungen politischer Klugheit, werden meist nur ungern und gezwungen gemacht. Und alsdann werden dergleichen Wohlthaten auch mit keiner bessern Gesinnung erwidert. (Herb. prakt. Philos. 337.)

Ähnlich hat man den sogenannten Undank der Völker anzusehen gegen diejenigen, die ihnen die Kultur gebracht haben. So der Deutschen gegen die Wälschen, der Tschechen gegen die Deutschen, der Kolonieen gegen das Mutterland.

Gleichwohl, wie natürlich auch das Böse, Eigennutz und Ungerechtigkeit ist, wie eng auch die Schranken menschlicher Tugend sind, wie langsam und schwierig, wie wenig geradeaus fortschreitend der Weg von der sittlichen Roheit zur sittlichen Bildung sein möge, es kann nicht behauptet werden, dafs diese Schranken einen solchen Fortschritt schlechthin abschneiden. Jeder Sieg der sittlichen Überlegung über die rohe Begierde, des Rechts über die Willkür, des Wohlwollens über den Hafs, den Neid, die Schadenfreude, jede Spur von wahrem Ehrgefühl ist eine Hindeutung auf die Möglichkeit des Guten, und wo etwas erreicht ist, ohne dafs die unter allen Umständen gleiche Unmöglichkeit, etwas mehr zu erreichen, dargethan werden kann, da hebt sich der Mut, der entschlossen ist zu versuchen, wieviel von der sittlichen Aufgabe sich werde erreichen lassen. Diesen Mut durch den Anblick der Musterbilder zu beleben und durch die Einsicht zu bewaffnen, ist die Aufgabe der Wissenschaft; sie hat deshalb die Pflicht sowohl als die Befugnis gleichmäfsig auf die Ideen und die gegebenen Naturverhältnisse des menschlichen Lebens hinzuweisen.[1]

Ob nun wirklich ein Fortschritt nicht allein auf den Gebieten des Wissens und Könnens, sondern auch ein Fortschritt der Moralität

---

[1] Hautenstein, Grundbegriffe der ethischen Wissenschaften S. 429.

stattgefunden hat, wird zwar von sehr vielen bestritten, die da behaupten: Tugend und Bosheit der Menschen ist immer dieselbe gewesen. Allein ein sittlicher Fortschritt ist doch sicherlich nicht zu verkennen, wenn man die Art der Kriegführung, des Strafrechts, der Behandlung der niedern Stände und der Naturvölker mit früheren Zeiten vergleicht.

Im übrigen aber mag man dem Staate eine Verfassung geben, welche man will, so hat sie ihre Kraft und Stärke nicht in ihrer logischen Konsequenz, nicht in der klugen Berechnung der Interessen, nicht einmal in der Energie, womit sie von einzelnen in Gang gesetzt und gehandhabt wird; sondern sie hat sie in den wirklichen Willen der Menschen, und diese müssen dafür gewonnen sein oder sie werden ihr trotz aller jener Vorzüge durch Inkonsequenz, Thorheit und Bosheit fortwährend Gefahr drohen. Ruhen kann sie nur auf zwei Stützen. Diese sind: Bildung des Volks zu einer öffentlichen Meinung, worin ein richtiges Urteil vorherrsche und: guter Wille der Oberhäupter, befestigt durch ein echtes Ehrgefühl gegen Schmeichelei und Üppigkeit. Wer diese zwei Stützen für unnötig hält, der mag über Verfassungen mit gleichem Glücke brüten, wie über ein perpetuum mobile. Die Geisteskraft und die sittliche Würde in einer Nation ist der letzte Grund aller Möglichkeit ihres gesellschaftlichen Bestandes.[1]

Wie kann nun ein Volk zu solcher Gesinnung gebildet werden? Durch die Schule und durch die Kirche. Der Staat bedarf beider, denn die furchtbarste, aller Macht einer menschlichen Regierung überlegene Spannung würde entstehen, wenn die Gemüter ohne Trost, Zurechtweisung, Erhebung, der natürlichen Unruhe überlassen blieben. Aller Zunder, welcher diese Unruhe in Flammen setzen kann, liegt auf dem Boden des Staats. Hier sind die Güter, welche, indem sie den Fleifs beschäftigen, zugleich die Begierden reizen; hier sind Gesinnungen nicht blofs der Achtung, sondern auch der Geringschätzung, nicht blofs der Liebe, sondern auch des Hasses; hier sind die Familien mit all ihren Ansprüchen, hier ist das Gebäude der Dienstverhältnisse, worin zahllose Diener, nicht blofs Offizianten den Lohn ihrer Leistungen fordern, nachdem sie nicht alle den nötigen Dienst geleistet haben. Hier drängen alle wider einander, wenn nicht jeder, seiner Pflicht sich bewufst, in seinen Schranken bleibt. Hier regt sich die wahre Tugend, aber auch der fanatische und geheuchelte Heroismus. Geschieht Unrecht in diesem Gedränge, so ist in sehr vielen Fällen gar

---

[1] HERBART, Einleitung § 164 (I, 335).

kein Ersatz möglich. Obendrein ist es ein grundfalsches Prinzip, als führe die Idee des Rechts schon an sich die Befugnis des Zwangs herbei, welcher genüge zur Abwehr des Unrechts. Der Zwang hat Schranken der Billigkeit, welche zu beobachten nicht leicht ist. Diese Schranken lassen sich erweitern, aber nur unter Bedingung der Volksbildung, welche im sittlichen Sinne höher und höher mufs gesteigert werden, wenn sich der Staat, wie es sein Beruf ist, zum Verwaltungs- und Kultursystem entfalten will. Es ist das Verkehrteste aller Vorurteile, zu meinen, aus den ersten besten, gleichviel wie rohen und schlechten Menschen lasse sich wie aus Steinen ein Gebäude, so der wahre Staat zusammensetzen. Ihm sind christlich gesinnte Bürger, ihm sind wahrhaft aufgeklärte und besonnene Männer nötig, sonst kann seine eigne Macht ihn erdrücken oder seine Ohnmacht läfst ihn zerfallen.

Die Kirche ist das Band, welches die Menschen auch da noch zusammenhält, wo durch irgend ein Unglück die Fugen des Staates anfangen zu klaffen oder gar der Staat selbst zu Grunde geht... Wir dürfen nicht unterlassen, des höchst wohlthätigen Einflusses zu gedenken, welchen die Kirche, sofern sie in mehreren Staaten eine ist, gegen den Streit der Staaten ausübt. Sie ist es vorzugsweise, welche im Kriege zum Frieden mahnt und die Gemüter zur Versöhnung stimmt. Ebenso ist es innerhalb des Staates die Kirche, welche das Drückende der Standesverschiedenheit mildert.

Alle solche Wohlthaten vermag die Kirche nur zu spenden, wofern sie sich hütet, selbst ein Prinzip des Streites zu werden. Will sie mehr als ermahnen, so wird sie beherrscht.

Die Religion setzt das Ewige dem Zeitlichen entgegen. So schneidet sie die Sorgen ab und bringt ganz andere Gefühle hervor als die des irdischen Leidens. Sie vermindert das Gewicht der einzelnen Handlungen des Menschen, indem sie eine höhere Ordnung der Dinge zeigt: Die Ordnung der Vorsehung, welcher mitten unter menschlichen Fehltritten dennoch das Gute fördert.«[1])

Kann man nun einen derartigen Plan der Vorsehung für die Geschichte erkennen? Darf man es nicht nur als einen Satz des Glaubens, sondern als eine aus der Geschichte selbst geschöpfte Erkenntnis mit TREITSCHKE hinstellen und sagen: Über dem bunten Wirrsal waltet die Notwendigkeit einer erhabenen Vernunft?[2]) Selbst wenn dies möglich sein sollte und wenn man nicht allein erkennen

---

[1]) HERBART, Encyklopädie § 40.
[2]) Deutsche Geschichte des 19. Jahrh. III, 4.

könnte, dafs die Menschheit sich einem Ziele nähert, sondern wenn es feststände, dafs dies Ziel das Glück oder die Tugend wäre, ja wenn man sogar soweit ginge, zu glauben, dafs einmal Glück oder Tugend von allen Lebenden zu irgend einer spätern Zeit erreicht würde — selbst dann würde dies als Weltplan der Vorsehung vom sittlichen Standpunkte aus nicht genügen. Man denke, sagt HERBART (VIII, 396) an die unzählige Menge von Individuen, deren Dasein ohne bemerkbare weitere Folgen dahinfliefst. Diese gehen für einen auf der Erde auszuführenden Plan, sofern man den Zielpunkt in eine weit entlegene Zukunft setzt, verloren und es bleibt in Ansehung der Individuen nichts übrig als die Aussicht auf ein Leben nach dem Tode unter völlig unbekannten Verhältnissen, wenn das Mangelhafte ihres sittlichen Daseins soll ergänzt werden. Nicht einmal scheinbar wird die Ansicht bestätigt, als hätte die Vorsehung ihr irdisches Dasein für den Zweck der Gattung bestimmt. Vielmehr steht die ganze Menschheit in der Hand der ewigen Liebe, welcher der letzte Mensch so nahe ist als der erste. Und die Vorsehung mufs gerechtfertigt sein, über jeden einzelnen, den sie ins Dasein treten liefs.[1]

Darum hat wohl noch nie ein tüchtiger Geschichtskenner gelebt, der nicht vielfach aus dem irdischen Gedränge nach oben geblickt hätte, getrieben von der Sehnsucht nach Trost und Hoffnung; denn, mufs man zusetzen, in der irdischen Geschichte der Völker läfst sich dergleichen nicht erkennen, kaum ahnen. Während man in der niedern Welt der leiblichen und instinktiven Form der Organismen die schöpferische Hand Gottes verhältnismäfsig leicht erkennen, mindestens vermuten kann, sind hinsichtlich der Staaten und deren Geschichte, soviel wir erkennen, keine Vorkehrungen getroffen. Ihre Gebrechlichkeit. Unordnung hat nirgends zu ähnlicher Ordnung geführt, wie im Planetensystem oder wie in dem Bau organisierter Leiber. Man darf nie vergessen, dafs Staat und Volk nur irdische, vorübergehende Erscheinungen, dafs aber die Individuen für die Ewigkeit geschaffen sind, dafs sie erst da das Ziel erreichen können und sollen, zu dem sie geschaffen sind.[2]

Zum Schlufs noch ein Wort der Vergleichung über das Verhältnis der Ideen und der Wirklichkeit:

---

[1] Beleuchtung des Naturr. etc. § 208. VIII, 396 und XII, 691, II. 129.
[2] HERBART I. 281 Einl. vergl. O. FLÜGEL, Die Religionsphilosophie in der Schule Herbarts, 1894.

Nach PLATO sind die Ideen das Übersinnliche (das Seiende) und zugleich die Muster, die von der Wirklichkeit nur mangelhaft nachgeahmt werden. KANT behält für die Ideen (Gott, Freiheit, Ich) nur die Bestimmung des Übersinnlichen übrig. HERBART sieht gerade von dem übersinnlichen Ursprung der Ideen ab und läfst sie nur als Muster gelten für den Willen. Will man HEGEL in dieser Reihe nennen, so sind ihm die Ideen weder Muster noch übersinnlich, sondern nur das Seiende und wirklich Werdende.

Druckfehler:

Seite	14	Zeile	14	v. o.	lies	nach statt auch,
„	14	„	20	„ „	„	verbrannter statt vorkommender,
„	45	„	19	„ „	„	Es statt Er,
„	61	„	23	„ u.	„	voranstellt statt veranstaltet,
„	72	„	1	„ „	„	Verfall statt Vorfall,
„	96	„	11	„ o.	„	noch statt auch,
„	122	„	13	„ „	„	richtiger statt wichtiger
„	136	„	16	„ „	„	bestimmt statt verstimmt,
„	190	„	5	„ „	„	nach wo fehlt wie.

www.ingramcontent.com/pod-product-compliance
Lightning Source LLC
Chambersburg PA
CBHW020813230426
43666CB00007B/991